AF199617

## Zum Titelbild:

Die „Hagia Sophia" in Istanbul. Die größte Kirche der damals christlich byzantinischen Welt wurde 537 n.Chr. geweiht. Nach der Eroberung Konstantinopels durch die Osmanen, wurde die Kathedrale der „Heiligen Weisheit" zur Großen Moschee umgewidmet.

Seit 24. November 1932 ist sie durch Mustafa Kemal Pascha Atatürk, des ersten Präsidenten der Türkei, ein Museum gemeinsamer Geschichte und gehört heute zum UNESCO Weltkulturerbe.

FSC
www.fsc.org
MIX
Papier aus ver-
antwortungsvollen
Quellen
Paper from
responsible sources
FSC® C105338

**Dritte Auflage**
ISBN: 978-3-7448-0115-7
© Juni 2017: Dr. Johann Friederichs

Alle Rechte vorbehalten, auch das der
photomechanischen Wiedergabe.

**Layout und Satz**

Christian A. Hufnagl

**Herstellung und Verlag:**

BoD - Books on Demand
In de Tarpen 42
22848 Norderstedt
www.bod.de

Vor dem Hintergrund verwirrender Diskussionen über „den Islam" sollten wir wieder nach den Grundlagen dieser dritten Weltreligion fragen.

Auch rufen die vielfältigen Erscheinungsformen, die „Gesichter", nach Erklärung. Sind doch die Bilder, die wir uns von dieser jüngsten monotheistischen Religion machen, unklar, widersprüchlich oft auch beängstigend. Hat der Islam wirklich mehrere Gesichter, oder hat er nur das eine Gesicht, das wir zu kennen meinen?

Was glauben wir, über den Islam zu wissen, und wo sind wir ahnungslos? Denn: Was ich weiß, kann ich glauben. Was ich nicht weiß, muss ich glauben. Wenn ich nichts weiß, muss ich alles glauben.

Wenn wir uns dem Islam nähern, stehen wir, wie gegenüber jeder anderen Religion, stets zwischen Wissen und Glauben.

## Die vorislamische Zeit

Im Vergleich zu anderen Kulturräumen wissen wir relativ wenig über die kleine Welt der arabischen Halbinsel des 6. Jahrhunderts, über die Zeit vor der Ausbreitung des Islam, über die Welt, in die Mohammed hineingeboren wurde. Aus islamischer Sicht wird die vorislamische Zeit auch als „Zeit der Unwissenheit" bezeichnet.

In dieser unwirtlichen Wüstenregion lebten heidnische Beduinenstämme, Nomaden, die a'rabi, wenige zugewanderte Stadtbewohner. Und es gab die Kleinbauern in dorfähnlichen Gemeinschaften mit selten mehr als 600 Menschen.

Sie lebten entlang der einzigen Süd Nord Verbindung Arabiens, der Karawanenstraße. Diese, auch „Weihrauchstraße" genannte, uralte Handelsroute, von feindlichen Stämmen beherrscht und umkämpft, verlief von Dhofar im Oman über Sanaa im Jemen, dann über Mekka, Medina[1] und Hégra nach

---

[1] Yathrib

1

Petra, der Metropole der Nabatäer. Von dort teilte sie sich nach Alexandria, Gaza und Damaskus.

Nur der südliche Teil der arabischen Halbinsel, der fruchtbare Jemen und der Oman, waren relativ wohlhabend. Man lebte dort vom Handel, der Weidewirtschaft und vom Ackerbau, verkaufte Weihrauch und Myrrhe an die Karawanenbesitzer. Auch Mohammed war Karawanenführer.

Weihrauch war damals nicht nur ein Heilmittel, sondern wurde schon in frühester Zeit bei religiösen Kulthandlungen, später auch im Gottesdienst der katholischen und orthodoxen Kirche, gebraucht. In den Tempeln der antiken Welt war Weihrauch eine wertvolle Opfergabe. Auf dem Rücken der Kamele wurden neben Weihrauch und Myrrhe auch Edelsteine und Gewürze aus Indien, sowie Seide und Porzellan aus China, zum Mittelmeer transportiert. Hundert Tagesreisen brauchte eine Karawane zwischen Dhofar im Oman und Gaza am Mittelmeer. In den Hafenstädten des Jemen, an der Südküste der Arabischen Halbinsel, wurde die kostbare Fracht aus Indien und China in die Packtaschen der „Wüstenschiffe" umgeladen, und ging auf die 3.400 Kilometer lange Reise nach Norden, über die „Weihrauchstraße".

Die Byzantiner und Perser im Norden der arabischen Halbinsel gingen nur herablassend mit den Analphabeten Arabiens um. Sie galten als Untertanen. Die arabische Halbinsel mit ihren Wüsten und Steppen war wegen des Wassermangels weitgehend unbewohnbar und damit uninteressant für die mächtigen Reiche der vorislamischen Welt.

Im Nordwesten der arabischen Halbinsel herrschte Ostrom, das griechische Byzanz, mit der später christlich orthodoxen Metropole Konstantinopel und seinem kriegerischen Kaiser Herakleios[2], der das „Abschneiden der Köpfe" seiner Feinde ausgiebig praktizierte. Dieser Kaiser lag in ständigen Abwehrkämpfen gegen Perser und Araber.

---

[2] Von 575 bis 641

2

Im Nordosten lag das Reich der Sasaniden, das zweite persische Großreich des Altertums, der Erzrivale des Oströmischen Reichs. Dieses neupersische Reich, mit dem Glauben Zarathustra's, dem Zoroastrismus als Staatsreligion, bestand nur zwischen dem Ende des Partherreichs, des ersten persischen Großreichs, und der arabischen Eroberung, also zwischen den Jahren 224 und 642 n. Chr. Metropole im Reich der Sasaniden war die später verschwundene parthische Hauptstadt Seleukia Ktesiphon.

Beide Großreiche lagen miteinander in ständigem Konflikt. Die Perser plünderten die byzantinischen Besitzungen in Arabia und Palästina. Sie standen 614 vor Jerusalem und stahlen dort das heilige Kreuz Christi. Das Byzantinische Reich schlug zurück, verwüstete Mesopotamien, holte sich das einst schon vom Berg Golgatha gestohlene Kreuz Christi zurück, und besiegte die Perser im Jahre 630.

Vor diesem kriegerischen Hintergrund wurde der Prophet Mohammed erwachsen.

In ihren immerwährenden, brutalen Kriegen erschöpften sich beide Reiche derart, dass sie später eine leichte Beute für die Krieger des Islam wurden. Das Perserreich ging mit der Eroberung durch die muslimischen Araber im Jahre 642 unter. Das oströmische Byzanz verschwand erst mit dem Sieg der Muslime unter den türkischen Osmanen und mit der Eroberung Konstantinopels 1453 aus seiner langen Geschichte.

Stammesehre und Blutrache herrschte zwischen den arabischen Stämmen, Clans und Großfamilien. Es gab Stammesgottheiten, heilige Stätten, Anbetung von Steinen, es gab auch einen verklärenden Sternenkult, aber keine Astronomie. Der Zweck sakraler Handlungen war immer der Gewinn oder der Erhalt profaner, realer Vorteile.

Und es gab in der Wüste Arabiens die Stadt Mekka, gebaut als heiliger Ort für das arabische Heidentum, errichtet auch für den Mondgott Al-ilah. Das Symbol der Mondgottkulte war die Mondsichel, die im Orient fast waagerecht über den

Himmel zieht. Wir finden diesen Sichelmond heute noch auf den Spitzen der Minarette, auf muslimischen Inschriften und auf den Flaggen der Länder, die nach den Gesetzen der Scharia, dem universalen islamischen Recht, regiert werden.

Die Kaaba[3], ein heiliger Tempel in Mekka aus vorislamischer Zeit, verwahrte den „schwarzen Stein", vielleicht ein Meteorit, der einmal weiß war, aber, wie Mohammed später sagte, „schwarz geworden durch die Sünden der Söhne Adams". Den Schlüssel zur Kaaba mit ihren 360 heidnischen Göttern hielt der Gründer des Stammes der Quraisch, der Stamm Mohammeds.

Den höchsten Gott nannte man in vorislamischer Zeit Al-i-lah, „die Gottheit", der Mondgott, verkürzt schon vor Mohammeds Zeit zu „Allah". Die Anbetung des Mondgottes war die vorherrschende Religion in der damaligen arabischen Welt. In dieser Tradition wuchs Mohammed auf. Der Mondgott war ein „Hochgott", der Erste unter den vielen sonstigen Göttern und Göttinnen, aber er war eben nicht der einzige Gott! Das wurde Mohammeds Ansatzpunkt: Mohammed wollte den einen und einzigen Gott!

In vorislamischer Zeit wurden in Mekka auch Göttinnen verehrt, etliche Hauptgottheiten waren weiblich, ähnlich der griechisch römischen Götterwelt.

Die Traditionen in Mekka waren matriarchalisch bestimmt. Aber die patriarchalischen Stämme setzten sich im Laufe der Zeit durch, vor allem in Medina, Mohammeds neuer Umgebung nach seiner Flucht aus Mekka im Jahre 622. Frauen hatten in Medina, der „Stadt des Propheten", im Hintergrund zu bleiben. So entstand der Koran in Zeiten des Umbruchs zum Patriarchat, der strengen Väter- oder Männerherrschaft.

Und es gab Juden und Christen auf der arabischen Halbinsel, die frühen Monotheisten, die nur an den einen Gott glaubten.

---

[3] Auch: ka'aba, arab: Würfel, Kubus

Es gab die frühe aramäisch hebräische Bibel in griechischen und syrischen Übersetzungen. Aus diesen wurde auch offen und frei zitiert. So hörten auch Araber die Worte von dem einen Gott. Die Christen in Arabien dürften sich aber der apokryphen, nicht anerkannten, Schriften bedient haben.

Nun haben wir eine ungefähre Vorstellung von der vorislamischen Welt.

Jetzt machen wir einen Sprung in die Zeit des Wandels Mohammeds zum Propheten, zum Religionsstifter. Wir gehen in das 7. Jahrhundert, in die Zeit der Gründung einer neuen Religion, des Islam, einer dritten monotheistischen Weltreligion.

Als Mohammed 632 stirbt, hinterlässt er den arabischen Stämmen nicht nur den Glauben an einen einzigen Gott, sondern auch eine gemeinsame arabische Identität, eine funktionierende Gemeinde, eine Rechtsordnung und ein gut organisiertes und bewaffnetes Staatsgebilde. Der Koran, verfasst in der städtischen Sprache Mekkas, gab den Arabern auch eine dialektfreie, arabische Sprache, die sprachliche Einheit. In einer völlig neuen Herrschaftsform verbindet der Islam religiöse Vollmacht und Heilsverkündung mit politischer und militärischer Macht. Damit war das Fundament für die folgenden arabischen Eroberungen gelegt. Die gesamte arabische Halbinsel mit ihren Anrainerländern kam unter Mohammed und seinen Nachfolgern in den Herrschaftsbereich des in Medina begründeten islamischen Staatsverständnisses. Der Islam wird auch weltliche Macht, er wird Weltmacht, gegründet auf die heiligen Schriften des Koran und der Sunna.

In diesem Buch beschreibe ich die Vielfalt des Islam, seine vielen Gesichter, seine Strömungen, und die bis heute gültigen Erzählungen, die sich aus der Tradition dieser großen Weltreligion ableiten. Diese „Narrative", die nur den sichtbaren Teil der unterschiedlichen Erscheinungsformen beschreiben, stützen sich auf den Koran, die Sunna, und die Breite der Auslegungen, die eine Religion erklären, die mit dem Begriff „Islam" nur unvollkommen übersetzt, gedeutet und verstanden werden kann.

# Der Islam

## Was heißt Islam?

In wörtlicher Übersetzung heißt „Islam" Unterwerfung, auch „sich ergeben". Es ist die Unterwerfung unter Gottes im heiligen Koran niedergelegten Willen.

Dagegen behauptet ein immer wieder vorgetragenes zentrales Mantra islamischer Prediger, das Wort Islam hieße „Frieden". Diese Interpretation ist aber nur religionspolitisch „korrekt" im Sinne der „Political Correctness". Denn das Wort „Frieden" heißt im Arabischen salam. Das Verbalsubstantiv „Islam" leitet sich aus dem arabischen Verb „aslama" ab und bedeutet „das sich Ergeben", „die Hingabe", „die Unterwerfung". „Muslim" ist das dazu gehörende Partizip und kann als „der sich Ergebende" übersetzt werden. Der Angehörige der Religion des Islam ist „Muslim", also „der sich Gott Unterwerfende, Gott Hingebende". Damit ist seine Position in Bezug auf Gott bestimmt. In der weiblichen Form sprechen wir von der „Muslima", im deutschen Sprachgebrauch mit der Nachsilbe[4] „-in" auch als die „Muslimin" übersetzt. Beide weiblichen Formen sind korrekt. Dem Arabischen angenähert, können wir von der Muslima und im Plural von den Muslimas sprechen. Die gemeinsame Sprachwurzel für die Begriffe Islam und Muslim lautet „salima", also „unversehrt". Damit hätten wir die von Islamvertretern oft und gerne vorgetragene „Friedenslegende" des Islam sachlich geklärt.

Die zentrale Botschaft des Islam wird in der frühen mekkanischen Sure 112: Vers 1-4 „Die aufrichtige Hingabe" verkün-

---

[4] Nachsilbe, heute gerne als Suffix bezeichnet

det, die auch zugleich den Islam gegen den Polytheismus abgrenzt, und die Gottessohnschaft im christlichen Glauben ablehnt:

*„Sprich: „Er ist der eine Gott, der ewige Gott. Er zeugt nicht und wird nicht gezeugt, Und keiner ist Ihm gleich".*

Damit ist der Anspruch des Islam klar definiert. In Sure 5: Vers 4 sagt Allah zu Mohammed:

*„Heute habe Ich euern Glauben vollendet, Meine Gnade an euch erfüllt und euch den Islam zur Religion gegeben"*

Die Brücke zwischen dem Islam und dem Koran finden wir in Sure 27:91:

*„Mir, Mohammed, ist nur befohlen, einer von den Muslimen zu sein und den Koran zu verlesen"*

Verstärkt noch in der Sure 18:1-3:

*„Gelobt sei Allah, der die Schrift[5] auf seinen Diener[6] hinabsandte, und daran nichts gemacht hat, was vom geraden Weg abweichen würde. Und um anzudrohen strenge Strafe von Ihm, und um den Gläubigen, die das Gute tun, schönen Lohn zu verheißen".*

Der Wille Gottes ist in den 114 Suren und 6.236 Versen des Koran[7] festgelegt. Sie stehen unveränderbar im Koran. Der Islam ist eine Gesetzesreligion. Die islamischen Gesetze sind im Koran bis ins Detail als Gebote und Verbote festgeschrieben. Das entspricht rechtspolitisch in etwa den beiden anderen monotheistischen Gesetzesreligionen, der Thora der Juden in den fünf Büchern Mose mit ihren 613, und dem Neuen Testament der Christen mit den mehr als 700 verfassten Ge- und Verboten, deren grundlegende Bedeutung und erklärende Konzepte Mohammed in seine Rechtsvorstellungen

---

[5] Den Koran

[6] Mohammed

[7] Qur'an, arabisch: Vortrag

übernommen hatte. Es ist das Ewige: „du sollst" und „du sollst nicht!

Wichtig ist: Diese drei heiligen Bücher waren für die Gläubigen immer auch Gesetzesbücher.

So kennen auch alle drei Religionen den hebräischen Dekalog, die über allem stehenden 10 Gebote, die erste Erklärung der Menschenrechte und Pflichten, die auf zwei Tafeln in der jüdischen Bundeslade stehenden „Zehn Worte". Nach der Legende wurden die Steintafeln[8] Mose um 1.300 v. Chr. für die Israeliten nach ihrem Auszug aus Ägypten auf dem Berg Sinai von Gott übergeben. In Wahrheit sind Gottesgebote aber wohl sehr viel älter und galten als gottgegebene Weisungen, denn schon im Garten Eden gab Gott dem Adam eindeutige Sittengesetze, und die Freiheit der Entscheidung. Damit auch die Möglichkeit der Übertretung.

Da diese Weisungen göttlich sind, waren sie für Könige wie für Bettler in gleicher Weise bindend. Damit wurde der Mensch dem göttlichen Willen unterworfen. So konnte auch Mohammed die Unterwerfung der Muslime unter Gottes Willen zur Legitimation seiner neuen Religion im Koran begründen.

Nach islamischer Auslegung gehen die Zehn Gebote auf den Vater der drei Religionen, auf den noch älteren Abraham[9] um 1.900 v.Chr. zurück, denn nur mit dem auch vom Islam für seine Religion beanspruchten Urvater Abraham konnte Mohammed die Gebote des Alten Testaments in das islamische Sittengesetz übernehmen. Da der Islam sich auf Ismael, dem in die Wüste geschickten unehelichen Sohn Abrahams bezieht, greift der Islam zu seiner Rechtfertigung weit in die

---

[8] Steintafeln/Bundestafeln. Seit der Eroberung Jerusalems durch Nebukadnezar II. im Jahr 587/586 v.Chr. gilt die Bundeslade samt Inhalt als verschollen.

[9] Ursprünglich: Abram, Ibrahim

biblische Geschichte zurück. Denn die Geschichte Abrahams[9] steht in der Bibel schon gleich nach der Tötungsgeschichte von Kain und Abel und der darauffolgenden Erzählung über die Arche des Noah.

Von Adam bis Abraham und weiter bis Mose hatten alle Menschen gesündigt. Deshalb lobt Gott den Abraham, denn in der Genesis, dem 1. Buch Mose 26:5, heißt es: „Abraham gehorchte meiner Stimme und beachtete meine Vorschriften, meine Gebote und meine Gesetze". So sagt der Gott des Alten Testaments: „Ich gebe die Gebote in die Herzen der Menschen". Diese Stimme im Herzen der Menschen ist das Gewissen. Daher die herausragende Bedeutung Abrahams als Erzvater für Mohammed und den Islam.

Im Koran sind die Zehn Gebote verstreut, vor allem in den Suren 17:2, 22-39 zu finden. Das liegt an der Struktur des Korans als einer Sammlung von zeitlich unterschiedlichen Einzeloffenbarungen Mohammeds. Die Sure 17 wird „Die Nachtfahrt", aber nicht ohne Grund auch „Die Kinder Israel" genannt. Es fehlen im Koran das 2. und das 3. Gebot des Dekalogs. Das in christlicher Zählung 2. Gebot ist ein Verbot und sagt klar: „Du sollst den Namen des Herrn, deines Gottes, nicht missbrauchen".

Muslime werden aber im Gegenteil dazu aufgerufen, den Namen Gottes so oft wie möglich und bei jeder Gelegenheit als Beschwörungsformel herzusagen: „Bei Allah". Oder auch „in scha' a llah", „so Allah will", vor allem bei Aussagen, die sich auf die Zukunft beziehen. Das kann auch zum Missbrauch des Namen Gottes in der islamischen Welt führen. So sind auch die Reden islamischer Politiker zu ihrer Rechtfertigung und Deutungshoheit gespickt mit den Anrufen Allahs.

Es fehlt im Koran auch das 3. Gebot, das explizite „Sabbatgebot": „Du sollst den Feiertag heiligen...". Deshalb haben Muslime auch keinen Ruhetag. Herausgehoben ist im Koran nur das gemeinsame Freitagsgebet: „...Dann eilt zum Gedenken Gottes und lasst das Kaufgeschäft ruhen".[10]

Das biblische 5. Gebot: „Du sollst nicht töten" weicht der Koran auf und sagt in Sure 17:33 „Und tötet keinen Menschen, den euch Allah verwehrt hat, es sei denn um der Gerechtigkeit willen..." Der Koran schränkt das Recht auf Leben ein und knüpft es an Bedingungen vorliegender Berechtigung.

Der Islam bestimmt in seiner Totalität auch die Wirklichkeit der Menschen. Der Muslim hat den islamischen Geboten Folge zu leisten. Allah ist nicht nur der Schöpfer, sondern auch der Richter des Menschen. Die „Enzyklopädie des Islam" sagt zum Begriff „Allah":

„Allah ist Allah und nichts ist ihm gleich"

Vergleichen wir dazu im Alten Testament, 2. Buch Mose „Exodus"[11]: Gott JAHWE. „Ich bin der ich bin..." „Ich bin der, der immer da ist". Die Menschen können Gott nicht begreifen.

Das Bilderverbot: „Du sollst dir kein Bildnis machen"[12]. Es ist die Absolutheit des Gottesbildes der drei monotheistischen Religionen im Gegensatz zu den unzähligen mehr oder weniger definierten Götzenbildern anderer Religionen der Frühzeit, aber auch der Gottheiten der Araber in der vorislamischen Zeit. Das biblische Bilderverbot wird vom Islam übernommen. Es bezog sich aber nur auf Bilder von Gott, nicht auf Bilder von Menschen.

Da Mohammed kein Gott ist, sondern nur ein Mensch mit seherischen Gaben, ein Prophet, muss eine Abbildung Mohammeds vom Islam gestattet sein. Ähnlich denkt auch die

---

[10] Sure 62:9

[11] Ex 3,14

[12] Ex 20,4

schiitische Interpretation. Die Sunniten sind hier wesentlich strenger. Eine Darstellung des Gesichts bleibt verboten.

Der Koran enthält kein Bilderverbot. Es leitet sich aber aus der Hadith Literatur des späten 8. Jahrhundert, der Tradition und der widersprüchlichen Auslegung verschiedener islamischer Rechtsschulen ab. Das missverstandene Bilderverbot richtet sich wohl nicht gegen Bilder als solche, sondern eher gegen die Verehrung des Dargestellten und damit gegen Polytheismus und Götzendienst. Nach den Hadithen sah auch Mohammed diese Gefahr für seine Religion. Daher stützt sich der Islam auf die Bilderverbote der jüdisch christlichen Religionen. Du sollst dir kein Gottesbild machen! Gott für nicht darstellbar zu halten, war Ausdruck der Demut und Ehrfurcht.

Im Koran wird Allah als der größte Bildner und Schöpfer dargestellt. Ein Künstler darf diesen Schöpfungsakt nicht wiederholen. Machte er sich „ein Bild", galt das als menschliche Hybris. Allah findet sich daher in den Moscheen nur als Wort in arabischer Schrift, nicht als Bild. In Moscheebauten finden sich keine Bilder von lebenden Wesen. Bilder gelten als „unrein".

Heute noch bezieht sich das strenge Bilderverbot im orthodoxen Islam auf Abbildungen Gottes und seines Propheten.

Muslimische Fundamentalisten dulden keine Mohammed Abbildungen. Sie hassen auch Skulpturen, Malerei, Filme, Fotos und Musik. Aber jahrhundertelang haben Künstler den Propheten gezeichnet. Verbote erfordern Kontrollen. Bilderverbote erfordern besondere Kontrollen, denn Bilder geben ihre Botschaft in die Öffentlichkeit ab, stärker noch als Worte und Schriften. Deshalb das Bilderverbot. In einer Welt, in der vieles gemacht und alles dargestellt werden darf, kann man nichts mehr kontrollieren. Das bedeutet Kontrollverlust über weltliches Tun und Lassen, über menschliche Empfindungen und Emotionen. Kontrollverlust ist immer auch Herrschaftsverlust. Deshalb die vielen Verbote und Gebote in Religionen, gerade auch im Islam. Und Mohammed wollte die Kontrolle über seine Gemeinde auf keinen Fall verlieren. Das ist der Kern des Problems!

## Endzeitvorstellungen im Islam

Die Eschatologie: Eine eindeutige Ankündigung des Jüngsten Tages und des ewigen Lebens nach dem Tod zählen zu den Kernaussagen Mohammeds: Weltuntergang als kosmische Katastrophe, Auferstehung der Toten, Tag des Gerichts, Paradies oder Hölle.

Diese eschatologischen und apokalyptischen Vorstellungen hat Mohammed ohne Zweifel aus jüdischen und christlichen Glaubenstraditionen übernommen und in den Koran übertragen.

Mohammed und seine nachfolgenden Gefährten sind die großen „Abschreiber" aus den damals bekannten beiden (Buch)Religionen, aus der Thora der Juden mit den Erläuterungen im babylonischen Talmud sowie aus dem Neuen Testament mit den Lehrbüchern und den Briefen der Apostel. Manches stammt auch aus der altpersischen Reformreligion des Zarathustra.

Die späteren Erzählungen in den Hadithen berichten von Daggal, ähnlich dem „Antichristen" in der Bibel, der am Ende der Zeiten und nach einer Schreckensherrschaft von 40 Jahren vom Mahdi, nach anderen Darstellungen von Isa[13], getötet wird. Der Mahdi ist in der islamischen Eschatologie als „Erlöser Imam" die Figur, die vor dem Jüngsten Gericht auftritt und Recht und Gerechtigkeit in der Umma, der muslimischen Gemeinschaft, wiederherstellen wird. Am jüngsten Tag soll auch Jesus wiederkommen und für die Christen vor Gottes Thron sprechen.

In der Schia, insbesondere bei den Zwölferschiiten, verbindet sich die Hoffnung auf den Mahdi mit dem Glauben an

---

[13] Jesus

12

den zwölften Imam als dem Letzten in der Kette der unfehlbaren Imame. Dieser „Erlöser Imam" lebe seit dem Jahre 873 in geheimnisvoller Verborgenheit. Doch werde er nach dem Glauben der Schiiten wiedererscheinen, um die Tyrannenherrschaft zu beenden und Gottes Reich auf Erden zu errichten.

## Das Jüngste Gericht

Die Beschreibung der Endzeit, das „Jüngste Gericht", die Idee eines göttlichen Gerichts am Ende aller Zeiten, übernimmt der Islam nicht nur aus den Evangelien, denn die Idee eines Gottesgerichts ist sehr viel älter. Sie geht auf den Zoroastrismus, das babylonische Gottkönigtum, und auf die ägyptischen Jenseitsvorstellungen zurück.

Im Judentum, in der Thora, den fünf Büchern Mose, gibt es kein Jüngstes Gericht, wohl aber findet sich dieses Gericht bei den jüdischen Propheten Jesaja, Jeremia, Hesekiel und Daniel. Siehe dazu auch Daniel 7:9,10, 25-27 und Prediger Salomo 12:14. Die Thora ist für diese Welt bestimmt, nicht für die nächste. Sie sagt dem gläubigen Juden, was er auf Erden zu tun hat. In den in die Endzeitvorstellung übergehenden Aussagen der Propheten der Hebräischen Bibel erscheint Jahwe (Jhwh) als Richter der Völkerwelt. Das endzeitliche Richten Gottes will nicht nur die Verurteilung der Schuldigen, sondern auch die Befreiung der unter Gewalt und Unrecht Leidenden: „Denn Gott wird alle Werke vor Gericht bringen, alles, was verborgen ist, es sei gut oder böse"[14].

In den Schriften des Neuen Testaments ist der von Gott berufene Richter Jesus Christus. So im Matthäus Evangelium, in den Paulusbriefen, im 2. Timotheus 4:1, in der Apostelgeschichte 17:31, und in der Offenbarung des Johannes 20:12,13 und 21:3,4.

---

[14] Prediger 12:14

Es ist die eschatologische, die endzeitliche Vorstellung von einem das Weltgeschehen abschließenden göttlichen Gericht, das Gericht über alle Lebenden und Toten. Es ist die Entscheidung über Himmel oder Verdammnis.

Im Jüngsten Gericht des Islam wird sich nach Sure 30:12 und Sure 101 jeder Muslim mit seinen Taten vor Allah verantworten müssen. Jeder Muslim wird nach seinem Glauben und seinem Tun beurteilt werden. Denn „Glauben und das Rechte tun" sind Voraussetzungen für den Eingang ins Paradies, die Dschanna. Auch im Islam ist das Jüngste Gericht das Ende der Geschichte, aber auch die Heimkehr zu Allah und der Eingang ins Paradies, in den Garten der Glückseligkeit.

> *„Siehe, diejenigen, die da glauben und das Rechte tun und sich vor ihrem Herrn demütigen, sie sind des Paradieses Gefährten, ewig darin zu verweilen"*[15].

Besonders eindrucksvoll ist die mekkanische Sure 81:1-29:

> *„Wenn die Sonne eingerollt ist, und wenn die Sterne herabfallen, und wenn die Berge fortbewegt werden ...und wenn die Meere anschwellen ...dann wird jede Seele wissen, was sie getan und mitgebracht hat..."*

Wer das Gottesgericht in diesem Leben leugnet, fällt als Ungläubiger in ewiger Verdammnis unter die Strafe des „Königs am Tag des Gerichts" (Sure 1:4).

Zum „rechten Tun" und den religiösen Normen des Gläubigen gehören die fünf Säulen des Islam[16], deren Befolgung für jeden Muslim ab der Pubertät verpflichtend ist. Wer diese Normen verletzt, begeht eine Sünde und verstößt gegen „Gottesrecht".

---

[15] Sure 11:23; 2 25; Sure 13:29; Sure 18:107; Sure 22:56
[16] arkan

# Die fünf Säulen des Islam

## Das Glaubensbekenntnis[17]

„Ich bezeuge, dass es keinen Gott gibt außer Allah, und dass Mohammed der Gesandte Allahs[18] ist[19]. Diese Form der shahada ist das Ergebnis ritualrechtlicher Kompromisse der verschiedenen Rechtsschulen. Mohammed hatte eine abweichende Form vorgetragen.

Das Glaubensbekenntnis ist das Erste, was einem Neugeborenen nach der Geburt in Form des Gebetsrufs ins Ohr geflüstert wird, und der letzte Gruß, den ein Sterbender von sich gibt (Enzyklopädie des Islam). Der Gebetsruf vom Minarett klingt so:

„Ich bezeuge, dass es keinen Gott gibt außer Allah. Ich bezeuge, dass Muhammad der Gesandte Allahs ist. Eilt zum Gebet. Eilt zur Seligkeit".

## Die rituellen fünf täglichen Pflichtgebete[20]

Morgengebet, Mittagsgebet, Nachmittagsgebet, Abendgebet, Nachtgebet.

Die Gebete müssen nicht in der Moschee verrichtet werden, es genügt ein „sauberes Plätzchen in Richtung Mekka", meist nur ein Gebetsteppich. Die Einhaltung der rituellen Waschungen, der Kleidung, der Gebetstexte und das Niederwerfen[21] auf die Knie und den Kopf bis zum Boden ist Pflicht. Dabei sollen die Stirn, die Nase, die Handflächen und die

---

[17] shahada

[18] Sein Prophet

[19] „aschhadu an la-ilaha-ill-allah, wa aschhadu anna Muhammadan rasulullah"

[20] salat

[21] sudschud

großen Zehen zweimal die Erde berühren. Die Symbolik: Demut vor Gott und das Kommen aus der Erde und das wieder Zurückgehen zur Erde.

Die Einsetzung der fünf Gebete geschah nach der Überlieferung bei der Himmelfahrt Mohammeds. Dreizehn Elemente[22] bestimmen den Gebetsablauf: Sechs Rezitationen, sechs Positionen und ein Element „bestimmen die richtige Reihenfolge" der Abläufe. Das islamische Pflichtgebet ist eher ein Gottesdienst, nicht vergleichbar mit dem christlichen Dank- oder Bittgebet.

### Fasten im Monat Ramadan[23]

Ein 30-tägiges Fasten im neunten Monat des islamischen Mondjahrs. Damit ändert sich jährlich auch die Fastenzeit. Der Tag des Fastens liegt zwischen Sonnenaufgang und Sonnenuntergang. Dann folgt das Fastenbrechen. Der „Große Tag des Fastenbrechens" liegt am Ende des Monats Ramadan.

### Die jährliche Sozialabgabe, die Almosen[24]

Die Abgabe beträgt 2,5% des jährlich erzielten Überschusses. Von 100 Euro gibt der Muslim 2,50 Euro ab (1/40).

Zu den Besitztümern zählt nicht nur Geld, sondern auch der Wert von Schmuck, Grundstücken, Häusern oder ähnlichen materiellen Gütern. Die zakat ist eine „Läuterungsabgabe" und bedeutet „Reinigung[25]". Zakat und salat werden im Koran mehrfach gemeinsam als Kennzeichen der Bekehrung zum Islam erwähnt. So heißt es im sogenannten „Schwertvers" der Sure 9:5:

---

[22] arkan im Sinne von „Einheiten"

[23] saum

[24] zakat

[25] Sure 92:18

*„Wenn sie[26] sich aber bekehren, das Gebet (salat) verrichten und die Almosen (zakat) geben, dann lasst sie ihres Weges ziehen".*

Die Sure 9 zählt zu den späteren medinischen Suren, die nach 630 n.Chr. offenbart wurden. Die Almosengabe war da bereits eingeführt und wurde ab 630 erstmals durch Agenten bei den arabischen Stämmen eingesammelt.

## Die Wallfahrt nach Mekka[27]

Einmal im Leben des Muslims im Pilgermonat, der mit dem Opferfest abschließt. Das Opferfest ist der höchste islamische Feiertag. Die Anfänge des Hadsch liegen in vorislamischer Zeit und führten schon damals nach Mekka. Islamisiert wurde dieses Ritual erst durch Mohammed, der es 632 vollzog und neu ordnete.

Auch bei Einhaltung der Gebote der „Fünf Säulen" bleibt die Unsicherheit, ob der Einzelne damit schon das Wohlgefallen Gottes erlangt hat und ins Paradies eingehen darf. Da aber niemand weiß, ob seine guten Taten vor Gott und beim jüngsten Gericht ausreichen, bleibt die Ungewissheit. Gott lässt sich nicht festlegen auf die Errettung eines bestimmten Menschen am jüngsten Tag durch dessen Tun und Unterlassen. Gute und schlechte Taten kommen auf eine Waage[28]. Gottes Barmherzigkeit ist keine Zusage für den einzelnen Sünder. Vergleichen können wir zu den Endzeitreden im Koran auch die recht ähnlichen Darstellungen in den Evangelien nach Matthäus sowie in der Offenbarung des Johannes.

---

[26] Die Ungläubigen, Götzendiener

[27] hadsch

[28] Sure 101 „Die Pochende"

# Religion und Staat

## Das Rechtsverständnis im Islam

Der Islam kennt keine Trennung von Religion und Staat, keine Laizität und keine Säkularität. Die Religion des Islam errichtet einen damals in Arabien völlig unbekannten „Staat", und ist damit auch staatsbegründend. So wird der Islam zu einer „Staatsverfassung". Im Koran verbinden sich Heilige Schrift, Gottes Gesetzbuch und „Staatsrecht". Daher konzentriert sich die Idee eines islamischen Staates auf den Begriff „Gottesstaat". Ein Reich in und unter Gott! Und nur der Gottesstaat steht im Einklang mit der Religion des Islam.

Zu diesem Einheitsgedanken gibt es eine einfache Erklärung: Für die Herrschaft in früheren Zeiten hatte man Könige, Stammesführer und die Oberhäupter der Familienclans. Man brauchte keinen „Staat". Und die vorislamischen „Reiche" waren keine Staaten, sondern Besitz der jeweils Herrschenden, oft auch als Familienbesitz in der Nachfolge der Dynastien abgesichert. Natürlich schufen sich die jeweils Herrschenden eine Verwaltung, eine Administration, aber nach ihren eigenen Regeln, nach eigenen Gesetzen, die die nachfolgenden Herrscher wieder abschaffen, ändern oder ersetzen konnten, durch eigene Regeln. Der klassische Islam kennt daher auch keine Laizität und keine Säkularität.

## Die Laizität

Die „Laizität" umfasst die Trennung von Religion und Staat sowie die weltanschauliche Neutralität des Staates und das Gebot der Gleichheit aller Religionen. In ihren Verfassungen definieren sich u.a. Frankreich, China, Indien, Japan und die Türkei als laizistische Staaten.

Die Laizität christlich orientierter Staaten gründet sich auf Matthäus 22:21, als die Pharisäer Jesus eine Falle mit der Frage nach dem Zinsgroschen stellten und Jesus antwortet:

„Gebt dem Kaiser was des Kaisers ist, und Gott was Gottes ist". Jesus trennt sehr klar die beiden Welten! Und er sagt später im Verhör vor Pilatus: „Mein Reich ist nicht von dieser Welt...".[29]

Friedrich II., der Große, brachte nach seinen Gesprächen mit Voltaire die Laizität auf die knappste damals denkbare Formel: „In meinem Staate kann ein jeder nach seiner Facon selig werden"!

## Der Säkularismus

Auch der „Säkularismus" trennt zwischen Religion und Staat, sieht aber den konkreten Prozess der Ablösung der weltlichen Macht religiöser Institutionen als einen sich in der Zeit vollziehenden Vorgang. Eine eventuell bestehende „Staatsreligion" wird so gleitend abgeschafft. „Säkularisation" sind die später durch den Humanismus und die Aufklärung ausgelösten Prozesse der Ablösung von Bindungen an die Religion. Die Lebensführung wird der Vernunft und der Diesseitigkeit zugeordnet. Das „saeculum" bedeutet ursprünglich „Jahrhundert, Zeitalter", den irdischen Gegensatz der zeitlichen, diesseitigen Welt zur Transzendenz des Göttlichen, des Ewigen, der jenseitigen Welt.

Deutschland versteht sich als ein säkularer Staat im Prozess der Säkularisierung.

Säkularisierung vollzieht sich in vielen historischen Gesellschaften als sozialer Wandel. Soziologisch betrachtet, handelt es sich um den langsamen sozialen Bedeutungsverlust von Religion. Dieser Prozess ist in vielen demokratischen Staaten zu beobachten. Religion wird Privatangelegenheit!

## Kampf gegen die Ungläubigen

Der einzig sichere Weg für den Muslim ins Paradies führt über den Märtyrertod im djihad[30], dem „heiligen Krieg", im kämpferischen Einsatz für Allah und den Islam. Wer im

---

[29] Johannes 18:36

[30] Auch: dschihad

19

Kampf für den Glauben stirbt, dem sagt der Koran den unmittelbaren Zugang zum Paradies zu[31].

> *„Und wenn ihr die Ungläubigen trefft, dann herunter mit dem Haupt, bis ihr ein Gemetzel unter ihnen angerichtet habt".*[32]

> *„Und einführen wird Er sie (die Märtyrer) ins Paradies, das Er ihnen zu wissen getan".*[33]

Der Märtyrertod ist immer der Tod des Einzelnen, des Kämpfers für Allah und im Einsatz für Allah gegen die Ungläubigen. Der Märtyrer, shahid, ist ein Muslim, der „als Zeuge" für seinen Glauben bei Ausübung seiner Religion im Krieg oder als Folge eines Anschlags getötet wird. Er geht direkt und rein ins Paradies ein. Das Martyrium, shuhada, ist eine Gnade, die Allah gewährt. Nicht erlaubt wäre danach die Tötung Unschuldiger und Unbeteiligter als Folge eines modernen djihadistischen Selbstmordattentats. Der Selbstmord ist haram, verboten, und wird verurteilt: Sure 4:29 *„Und begeht nicht Selbstmord"* und wird von Allah nach Sure 4:93 bestraft.

Die Aussagen islamischer Rechtsgelehrter, sowie Berichte in den Hadithen und Auslegungen in den Fatwas über den Märtyrertod und den versprochenen Eingang ins Paradies im vollzogenen Djihad, sowie über den Tod im politischen Kampf für den Islam, sind unklar und widersprüchlich. Erklärter Gegner der gläubigen Muslime sind die Ungläubigen. Daher einige Koranverse zum Kampf gegen die Ungläubigen:

- Sure 9,29: *„Kämpft gegen die, die nicht an Gott glauben und auch nicht an den „Jüngsten Tag", und die, die nicht der Religion der Wahrheit angehören, bis sie erniedrigt den Tribut aus der Hand entrichten"*

---

[31] Suren 2:154 und 47:4-6

[32] Sure 47:4

[33] Sure 47:6

- Sure 2:191: *„Tötet sie, wo immer ihr sie antrefft"*
- Sure 22:19: *„Aber für die Ungläubigen sind Kleider aus Feuer geschnitten. Gegossen wird siedendes Wasser über ihre Häupter"*
- Sure 22:21: *„Und eiserne Keulen sind für sie bestimmt"*
- Sure 22:22: *„So oft sie vor Angst zu entrinnen suchen, sollen sie in sie zurückgetrieben werden und schmecken die Strafe des Verbrennens"*

Es gibt über 200 ähnliche Koranverse, die sich mit Gewalt und Strafen gegen „Nichtmuslime", gegen die „Ungläubigen" richten.

Freundlicher zu den „Ungläubigen" ist die Sure 16:125:

*„Rufe auf zum Wege deines Herrn mit Weisheit und mit schöner Predigt, und streite mit ihnen auf gute Weise".*

Tendenz: Es gibt im Blick auf die Ungläubigen zu viele dunkle und zu wenige helle Aussagen (2:62, 9:6) im Koran.

### Die Schutzbefohlenen

Die Dhimma als islamische Rechtsfigur ist der Schutzvertrag für Nichtmuslime mit einer Zahlungsverpflichtung. Die Dhimma gab Juden, Christen, Zarathustriern und Sabiern eine gesicherte Obhut in den vom Islam eroberten Gebieten. Sie galt aber nicht für Ungläubige.

„Dhimmi" waren in islamischer Rechtstradition die Monotheisten, die „Schriftbesitzer", die geduldet und geschützt wurden. Sie waren die „Schutzbefohlenen". Jene Menschen, die weder Muslime noch Dhimmi waren, wurden als Harb[34] bezeichnet, als Völker mit denen sich das „Haus des Islam" im Krieg befand.

---

[34] „...dem Kriege zugehörig..."

„Es gibt sechs Religionen: Eine, der Islam, ist für den barmherzigen Gott bestimmt, die fünf anderen für den Teufel". [35]

Sure 2, Vers 42:

> *„Und verdunkelt nicht die Wahrheit mit Lug und Trug"* wird ausgelegt: *„Vermischt nicht den Islam mit dem Judentum und dem Christentum".*

Für eroberte Regionen galt: Sich unterwerfen, und den Islam annehmen, oder als Dhimmi den Tribut zahlen. Bei Verweigerung der Unterwerfung: Tötung.

Das Schutzbündnis der Dhimma war ursprünglich nur für Juden, Christen und die im 12./13. Jahrhundert untergegangene Religionsgemeinschaft der Sabier vorgesehen. Während der arabischen Expansion hat man die Dhimma auch auf die Religionsgemeinschaften der Zarathustrier[36] und Hindus ausgeweitet, so dass es am Ende eigentlich allen Nichtmuslimen möglich war, einen Dhimma Vertrag mit den Eroberern zu schließen, sofern man den Tribut zahlte und sich friedlich verhielt.

---

[35] Ibn Abas

[36] Anhänger des Zarathustra, Parsen oder Perser genannt

# Die islamische Schöpfungsgeschichte

Die „Schöpfung" wird im Koran weit verstreut über viele Su-ren[37] ohne erkennbaren Zusammenhang erzählt. Fügt man die unabhängig voneinander im Koran stehenden „Schöpfungssuren" inhaltlich zusammen, erhält man einen Einblick in die islamische Schöpfungsgeschichte.

## Die Schöpfung nach mekkanischen Suren

**Sure 21:** Die wohl früheste Geschichte steht in der Sure 21:30-33 „Die Propheten", geoffenbart zu Mekka:

Vers 30:

> *„Sehen denn nicht die Ungläubigen, dass die Himmel und die Erde eine feste Masse bildeten und Wir sie dann spalteten und aus dem Wasser alles Lebendige machten? Glauben sie denn nicht?"*

Vers 31:

> *„Und Wir setzten festgegründete (Berge) in die Erde, damit sie nicht schwankte mit ihnen, und Wir machten auf ihr breite Täler zu Wegen, auf dass sie rechtgeleitet würden".*

Vers 32:

> *„Und Wir machten den Himmel zu einem behüteten Dach; und doch kehren sie sich ab von Seinen Zeichen".*

Vers 33:

> *„Und Er ist's, der die Nacht erschuf und den Tag und die Sonne und den Mond, die alle rollen in ihrer Sphäre".*

**Sure 7:** „Der Wall" geoffenbart zu Mekka, bringt eine erste Zeitangabe:

Vers 54:

---

[37] Suren 6, 7, 16, 20, 21, 32, 39, 41, 49, 79

*„Siehe, euer Herr ist Allah, welcher den Himmel und die Erde in sechs Tagen erschuf; alsdann setzte Er sich auf den Thron. Er lässet die Nacht den Tag verhüllen - sie verfolgt ihn schnell; und (Er schuf) die Sonne, den Mond und die Sterne, die Seinem Befehle fronen. Ist nicht Sein die Schöpfung und der Befehl? Gesegnet sei Allah, der Herr der Welten".*

**Sure 20:** „Ta-Ha", geoffenbart zu Mekka:

Vers 53:

*„Der euch die Erde gemacht hat zu einem Lager und euch auf ihr in Wegen ziehen lässet und vom Himmel Wasser hernieder sendet, durch das Wir die Arten verschiedener Pflanzen hervorbringen".*

Vers 55:

*„Aus ihr haben Wir euch erschaffen und in sie lassen Wir euch zurückkehren und aus ihr lassen Wir euch entstehen ein andermal".*

**Sure 6:** „Das Vieh", geoffenbart zu Mekka:
Vers 95:

*„Siehe, Allah lässt keimen das Korn und den Dattelkern, hervorbringt Er das Lebendige aus dem Toten und hervor das Tote aus dem Lebendigen. Das ist Allah, und wie seid ihr abgewendet?"*

Vers 96:

*„Anbrechen lässt Er den Morgen, und bestimmt hat Er die Nacht zur Ruhe und Sonne und Mond zur Berechnung (der Zeit). Das ist die Anordnung des Mächtigen, des Wissenden".*

Vers 97:

*„Und Er ist's, der für euch die Sterne gemacht hat, dass ihr von ihnen geleitet werdet in den Finsternissen zu Land und Meer! Deutlich haben Wir die Zeichen nunmehr erklärt für verständige Leute".*

Vers 98:

*„Und Er ist's, der euch entstehen ließ aus einem Men-*
*schen; und (Er gab euch) eine Stätte und einen Lager-*
*raum (in den Lenden und im Mutterleib). Deutlich haben*
*Wir nunmehr die Zeichen erklärt für einsichtige Leute".*

Vers 99:

*„Und Er ist's, der da hinabsendet vom Himmel Wasser,*
*und Wir bringen heraus durch dasselbe die Keime aller*
*Dinge; und aus ihnen bringen Wir Grünes hervor, aus*
*dem Wir dichtgeschichtetes Korn hervorbringen; und*
*aus den Palmen, aus ihrer Blütenscheide niederhängende*
*Fruchtbüschel; und Gärten von Reben und Oliven und*
*Granatäpfeln, einander ähnlich und unähnlich. Schaut*
*nach ihrer Frucht, wenn sie sich bildet und reift. Siehe,*
*hierin sind wahrlich Zeichen für gläubige Leute".*

In zeitlicher Folge steht dann die mekkanische Sure 39 „Die
Gruppen". Diese Sure zeigt die Erschaffung des Menschen:

Vers 6:

*„Erschaffen hat Er euch von einer Seele; alsdann machte*
*Er von ihr (der Seele) ihre Gattin und sandte euch hinab*
*acht gepaart (2 Kamele, 2 Rinder, 2 Schafe, 2 Ziegen). Er*
*schafft euch in den Schössen eurer Mütter, eine Schöp-*
*fung nach einer Schöpfung in drei Finsternissen (Lenden,*
*Mutterschoss, Plazenta). Solches ist Allah euer Herr; Ihm*
*ist das Reich, keinen Gott gibt's außer Ihm; wie wendet*
*ihr euch drum ab?".*[38]

Da es im Arabischen nur Maskulin- und Femininformen gibt,
wird das Neutrum auch als Maskulinum gekennzeichnet. Aus
der „Seele" machte Gott einen Mann, „alsdann" machte Gott
von der Seele seine Gattin. So spricht der Koran. Von einer
Rippe des Mannes steht dort nichts. Das auch im Islam bekannte Bild von der Erschaffung der Frau aus der Rippe des

---

[38] Übersetzung Max Henning

25

Mannes stammt aus Adaptionen der Hadithe, den Berichten der Sunna.

Feministisch übersetzt könte der Vers 6 auch lauten: „Er schuf euch aus einer einzigen Seele (nefes), alsdann macht Er aus ihr (der Seele) ihren Partner (den Mann)".

„Die Rippe" wird nur in einem Hadith erwähnt. Dort heißt es: „Die Frauen wurden aus einer Rippe geschaffen. Wenn du versuchst, sie gerade zu biegen, wirst du sie zerbrechen. Überlässt du sie aber sich selbst, dann bleibt sie gekrümmt".

Auch hier haben die Überlieferer des Hadiths sich aus der Bibel bedient. Gleichzeitig aber auch wieder die Überlegenheit des Mannes beschrieben.

In modernerer Sprache klingt der Vers 6 aus der Sure 39:

> *„Er hat euch aus einem einzigen Wesen geschaffen und hierauf aus ihm seine Gattin gemacht. Und Er schuf für euch acht Haustiere in Paaren. Er erschafft euch im Leib eurer Mutter in einem Schöpfungsakt nach dem anderen, wobei ihr euch, ehe ihr das Licht der Welt erblickt, nacheinander in dreierlei Finsternis befindet. So ist Allah, euer Herr. Er hat die Herrschaft über Himmel und Erde. Es gibt keinen Gott außer Ihm. Wie könnt ihr euch (vom rechten Weg) so abbringen lassen?".[39]*

Eine „patriarchalische" Version finden wir auch in der Sure 16:72:

> *„Und Allah gab euch Gattinnen aus euch selbst, und aus euren Gattinnen machte Er euch Söhne und Enkelkinder, und Er hat euch mit Gutem versorgt".[40]*

---

[39] Übersetzung Rudolf Paret
[40] Übersetzung Muhammad Rassoul

In der ersten Offenbarung, die der Prophet empfing, in der mekkanischen Sure 96:1-5, „Das geronnene Blut" erklärt Mohammed den vom Erzengel Gabriel geoffenbarten Schöpfungsmythos:

> „Lies! Im Namen deines Herrn, der erschuf,
> Er schuf den Menschen aus geronnenem Blut.
> Lies, denn dein Herr ist allgütig,
> Der die Feder gelehrt,
> Gelehrt den Menschen, was er nicht gewusst".[41]

Die Übersetzungen Ahmadiyya, Paret und Rassoul sprechen von einem „Blutklumpen". Das Azhar Institut, Kairo, übersetzt sehr modern den Vers 2:

> „Er erschuf den Menschen aus einem Embryo"

In dieser ersten Offenbarung zu Mekka spricht Mohammed noch von „dem Menschen" als Einzelwesen oder als Gattungsbegriff, noch nicht über die unterschiedlichen Schöpfungswege von „Mann und Frau".

Die Schöpfungsgeschichte des Islam gleicht, von einigen Nuancen abgesehen, inhaltlich und im Wesentlichen der alttestamentlichen Schöpfungsgeschichte im 1. Buch Mose.

### Die Schöpfung nach späteren medinischen Suren

In der späteren medinischen Sure 49: „Die Schutz Gemächer" heißt es im Vers 13:

> „O ihr Menschen, siehe, Wir erschufen euch von einem Mann und einem Weib und machten euch zu Völkern und Stämmen, auf dass ihr einander kennet. Siehe, der am meisten Geehrte von euch vor Allah ist der Gottesfürchtigste unter euch; siehe, Allah ist wissend und kundig".[42]

Interessant ist es, die Übersetzungen nach der Ahmadiyya, nach Rudolf Paret, M. A. Rassoul, sowie nach dem Azhar

---

[41] Übersetzung Max Henning
[42] Übersetzung Max Henning

Institut Kairo in einer Synopsis zu vergleichen: www.ko-ransuren.com.

Um den übergreifenden Anspruch des Islam zu verdeutlichen, greift die Übersetzung von Azhar direkt auf das 1. Buch Mose zu:

*„Wir haben euch aus Mann und Frau (Adam und Eva) erschaffen".[43]*

### Die Schöpfung nach der Thora

Vergleicht man die islamische Schöpfungsgeschichte mit dem ersten Buch des Alten Testaments, so fällt doch die Stringenz, Klarheit und Sprachlogik der Thora in Mose 1,1-31 als überzeugungsstärker auf: Es gibt einen Schöpfungsbeginn „Im Anfang schuf Gott Himmel und Erde"[44], einen Höhepunkt „Und Gott schuf den Menschen Ihm zum Bilde..."[45], und einen Abschluss „Und Gott sah ...dass es gut war".[46] „Und am siebten Tag ruhte Gott von allen seinen Werken, die er machte... Und Gott segnete den siebten Tag und heiligte ihn".[47] Der gesamte alttestamentliche Schöpfungsakt wird in 31 Versen dargelegt.[48]

---

[43] koransuren.de, siehe auch: koransuren.com, islam.de

[44] Mose 1,1

[45] Mose 1,27

[46] Mose 1, 31

[47] Mose 2,2-3

[48] Mose 1,1-31

# Mohammed ibn Abd Allah

## Der Prophet

Der Prophet Mohammed ibn Abd Allah[49], Muhammad, der „Gepriesene", der Prophet des einen und einzigen Gottes, in westlichen Schriften verkürzend Mohammed genannt, gilt nach islamischer Lehre als der bedeutendste und letzte Prophet der Geschichte.[50] Er ist in islamischer Tradition „das Siegel", das Ende einer langen Reihe von 25 Propheten, die der Koran namentlich und in verschiedenen Suren erwähnt. Das arabische Wort für Prophet ist „nabi". Als „rasul" wird nur ein Prophet bezeichnet, dem von Allah ein Gesetzbuch offenbart wurde. Die Darstellung und Geschichten der Propheten vor Mohammed dienen dazu, Mohammeds Sendung als Vollender der Ahnenreihe zu rechtfertigen, seine Autorität zu untermauern, und seine Sicht des Prophetentums zu erklären. Wie alle Propheten hat auch Mohammed keine göttliche Natur, sondern ist nur ein Mensch, der Offenbarungen von Gott empfing. Seine Vorgänger waren nach dem Koran: Adam, Noah, Abraham, Jacob, Mose, Josef, Hiob, Saul, David, Salomo, Elias, Jona, Johannes der Täufer, Jesus von Nazareth.

Jesus Christus, ein das Kommen Mohammeds ankündigender Prophet? So wird es im Koran behauptet. In der Bibel steht davon nichts. Jesus wird im Koran als Gesandter[51] und Diener[52] dargestellt. Jesus Gottessohnschaft wird in aller Schärfe abgelehnt[53]. Andererseits wird Jesus aber auch mit

---

[49] 570-632

[50] Sure 33:40

[51] Sure 5:75

[52] Sure 43:59

[53] Suren 4:171, 5:17, 116 und 9:30-32

29

positiven Titeln belegt, als Messias[54], als „Wort Gottes"[55] und „Geist von Gott".

Dass Jesus Christus das Kommen des Heiligen Geistes ankündigt, wird vom Islam nicht anerkannt. Nach Johannes 15, Vers 26 sagt Jesus aber sehr klar: „Wenn aber der Tröster kommen wird, welchen ich euch senden werde vom Vater, der Geist der Wahrheit, der vom Vater ausgeht, der wird zeugen von mir". In christlicher Lehre ist der angekündigte „Tröster" der Heilige Geist, der Geist der Wahrheit, nicht aber Mohammed.

All diese vom Islam vereinnahmten prophetischen Vorgänger Mohammeds waren nach muslimischer Lehre schon die Verkünder des Islam, die immer wieder die gleiche islamische Botschaft aussandten. Nur hielten sich die Menschen nicht daran, sie schlugen die Ermahnungen der Propheten in den Wind, und wandten sich erneut und sündhaft ihren Götzendiensten zu.

Dann schickte Gott wieder einen, den „letzten" Propheten Mohammed, der nun den „reinen" Islam verkündete, die absolute „Wahrheit", die letzte Offenbarung Gottes für die Menschheit, jene Offenbarung, die alle Menschen zur Unterwerfung unter den einzigen, allmächtigen Gott zurückrief. Nach dem Islam ist der Islam also die Vollendung der Geschichte von Gott.

Nach dem Koran haben auch die Christen die „ursprünglich" an sie ergangene Botschaft verfälscht, indem sie Jesus zu Gott oder Gottessohn, und Maria zur „Mutter Gottes" erklärt haben. So interpretiert der Koran den christlichen Glauben

---

[54] Sure 4:171

[55] Sure 3:45

an die Trinität und prangert die Trinität[56] ebenso an wie die Anbetung von Jesus und seiner Mutter Maria.[57]

Die Trinität, Dreifaltigkeit oder Dreieinigkeit, dass Gott den Christen auf drei verschiedene Weisen erscheint, nämlich als Gottvater, Sohn und Heiliger Geist, wird vom Koran radikal abgelehnt. Im Monotheismus hätte die Vorstellung einer Trinität des göttlichen Wesens keinen Platz!

Folglich rückt der Koran die Christen in die Nähe der Ungläubigen:

*„Wahrlich, ungläubig sind diejenigen, die sagen: Allah ist der Dritte von Dreien". Und wir Muslime sagen: „Es ist kein Gott da, außer einem einzigen Gott".[58]*

## Das Leben Mohammeds

Nach der islamischen Überlieferung, der Sira Literatur, und der Koranexegese[59] fand die erste Offenbarung in einer Höhle im Berg Hira, nordöstlich von Mekka, statt. Es sind das die bereits im islamischen Schöpfungsmythos erwähnten ersten fünf Verse der Sure 96:1-5, „Das geronnene Blut". Der Übermittler und Sprecher dieser Sure ist, wie überall, der Erzengel Gabriel.

In den Koranauslegungen, den Tafsir, gilt besonders die umfangreiche, 30-bändige sunnitische Koranexegese von at-Tabari[60] aus der klassischen Zeit als Standardwerk. Diese „Zusammenfassung der Erläuterungen zur Interpretation der Koranverse" entstand zwischen 896 und 903 und wurde

---

[56] Sure 4:171 und Sure 5:73

[57] Sure 5:116

[58] Sure 5:73

[59] Tafsir, arabisch: Erklärung, Erläuterung

[60] *838, † 923 in Bagdad

nach seiner späten und zufälligen Entdeckung als vollständiges Exemplar erst 1903 in Kairo nachgedruckt. At-Tabari[61] gilt als der bedeutendste Historiker und Rechtsgelehrte der islamischen Frühzeit.

At-Tabari kommentiert entsprechend dem uthmanischen Kodex jeden einzelnen Vers des Koran und erläutert mehr als 38.000 Hadithe zum Leben Mohammeds.

## Hintergrund

Mohammed wurde um 570 n.Chr. in Mekka geboren und wurde mit sechs Jahren Vollwaise. Mohammeds vollständiger Geburtsname war „Abu al-Qasim Muhammad Ibn Abd Allah ibn abd al-muttalib ibn haschim ibn abd manaf al-quraischi".

Sein Vater Abd Allah starb wahrscheinlich vor der Geburt Mohammeds. Er kam nach dem Tod seines Großvaters zu seinem väterlichen Onkel Abu Talib, dem Sippenchef der Haschim. Die Banu Haschim, die Haschimiten, sind ein weitläufiger Clan des Stammes der Quraisch und nahmen später in der Geschichte des Islam eine Sonderrolle ein.

Da angenommen wird, dass Mohammed weder lesen noch schreiben konnte, glauben die Muslime, dass der Erzengel Gabriel ihm den Befehl gab, das ihm Offenbarte „vorzutragen, zu rezitieren".

Erst um 610 n.Chr., im relativ hohen Alter von 40 Jahren, bekam er seine ersten Visionen in der mekkanischen Sure 96. Die ersten fünf Verse der Sure 96 stellen wohl den Beginn der Offenbarungen und damit die Eröffnung der Prophetie Mohammeds dar:

> *„Sprich, im Namen deines Herrn, der erschuf...den Menschen aus geronnenem Blut..."*

---

[61] Abu Dscha far Muhammad ibn Dscharir at-Tabari

Andere Traditionen wollen die zweitälteste mekkanische Sure 74 „Der Bedeckte" als den ersten Missionsauftrag sehen:

*„O du (mit einem Mantel) Bedeckter, steh auf und warne, und deinen Herrn verherrliche"*

Zu Beginn seiner Lehre, die er sowohl im Geheimen als auch in der Öffentlichkeit Mekkas predigte, zeigten die wichtigen Stammesvertreter der Quraisch'iten noch keinen ausgeprägten Widerstand gegen seine Lehre vom einzigen Gott, den er Allah nannte. Fand er seine ersten Anhänger doch nur unter den sozial Schwachen der handeltreibenden Bevölkerung Mekkas. Es ging von ihm noch keine Gefahr aus! Am Anfang sah Mohammed sich auch mehr als ein „Warner" (nadir) seines Volkes, der einfache und für alle nachvollziehbare Pflichten einzuführen versuchte. Sure 38:70:

*„Mir ist nur eingegeben worden, dass ich (lediglich) ein deutlicher Warner sein solle, nicht mehr".*[62]

Das Al-Azhar Institut in Kairo übersetzt:

*„Wissen wird mir nur deswegen eingegeben, weil ich ein aufklärender Warner bin!"*

Aber auch nur im Anfang war sein Stamm ihm gegenüber so tolerant. Später versuchten die Mekkaner den „neuen" Muslimen durch einen Handelsboykott die Existenzgrundlage zu entziehen.

### Unter Clanschutz

Ein „Stamm" in der arabischen Welt war immer auch eine Bluts-, Kult- und Solidargemeinschaft. Innerhalb des Stammes gab es die „Familienclans". Angriffe gegen den „Familienclan" waren wie Angriffe gegen jeden Einzelnen der Familie und wurden bei Tötungsdelikten mit der Blutrache geahndet. Dieses „Äquivalenz Prinzip" kennen wir schon aus

---

[62] Übersetzung Rudolf Paret und Muhammad Rassoul

dem Alten Testament: „Auge um Auge, Zahn um Zahn". Mohammeds Stamm waren die Quraisch, sein Familienclan war die mächtige Sippe der Haschim, die ihn in Mekka schützte, hatten doch die Quraisch'iten, entnervt durch seine bedrängenden Predigten, zunehmend versucht, den Clanschutz Mohammeds aufzuheben. Verliert ein Clanmitglied den Clanschutz, wird er praktisch „vogelfrei".

## Missionszeit

Auch als „Gesandter Gottes" gewann er in Mekka kaum noch Anhänger. Mohammed hoffte zu Beginn seiner Predigt- und Missionstätigkeit noch darauf, dass sich die in Mekka lebenden Juden und Christen als bekennende Monotheisten seiner Religion anschließen würden. Das taten sie aber nicht. Darin liegt eine der Wurzeln des späteren Hasses auf die Un- oder Andersgläubigen, der dann besonders in den späteren medinischen Suren zum Ausdruck kommt. Zu seinem religiösen Vortrag wird in der Überlieferung weiter ausgeführt:

„Nach jeder neuen Offenbarung versammelte der Prophet seine Gemeinde um sich und die neuen Verse wurden auswendig gelernt".

Eine Veränderung des Textes war nicht möglich. Mohammed wachte darüber, dass jede neue Offenbarung von verantwortlichen Schreibern dort eingefügt wurde, wo Allah es ihm über den Engel Gabriel aufgetragen hatte. Der Prophet wurde aufgefordert, „die niedergeschriebenen" Texte zu rezitieren. Entsprechend dem Fortschritt der Offenbarungen hätte der Koran also wie eine „Loseblattsammlung" existiert, die erst nach dem Tod Mohammeds in Buchform zusammengefasst werden konnte.

## Götzenglaube

Unter den Beduinenstämmen Arabiens war im 6. Jahrhundert n. Chr. der Glaube an diverse Gottheiten, Geister und Dämonen weit verbreitet. Steine, Quellen und Bäume galten als Sitze der Götter, die durch Tieropfer gnädig gestimmt werden mussten. Einige arabische Stämme kannten schon einen Schöpfergott, den Mondgott.[63]

Die frühen Juden und Christen, wie auch die Aramäer und Zarathustrier verkündeten in der arabischen Welt die unterschiedlichsten Glaubenslehren, die im Kern aber monotheistische Religionsbilder waren oder enthielten.

Händler, Handwerker, Räuber, Berufskrieger, Kamelzüchter, Karawanenführer, Seher, Scharlatane, Schamane, Bauern und Ziegenhirten bildeten das „berufliche" Umfeld der frühen Araber. So sah in etwa die „kleine Welt" aus, in der Mohammed erwachsen wurde. Ein flimmerndes, irritierendes, wirres Durch-, Mit- und Gegeneinander unterschiedlichster religiöser Vorstellungen. Es war keine friedliche Welt.

## Heirat mit Chadidscha

Mit 25 Jahren heiratete Mohammed die etwa 15 Jahre ältere Kaufmannswitwe aus Mekka, Chadidscha, mit vollem Namen Chadidscha bint Chuwailid. Chadidscha war Erbin einer Karawanserei und machte Mohammed zum Kaufmann und Teilhaber ihrer Handelsgeschäfte. Mohammed führte in ihrem Auftrag Karawanen nach Syrien. Dort begegnete er der weiten Welt der Monotheisten, sprach mit Juden und Christen. Chadidscha brachte nicht nur viel Geld mit, sondern wurde Mohammeds erste echte Anhängerin. Sie bestärkte ihn auch darin, dass seine Eindrücke und Botschaften, die er in der Höhle Hira bei seinen Meditationen erhielt, nicht die Zeichen von Besessenheit waren, wie Mohammed selbst annahm und seine Stammesgenossen verbreiteten, sondern dass es Botschaften von Gott wären. Nach seinen ersten Offenbarungen sei Hadija zu ihrem Cousin Waraqa ibn Naufal, einem mit den heiligen Schriften vertrauten Christen gelaufen, der ihr bestätigte, dass Mohammed der erwartete Prophet seines Volkes sei. So berichten es die Hadithen. Chadid-

---

[63] al-ilah, al-lah

scha interpretierte die gehörten Stimmen auch als Mahnungen zur Umkehr und als Warnungen vor dem Jüngsten Gericht. Sie war also an der Religionsstiftung des Islam massgeblich beteiligt.

Dabei war Mohammed mit der Einsicht in seine „Besessenheit" durchaus auf dem Wege der Erkenntnis. Nur wusste man das damals noch nicht. Die moderne Medizin kennt das Krankheitsbild des „Stimmenhörens" als psychotische Symptome eines durch übermäßige Dopaminauschüttung extrem aktiven Hirnstoffwechsels. Die Stimmen selbst sind reale Projektionen erlebter Kommunikation. Phantasien, Visionen und Realitäten mischen sich zu einem Bild gehörter Stimmen im Hirn des Psychopathen[64]. Häufig verbinden sich in diesem Krankheitsbild hochgradige Phantasie und Emotionalität mit einem außergewöhnlich hohen Intelligenzquotienten. Diese besonderen Eigenschaften dürften für Mohammed zutreffen.

## Fatima bint Muhammad

Nach der Überlieferung bekamen Mohammed und Chadidscha sieben Kinder: Drei Söhne, die sehr früh starben, und vier Töchter. Die überlebende jüngste Tochter, Fatima bint Muhammad ibn Abdallah, wird später die Frau des vierten Kalifen Ali ibn Abi Talib und Mutter der Imame al-Hasan und al-Husain ibn Ali. Fatima wird von den Schiiten besonders verehrt und zusammen mit Mohammed und den zwölf Imamen zu den „Vierzehn Unfehlbaren" gezählt. Nach der Überlieferung ist Fatima „die erste Frau, die ins Paradies kommt" und die „Mutter der Frauen der Welten". Sie steht damit über den Müttern aller Gläubigen. Fatima ist das Bindeglied zwischen dem Propheten und dem Imamat der Schiiten. Da sie die häusliche Versorgung ihres Vaters Mohammed sichert, wird sie auch „die Mutter ihres Vaters" genannt.

---

[64] Eugen Bleuler, Hans Heimann, Armin Geus, Abdel Samat et alt

Noch keine 30 Jahre alt, stirbt Fatima im Jahr 632, wenige Monate nach dem Tod ihres Vaters Mohammed.

## Heirat mit A'isha

Nach dem Tod Chadidscha's war Mohammed mit einer Vielzahl von Frauen gleichzeitig verheiratet. Manche Quellen sprechen von zehn Frauen. Dazu gehörten auch Sklavinnen als Konkubinen. Die späteren Heiraten dienten wohl auch zur Einigung diverser Sippen und zur Stärkung sozialer Bindungen.

Seine dritte Ehe ging er mit A'isha der Tochter seines Vertrauten, des Geschäftsmannes und späteren ersten Kalifen Abu Bakr ein. „A'ischa bint Abi Bakr" war die jüngste seiner zehn Ehefrauen. Beim Schließen des Ehevertrags war sie nach islamischer Überlieferung sechs Jahre, beim Vollzug der Ehe neun Jahre alt. Beim Ehevollzug war Mohammed 56 Jahre alt. A'isha stammte wie Mohammed aus dem damals herrschenden Stamm der Quraisch, und gehörte durch die Heirat mit Mohammed zu den „Müttern der Gläubigen". Moderne arabische Autoren heben vor allem ihre Eifersucht auf die anderen Ehefrauen Mohammeds hervor. In der Hadith Literatur erscheint A'isha als Übermittlerin von mehr als 1.200 Hadithen aus dem Leben Mohammeds.

## Der Verkünder, der Störenfried

Später, so der Koran und die Überlieferungen, erhielt Mohammed die feste Gewissheit, dass es der Erzengel Gabriel war, der in der Höhle des Berges Hira zu ihm gesprochen und ihn aufgefordert habe, als Prophet seinem Volk die Offenbarungen Gottes vorzutragen. Mohammed wandte sich mit der Botschaft des einzigen, allmächtigen Gottes, des Schöpfers der Himmel und der Erde, etwa ab 610 an seine Stammesgenossen. Bis 622 gewann er nur wenige Anhänger in seiner Heimatstadt Mekka. Er erntete vor allem Spott, Ablehnung, Verfolgung und offene Feindschaft von der Oberschicht Mekkas. Denn er trat zu aggressiv gegen den Götzenkult in seiner Heimatstadt Mekka auf, störte er mit seinen Predigten doch das so einträgliche Geschäft der Quraisch'iten, die während der Wallfahrten der verschiedensten Götzenanbeter vom Warenhandel und den Opfergaben für die rund 300 in Mekka „beheimateten Götter" sehr gut leben konnten. Als Mohammeds Anhänger die alten Götter und deren „Beschützer" offen zu bekämpfen begannen, kam es zum endgültigen Bruch zwischen Mohammed und seinem Stamm.

## Die Auswanderung, die Hijra

Während der jährlichen Wallfahrten der Pilger nach Mekka in den Jahren 620 und 621 verhandelt Mohammed im Geheimen mit Händlern aus Medina über eine Schutzgarantie für sich und seine Gläubigen in Medina. Im Juni 622 wird ein Abkommen besiegelt, welches die Neubekehrten in Medina verpflichtet, den Islam zu leben, an einen Gott zu glauben, der Verleumdung und Kindestötung sowie dem Diebstahl und Ehebruch abzuschwören und Mohammed als Propheten anzuerkennen. In kleinen Gruppen verlassen die Anhänger Mohammeds ihren Stamm und ihre Heimat Mekka. Am 24. September 622 trifft auch Mohammed mit wenigen Getreuen und seinem Vertrauten, dem späteren Kalifen Abu Bakr, in Medina ein.

Diese Hijra genannte Auswanderung führt Mohammed und seine Getreuen aus der alten Stammesbindung in eine neue Glaubensgemeinschaft, in das Jahr „Eins" der neuen islamischen Zeitrechnung. Die Moslems befinden sich also im Vergleich zum gregorianischen heutigen Jahr 2017 n. Chr. in ihrem, nach dem Mondkalender berechneten, islamischen Jahr 1438 nach der Hijra. Der Mondkalender hat 354 Tage, der gregorianische Kalender 365 Tage.

In Medina wohnten nicht nur arabische Stämme, sondern auch Christen sowie drei jüdische Stämme. Mohammed kam damit -im Gegensatz zur Situation in Mekka- in eine zerstrittene, aber vor allem patriarchal geprägte Gemeinschaft. Mohammed schlichtet den Streit zwischen den beiden großen arabischen Stämmen und gibt ihnen in einer Art Bündnisvertrag eine politisch und religiös legitimierte Gemeindeordnung. Er wird ihr Schiedsrichter. Sie werden, neben den „Auswanderern" aus Mekka, seine verlässlichen Helfer, die ansar.

Wesentlich war die religiöse Grundlage der neuen „Gemeinschaft": „Die bekannte Umma der Araber verwandelte sich in eine neue Umma der Muslime".[65] Die islamische Umma reicht weit über den Rahmen eines Stammes oder Volkes hinaus. Später wird die „Umma" zur Bezeichnung der islamischen Weltgemeinschaft, in der sich Muslime aller Länder als miteinander verbunden, ja verwandt, und dem einen Gott Allah verpflichtet sehen.

Mohammed wurde nun sehr schnell auch militärischer Führer seiner rasch wachsenden Gemeinde. Er wurde „Machtpolitiker". Er führte seine Anhänger in mehreren Kämpfen gegen die drei jüdischen Stämme innerhalb Medinas, die er fast komplett vernichtete, obwohl gerade die Juden den strengen Monotheismus in Medina vorbereitet und vorgelebt hatten. So gesehen haben die Juden dem Glauben an den einen Gott Allah und an seinen Propheten Mohammed den Boden in Medina bereitet. Nur ließen sich die Juden, die „Schriftbesitzer", nicht zum Islam bekehren. Sie lehnen seinen Anspruch, als Prophet anerkannt zu werden, strikt ab. Mohammed war zutiefst enttäuscht. War sein Islam doch weitgehend aus dem Judentum abgeleitet!? Jetzt aber werden ihm die arabischen Juden religiös verdächtig, politisch unzuverlässig, ja, gefährlich, und überhaupt seinen Ansprüchen nicht gewachsen. Mohammed baut die Juden zu seinem neuen Feindbild auf.

Auch bekämpfte er die arabischen Stämme außerhalb von Medina. Vor allem aber wollte Mohammed wieder die Kontrolle über Mekka und seinen eigenen Stamm der Quraisch erringen. Nach dem Gesetz der Wüste beginnt er mit Raub-

---

[65] Rudolf Paret, *3.4.1901 Wittendorf, † 31.1.1983 Tübingen

39

überfällen, den „Razzien", auf mekkanische Karawanen. Daraus wird dann ein Glaubenskrieg, der „Kampf auf dem Weg Gottes", der spätere Dschihad.

Nach 622 soll er bis zu seinem Tod 632 in arabischer Zählung 27 brutale Feldzüge selbst geführt haben und überließ mit Billigung weitere 47 Beute- und Eroberungszüge seinen Getreuen. Die Gemeinschaft der Muslime war der unbestrittene Sieger. Mohammed wurde nicht nur Herrscher in Medina, sondern wurde zum Machtfaktor des gesamten Umlandes. Er zog nun als Herrscher erneut in Mekka ein und konnte die Pilgerreise in 629 zur Kaaba, dem schon in vorislamischer Zeit verehrten heiligen Ort in Mekka, abschließen. Am 11. Januar 630 zieht er mit einem Heer von 10.000 Mann kampflos in Mekka ein. Darauf folgt die Zerstörung der Götter- und Götzenbilder in der Kaaba, eine weitgehende Amnestie für seine ehemaligen Stammesmitglieder der Quraisch und die Übernahme der Verwaltung der Stadt Mekka.

Mohammed und die Mekkaner versöhnen sich. Die Muslime übernehmen die Herrschaft über das wichtigste Heiligtum Arabiens, die Kaaba. Mohammed ändert auch die bis dahin übliche Orientierung der Betenden: Nicht mehr nach Jerusalem, sondern „nach Mekka, zur Kaaba" heißt nun die einheitliche Gebetsrichtung[66]. Die Wallfahrt nach Mekka wird ein rein islamisches Fest der Gottesanbetung. Bis zu seinem Tod am 8. Juni 632 n.Chr. erhielt Mohammed Offenbarungen zu den verschiedenen, erst nach seinem Tod im Koran schriftlich niedergelegten universellen Themen des Islam.

### Tod und Verklärung

Nach seiner Wallfahrt zur Kaaba in Mekka kehrt Mohammed nach Medina zurück. Dort erkrankt er und stirbt am Montag, dem 8. Juni 632, im Alter von 61 Jahren. Nach islamischer Zeitrechnung im Jahre „11". Er wurde in seinem Wohnhaus

---

[66] Qibla, Sure 2:144

in Medina bestattet. Über seiner Gruft wurde die „Prophetenmoschee", die zweitheiligste Moschee des Islam, errichtet.

Die „al-Haram Moschee" in Mekka, das verwehrte Haus, ist mit ihren neun Minaretten die heiligste Stätte des Islam und die größte Moschee der islamischen Welt, gefolgt von der „Prophetenmoschee" in Medina und der „al-Aqsa Moschee" auf dem Tempelberg in Jerusalem. Im riesigen Innenhof der al-Haram Moschee liegt die Kaaba, der Schrein, der den „Schwarzen Stein" umgibt, nach dem die Gebetsnischen, die „Mihrab", in allen Moscheen der Erde ausgerichtet sind, und der die Richtung muslimischer Gebete auf der ganzen Welt bestimmt. Den Grundstein der Moschee soll Mohammed im Jahre 630 selbst gelegt haben. Heute bietet die al-masgid al-haram rund 820.000 Gläubigen Platz zum Gebet.

In Sure 17:1 wird Allah dafür gerühmt, dass er seinen Knecht Mohammed in einer Nacht vom „Heiligen Gebetsort"[67] zum „Fernsten Gebetsort"[68] hat reisen lassen. Den schwarzen, goldgeränderten und mit Silber dekorierten Umhang, die „kiswa", erhielt die Kaaba Ende des 7. Jahrhunderts von den Abbasiden. Der goldene Schriftzug ist Teil des muslimischen Glaubensbekenntnisses:

> *„Es gibt keinen Gott außer Allah und Mohammed ist sein Prophet".*

Nach der islamischen Überlieferung wurde die erste Kaaba von Adam, dem ersten Menschen, als das Haus Gottes auf Erden erbaut und nach ihrem Verfall unter den sündigen Menschen von Abraham und seinem Sohn Ismail wiedererrichtet.

Das Umschreiten und Beten an der Kaaba gehört zu den höchsten religiösen Handlungen, die ein Muslim auf der Pilgerreise, Haddsch genannt, verrichten kann, und, sofern er

---

[67] al-masgid al-haram
[68] al-masgid al aqsa

es sich leisten kann, auch soll. Als fünfte Säule des Islam. Der Zutritt zur „al-haram", der „Verbotenen", ist Menschen anderen Glaubens nicht gestattet. Neben der Kaaba liegt der heilige Brunnen „Zamzam", dessen Quelle Allah nach der islamischen Überlieferung dort hat entspringen lassen, um Hagar und ihren Sohn Ismail vor dem Verdursten in der Wüste zu retten.

In seiner Abschiedspredigt hebt der Prophet noch einmal hervor, dass der Koran und die Sunna das wertvollste Erbe sind, welches er seinen Gläubigen hinterlassen wird. Der Koran und die in Hadithen[69] überlieferte Sunna bilden den Islam. Sie sind die islamische Kultur und die islamische Zivilisation. Hadithe sind die überlieferten Worte und Handlungen des Propheten, gestützt auf die Tradition, das Brauchtum.[70] Nach seinem Tode wird Mohammed in der Sure 33:56 gepriesen und verklärt:

> *„Siehe, Allah und seine Engel segnen den Propheten. O die ihr glaubt! Segnet auch ihr ihn und wünscht ihm Frieden und gehorcht ihm in aller Ehrerbietung".*

Oder in der Übersetzung nach Max Henning: „...segnet ihn und begrüßet ihn mit dem Friedensgruß". Auch nach Rudolf Paret: „...sprecht -auch ihr- den Segen über ihn und grüßt (ihn), wie es sich gehört". Aus diesem Vers wird auch die Segensformel, das Segnungs- und Bittgebet „salawat", abgeleitet: „Der Segen Allahs sei mit ihm und seiner Familie und Frieden".

Zur „Verklärung" Mohammeds gehören auch die „Nachtreise" und die „Himmelfahrt". In der Überlieferung findet der Abschied von der Erde in sechs Stufen statt: Die Nachtreise, masgid al-aqsa, die Himmelfahrt, der siebte Himmel, in der Gegenwart Gottes, die Rückkehr. Nach dem Koran hat die Reise durch die Himmel und die Nacht der Wunder und

---

[69] Berichte, Aussprüche

[70] Sunna

alle Ereignisse, die in diesem Zusammenhang berichtet wurden, in einer Nacht stattgefunden. Es war ein Wunder, das Allah ihm gewährt hat. Der Glaube an die Nachtreise und die Himmelfahrt Mohammeds ist Teil der islamischen Dogmatik.

Im islamischen Schrifttum sind drei Varianten überliefert:

- Die „Nachtreise"[71] von Mekka, auf dem Reittier al-buraq, in einer Nacht an einen „Fernen Gebetsort" masgid al-aqsa in Jerusalem[72]. Die Überlieferung schildert auch die Rückkehr nach Mekka am folgenden Morgen mit dem Bericht des nun zum Propheten geweihten Mohammed an seinen Stamm der Quraisch. Die Stammesgenossen wussten, dass Mohammed noch nie in Jerusalem war. Sie befragten ihn daher nach Details der Stadt. „Doch Allah half ihm, indem Er ihm vor seinen Augen ein Bild von Jerusalem zeigte, so dass Mohammed jedes kleinste Detail beschreiben konnte". Die Islam Gelehrten sind sich darüber einig, dass die „Nachtreise" Mohammeds körperlich, seelisch und in wachem Zustand stattgefunden hat.

- Die „Himmelfahrt"[73] von Mekka über Jerusalem direkt in die sieben Himmel „bis vor Allahs Thron".

- Die Kombination der koranischen Reise zur al-Aqsa Moschee nach Jerusalem mit anschließender Himmelfahrt von Jerusalem aus. Diese Version wird mit inhaltlichen Abweichungen in den Hadithen, in der Koranexegese, in der islamischen Geschichtsschreibung und in den islamischen Prophetenlegenden dokumentiert und interpretiert.

---

[71] isra

[72] Nach der mekkanischen Sure 17:1

[73] Mi'radsch

Die „isra Legende"[74] gehört in die Frühzeit des Propheten. Die „mi'radsch Legende"[75] wird in die Spätzeit Mohammeds eingeordnet.

Obwohl nach Mohammeds Tod geschrieben, gehören wohl alle Legenden in die Lebenszeit Mohammeds und dienten der Rechtfertigung und Stärkung seiner Berufung durch Gott. Die Nachtreise (isra) dient dem Zweck der Prophetenweihe, die der Himmelfahrt (mi'radsch) des danach Berufenen vorausgeht. Der Begriff „Himmelfahrt" beschreibt das in Mythen und Religionen verbreitete Motiv, bis zu einem höchsten Ziel zu gelangen.

In den drei monotheistischen Religionen bezieht sich „Himmelfahrt" konkret darauf, dass jemand definitiv und leiblich ins Jenseits gelangt, ohne zu sterben. Sure 4:158 sagt, dass Isa bin Maryam, Jesus, keines natürlichen Todes gestorben sei, sondern von Gott zu sich erhoben wurde.

In den mekkanischen Suren 53:1-18 und 81:19-25 wird in Form einer Vision über die Begegnungen Mohammeds mit Gott und den Propheten auf unterschiedlichen Stufen „im Himmel" berichtet, die in der Hadith Literatur und in der Exegese der verschiedenen Verse bereits im frühen 8. Jahrhundert mit Legenden ergänzt wurde.

Nach schiitischer Auffassung ist der koranische „Ferne Gebetsort" nicht die al-aqsa Moschee in Jerusalem, sondern „der Himmel", also eine Reise von Mekka aus direkt in das Paradies, in „den Himmel", auf dem Rücken des weißen Reittieres al-buraq und in Begleitung von Erzengel Gabriel.

In einer Variante wird das alte überlieferte Motiv von der „Leiter in den Himmel" aufgenommen, wohl eine Anlehnung an die „Jakobsleiter".[76] Dieser „Zugang zum Himmel" war schon bei vorislamischen Dichtern bekannt und diente als

---

[74] Nachtreise

[75] Himmelfahrt

[76] Gen. 28:11

eine Art Flucht vor den Übeln des Diesseits. In der mekkanischen Sure 70:3-4, „Die Stufen", heißt Allah auch „Der mit der Himmelsleiter", zu dem „die Engel und der Geist" aufsteigen.

Die Überlieferung berichtet: Mohammed stieg nach dem Gebet auf einer Leiter in den siebenfach geschichteten Himmel und traf dort die vorausgegangenen Propheten Mose, Abraham und Isa bin Maryam.[77] Der Prophet wurde aufgefordert, sie im Gebet zu führen. Danach ging der Prophet mit dem Engel Gabriel weiter zum siebten Himmel. „Aber im siebten Himmel begegnete er Gott von Angesicht zu Angesicht. Der Prophet wurde dann ins Paradies gebracht. Das Paradies befindet sich über dem siebten Himmel. Der Prophet sah im Paradies die Al-Hurun-Ain. Der Engel Gabriel bat den Propheten, sie zu grüssen. Darauf sagten sie: Wir sind gute und schöne Ehepartner für die Bewohner des Paradieses". Aus diesen Al-Hurun-Ain wurden in den späteren Hadith Erzählungen die 72 Jungfrauen im Paradies...! Auch wurde der Prophet in die Hölle gebracht, wo Allah Szenen aus der Zukunft zeigte. Mohammed sah, wie die Menschen in der Hölle die allerschlimmsten Bestrafungen für die verschiedensten Sünden erhielten.[78]

### Die Paradieserwartung

Mohammed hat sich immer wieder mit Paradies und Hölle beschäftigt und hat seine Glaubensgenossen mit freudvollen Paradieserwartungen zu großen Taten angeregt. Nur im Paradies wird der gläubige Muslim ewig leben. Es ist ein „Männerparadies". Im ausgedehnten Paradiesgarten erwarten den gläubigen Muslim größere Freuden, als er auf Erden je erleben oder erwarten könnte. Zum Paradies gehören auch die

---

[77] Jesus, Sohn der Maria

[78] Nach Buchari und Sahih Muslim. Auch in: islam-pedia.de, Islam Enzyklopädie

Nähe und das „Wohlgefallen Allahs", wie in Sure 75:22-23 erkennbar:

*„Es wird strahlende Gesichter geben, die auf ihren Herrn schauen".*

Sure 41:31 sagt

*„Wir sind euer Beschützer im irdischen Leben und im Jenseits. Und ihr werdet im Paradies haben, was euer Herz begehrt und wonach ihr verlangt".*

Wichtig ist zu verstehen, dass sich im Koran keine Hinweise auf „Sexualität im Paradies" finden, damit auch keine sexuellen Attraktionen für die im Kampf für Allah allzu jung gestorbenen männlichen Dschihadkrieger. Das sind spätere Erfindungen zur Motivation der jungen Krieger des Islam.

Der Koran spricht über das Jenseits und über das Paradies nur in schmückenden, die Phantasie anregenden Bildern, in Allegorien. Die verschiedenen Koranstellen berichten über Segnungen und Wohltaten im Paradies, aber nicht über Jungfrauen, auch nicht über Frauen, die den jungen Männern als Sexobjekte zur Verfügung stehen oder zu Willen sind.[79] Das alles dürfte späterer blühender Phantasie, Kombinationen verschiedener Koranstellen und entsprechenden Wunschvorstellungen der Erzähler in den Hadithen entsprungen sein. Besonders anregende und aufregende erotische Vorstellungen werden in den Hadith Sammlungen (Sahih) von Muhammad al-Bukhari[80] und Sahih Muslim entwickelt, die vom Korantext nicht gestützt werden. Das Sahih Muslim von Muslim ibn al-Haddschadsch ist auch eine wichtige Sammlung der Sunniten und Quelle von 7.275 zuverlässigen Hadithen. Nur die Sure 44:51-56 wird zu dem erotischen Thema etwas deutlicher. In Vers 54 heißt es:

---

[79] Suren 52:20; 56:15,17,22,23,36; 76:19; 78:33

[80] Auch: al-Buchari nach seinem Geburtsort Buchara

*„Wir vermählen sie mit schwarzäugigen Huris".*[81]
Oder nach Rudi Paret:

*„Und wir geben ihnen großäugige Huris als Gattinnen".*

Das Wort Huri bedeutet hier „Mädchen mit großen Augen, in denen das Schwarze und Weiße stark hervortritt", ein orientalisches Schönheitsideal. Die den Märtyrern versprochenen „72 Jungfrauen" stammen aus den Hadith Sammlungen Sunan ibn Majah, Sunan al-Kubra und Sunan al-Tirmidhi, deren libidinöse Phantasien unbegrenzt scheinen.

„Diese Zahl -72- gilt nur für Männer. Eine Frau wird nur einen Mann haben im Paradies, und sie wird mit ihm zufrieden sein und nicht mehr benötigen als das".[82] Auch aus den „züchtig blickenden, großäugigen" (Mädchen?) der Sure 37:48 ist keine Verführung männlicher Märtyrer (Shahid) ableitbar.

Vielleicht ist auch nur das syrisch aramäische Wort „huris"[83] falsch in das arabische Wort „houri", Jungfrau, übersetzt worden, vermutet Christoph Luxenberg. „Trauben" sind jene Früchte, die in den Paradiesvorstellungen der Orientalen seit alters her als ein Sinnbild für Wohlleben galten.[84] Lebten die phantasiebegabten Araber doch überwiegend in heißer und trockener Wüste - ohne Trauben. So konnten kristallklare, dazu noch größere Trauben bei einfacheren Gemütern schon eine Paradiesvorstellung erzeugen.

---

[81] Übersetzung von Max Henning
[82] Fatwa No. 11419, Shaikh Abd-Allah ibn Jibreen
[83] Große, kristallklare „Trauben"?
[84] Christoph Luxenberg, Koranforscher

47

## Mohammed in Biographien

Mohammeds Leben ist ausschließlich in arabischen Schriften überliefert. Die frühesten Biographien wurden etwa 100 Jahre nach seinem Tod 632 verfasst. Die bedeutendste Quelle ist „Das Leben des Propheten".[85] Der Bericht wurde später von Ibn Hisham überarbeitet. Historisch bedeutungsloser, aber für den Islam wichtig sind die Hadithe, die „Überlieferungen der Aussprüche Mohammeds". Nur wenige Hadith Sammlungen sind von Muslimen anerkannt: Die „Sihahu's-Sittah", oder die „Sechs richtigen Bücher" von Muhammad al-Bukhari[86], dem wohl bekanntesten Sammler der Hadithe, gehören dazu. Er wählte rund 7.200 Hadithe aus einer Summe von 600.000 Hadithen aus.

Die Quellenlage ist sehr dünn. Alles was wir wissen, stammt aus der frühesten Quelle von Muhammad Ibn-Ishak, die um 750 im Irak entstanden ist.

## Die Macht in einer Hand

In der Stimme des Erzengels Gabriel hörte Mohammed die Offenbarungen Allahs, seinen Auftrag, den Glauben an den einen und einzigen Gott zu verkünden: „O Mohammed, du bist der Gesandte Gottes, und ich bin Gabriel!" So berichtet es Mohammed. Und Mohammed verstand das Gehörte wörtlich. Er wurde Religionsstifter, Staatsmann, Politiker, Kriegsherr, Lehrer und Richter. Alle Macht der neuen islamischen Welt lag in Mohammeds Hand. Glaube und Macht gingen von nun an Hand in Hand. Der Islam war geboren. Als theokratisches Modell. Als Gottes Wort und Auftrag. Vor 1.400 Jahren. Der Islam war zugleich Religion und Politik, er wurde „politischer Islam".

Die Aussage Jesu: „Mein Reich ist nicht von dieser Welt" ist für Mohammed und seine Nachfolger undenkbar. Der Islam ist eine Religion der Herrschenden. Die Einheit von Staat

---

[85] Siratu Ar-Rasul von Muhammad Ibn Ishaq, *704, † 768

[86] *810, † 870

und Religion unter einem Kalifen geben dem Islam eine immense Dynamik. Sie gibt den Heerführern die Autorität, die Legitimität und Kraft für die schnellen Eroberungen. Im arabisch islamischen Kalifat gewann der eroberungsfreudige, gewaltbereite Islam die Oberhand. Erst Anfang der 1920er Jahre endet das autoritäre Kalifat.

Mit den Muslimbrüdern 1928 versuchte ein auch für die Gewalt offener Islam wieder in das Geschehen einzugreifen.

„Der Islam ist politischer Islam, oder er ist kein Islam!"

So formulierte Ayatollah Khomeini 1979 den Anspruch der dritten Weltreligion. Und er setzte diesen Machtanspruch in der Theokratie der Islamischen Republik Iran um: Die Herrschaft durch einen islamischen Rechtsgelehrten. Meinungsfreiheit, Demokratie und Menschenrechte haben in diesem Regime keinen Platz.

Der politische Islam erhielt später den Namen „Islamismus". Damit entfällt auch die heute sehr beliebte aber unzulässige Trennung von Islam und Islamismus.

Das alles konnte Mohammed noch nicht wissen, aber er hat das Fundament für den „Politischen Islam", den Islamismus, gelegt. Heute dürfte die Mehrheit der Muslime an eine friedliche Auslegung des Islam und seiner Schriften glauben. Hoffen wir mit dieser Mehrheit. In scha'a llah.

# Christen und Juden im Koran

## Das Jesusbild im Koran

Der Koran stellt in 15 Suren und 108 Versen einen Bezug zu Jesus, Isa, her. Elf Mal wird Jesus als Messias[87] erwähnt. Aber der Messias im Koran ist nur der Wandernde, der Salbende und der Gesegnete. Nicht mehr. Jesus im Koran impliziert keinerlei göttliche Würde! Hinweise auf das Leben Jesu gibt es sehr ausführlich in den Suren 2, 3, 4, 5, 6, 19, 33, 42, 43, 57 und 61. Die Kreuzigung Jesu kommt im Koran nicht vor. An Stelle Jesu wurde im Koran eine andere Person gekreuzigt. Der Koran berichtet über Jesus anerkennend:

**Sure 2:87**: Jesus wurde mit dem heiligen Geist gestärkt.

**Sure 3:45**: *Er wird auch im Jenseits angesehen sein, als einer, der Gott nahesteht.*

**Sure 3:50**: *Mit dem Zeichen des Herrn. Fürchtet Gott und gehorchet mir!*

**Sure 3:55**: *Ich werde dich zu mir in den Himmel erheben.*

**Sure 4:171**: *Sagt nicht von Gott, dass er in einem drei sei!*

**Sure 57:27**: *Und Wir (Allah!) ließen Jesus, den Sohn der Maria, folgen und gaben ihm das Evangelium. Und Wir ließen im Herzen derer, die sich ihm anschlossen, Milde und Barmherzigkeit Platz greifen. Das Mönchtum schrieben wir ihnen nicht vor.*

**Sure 19:30**: Jesus sprach: „Siehe ich bin Allahs Diener. Gegeben hat Er mir das Buch und Er machte mich zum Propheten". So oder ähnlich wird in vielen Suren über Leben, Auftrag und Tod Jesu als eines Propheten berichtet.

Aber es fallen im Koran auch andere, furchtbare Urteile über Jesus und die Christen:

---

[87] al masih

**Sure 98: Vers 6**: *„Siehe, die Ungläubigen vom Volk der Schrift -Juden, Christen- und die Götzendiener werden in Dschahannam's Feuer, die Hölle, kommen und ewig darinnen verweilen. Sie sind die schlechtesten der Geschöpfe".*

**Sure 9: Vers 30**: *„Und es sprechen die Nazarener: Der Messias ist Allahs Sohn. Solches ist das Wort ihres Mundes. Sie führen ähnliche Reden wie die Ungläubigen von zuvor. Allah schlage sie tot! Wie sind sie verstandeslos!"*

**Sure 5: Vers 17**: *„Ungläubig sind diejenigen, die sagen: Gott ist Christus, der Sohn der Maria".*

Und in der Fatwa des Yusuf al-Qaradawi vom 31. Mai 2007 (!) steht u.a.:

"Einer der selbstverständlichsten Fakten für jeden Muslim ist die Ungläubigkeit der Juden und Christen und aller, die an die Botschaft Muhammads nicht glauben. Der Grund dieser islamischen Überzeugungen liegt in Dutzenden von Koranversen und Dutzenden von überlieferten Aussagen des Propheten".

Prof. Rudolf Paret, Islamwissenschaftler und bedeutender deutscher Koranübersetzer, schreibt:

„Da der Prophet Mohammed glaubte, zur selben Botschaft aufgerufen zu sein, die seinerzeit im Judentum und Christentum verkündet worden war, hatte er Interesse daran, möglichst viel jüdisches und christliches Gedankengut in Erfahrung zu bringen. Den Erfolg seines Lerneifers können wir im Koran deutlich ablesen".

Und weiter R.Paret[88]:

„Aus Mohammeds Selbstrechtfertigung[89] dürfen wir entnehmen, dass er seinerseits fest überzeugt war, das (christliche

---

[88] Rudolf Paret: Mohammed und der Koran", Seite 63

[89] Sure 25:4-6

und jüdische) Gedankengut des Korans in Form von wirklichen Offenbarungen übermittelt bekommen zu haben. Die Reproduktion des von anderen übernommenen Materials ist also in seinem Bewusstsein zu einem echten Offenbarungserlebnis geworden".

Paret sieht hier einen innerpsychischen Prozess: „Bei derartigen Erlebnissen hat auch der moderne Mensch das Gefühl passiv, d.h. empfangend zu sein. Man spricht dann von einem Einfall oder einer „Konzeption", was übrigens gleichzeitig Empfängnis bedeutet. Von da aus ist es nur ein kleiner Schritt zur Eingebung oder Inspiration, wie ein Prophet sie erlebt".

In ähnlichem Sinne schreibt Prof. Theodor Nöldeke, Orientalist: „Mohammed blieb in beständigem Umgang mit Juden, von denen er mündlich manche Aufklärung erhielt, die er dann wieder in seinen Offenbarungen verarbeitete. Aber nie konnte er ihre heiligen Schriften selbst lesen. Ja, er war sich in diesen frühen Zeiten des Unterschieds seiner Lehre von derjenigen der Christen und Juden sehr wenig bewusst, und meinte fest, die wahren Christen und Juden wären Gläubige".

In Sure 10, Vers 94 fordert Allah seinen Propheten sogar auf, er solle bei etwaigen Zweifeln über seine Verkündigungstätigkeit doch ideologische Rückendeckung bei den Schriftbesitzern einholen:

*„Bist du im Zweifel...frage diejenigen, welche die Schrift vor dir lasen".*

Die Bewohner Mekkas stellten fest, dass sie den Gesandten Allahs immer wieder in der Gesellschaft von Juden und Christen gesehen hätten. Dies bestätigt auch eine frühe Quelle, der islamische Chronist Ibn Ishag: „Mohammed sass oft bei einem jungen Christen Djebr in Mekka zwischen den beiden Hügeln al-Marwa und as-Safa, so dass man sagte, Djebr lehre Mohammed vieles von dem, was Er (Jesus) offenbart hatte".

In seinen späteren Lebensjahren sah Mohammed sich gezwungen, die Unterschiedlichkeit seiner Lehre, ihren Absolutheitsanspruch, zu verteidigen, und die Schriften von Juden und Christen als unwahr zu erklären. Er konnte und wollte eigene fehlerhafte Ansichten über heilsgeschichtliche Tatsachen der anderen „Schriftbesitzer" nicht mehr zugeben.

**Sure 3: Verse 69-71:**

> *„O Volk der Schrift, weshalb verleugnet ihr die Zeichen Allahs ... Weshalb kleidet ihr die Wahrheit in Lüge und verbergt die Wahrheit wider euer Wissen"?*

Wir sehen schon jetzt drei Entwicklungsstufen im Koran:

1. In der frühen mekkanischen Periode gebietet Allah seinem Propheten, Christen und Juden als Glaubensbrüder anzunehmen.

2. In der späteren mekkanischen Zeit soll er nicht offen mit ihnen streiten, sondern sie lediglich zum neuen Glauben des Islam einladen.

3. In Medina werden Christen und Juden dann zu Bürgern zweiter Klasse, zu Schutzbefohlenen[90] gemacht, die nur überleben können und dürfen, wenn sie sich der Tributzahlung unterwerfen, *„bis sie den Tribut aus der Hand gedemütigt entrichten".*[91]

In dieser Logik gibt es nur drei unterschiedliche Formen menschlichen Seins:

1. Rechtgläubige: Muslime.

2. Schriftbesitzer: Christen, Juden, auch Zarathustrier, also Parsen, Perser. Andere Religionen sind verboten.

3. Ungläubige: Animisten, Taoisten, Hindus, Sikhs, Buddhisten, Mormonen, Atheisten etc.

---

[90] Schutzbefohlene =dhimmis

[91] Sure 9, Vers 29

## Konversion, die Umkehr

Die Konversion[92] bezeichnet den Religionswechsel, Glaubenswechsel oder Bekenntniswechsel. Der Konvertit übernimmt neue Glaubensgrundsätze. Nach Artikel 18 der Erklärung der Menschenrechte hat jeder Mensch das Recht auf Glaubens- und Religionsfreiheit, also auch das Recht, seine Religion zu wechseln.

Im Islam ist die Konversion zu anderen Religionen, verbunden mit dem Austritt aus dem Islam (Apostasie, Ridda), verboten, und fordert nach der Auslegung im klassischen Islamrecht die Todesstrafe (Sure 4:89) Nach dem Anspruch des Islam auf weltweite Geltung urteilt Allah auch über Leben und Tod der Ungläubigen, selbst wenn diese das weder wissen noch schätzen können.

Die Sure 16:106 ist etwas milder und droht den Konvertiten eine strenge Strafe erst im Jenseits an: *„Über sie kommt Allahs Zorn, und sie haben dereinst eine gewaltige Strafe zu erwarten"*. Auslegungsfähig ist die Version des al-Azhar Instituts zu 16:106:

> *„Auf diejenigen, die nach Annahme des Glaubens Allah leugnen und den Unglauben gern annehmen, wird Allahs Zorn kommen, und sie werden schwer bestraft werden"*.

Über Zeitpunkt, Ort und Art der Bestrafung sagt al-Azhar aber nichts.

Die Konversion zum Islam ist dagegen einfach. Muslim werden ist eine Sache zwischen dem Individuum und Allah. Erforderlich ist nur das Aussprechen der Shahada, des islamischen Glaubensbekenntnisses, verbunden mit dem gemeinsamen Gebet vor zwei islamischen Zeugen. Beides muss auf Arabisch gesprochen werden. Die Konversion des Nichtmuslim (Kafir) sollte aber vor der Gemeinschaft in der Moschee

---

[92] Konversion=conversio

54

vollzogen werden, um die Urkunde des Übertritts zu erhalten.

Orthodoxe muslimische Rechtsgelehrte lehnen die Möglichkeit einer Konversion zum Islam prinzipiell ab, da jeder Mensch nach der Fitra[93] als Muslim geboren sei[94] und daher lediglich zum wahren Glauben, dem Islam, zurückkehre, unabhängig von der Religion seiner Eltern!

## *Sanktionen für Konversion*

Konvertiert der Muslim oder versucht er, Muslime vom rechten Glauben abzuwerben, gilt das als Aufruhr, Verrat und Entzweiung der muslimischen Gemeinschaft, was unterbunden und bestraft werden muss. Über das Ausmaß der Strafe gehen die Meinungen auseinander.

Der Konvertit kann verstoßen, enterbt, geschlagen werden. Er kann geschieden werden, seine Kinder, oft auch seine Arbeitsstelle verlieren. Auch kann die Umgebung oder seine Familie legitimiert werden, den oder die Konvertiten umzubringen. Hier redet der Imam oder Mullah mit.

Kann es zu den Sanktionen eine Reform geben?

Das Neben- und Nacheinander von helleren und dunklen Auslegungen, den verschiedenen Gesichtern des Islam, verhindert eine Reform. Selbst bei aufklärerischem Wollen sind die Widersprüchlichkeiten, die wechselseitigen Ausschließlichkeiten, die innerkoranische Verwirrung zwischen Hass und Barmherzigkeit, zwischen Gewaltaufrufen und Friedensbekenntnissen nur schwer aufzulösen.

---

[93] Fitra=Natur, Schöpfung

[94] Sure 30:30

# Apostasie, Täuschung, Mission

## Apostasie

Im Kern geht es bei der Apostasie natürlich um die Glaubens- und Religionsfreiheit, um die Möglichkeit anderen Religionen beitreten zu können, oder gar keiner Religion anzuhängen. Auch die christliche Kirche kennt die „apostasia a fide", den Abfall vom Glauben. Das Judentum ebenfalls.

Der Abfall vom Islam, die Apostasie (ridda), steht dagegen unter schwerster Strafe, denn sie gilt im islamischen Recht als das schwerste Verbrechen, das ein gläubiger Mensch, ein Muslim, überhaupt begehen kann. Einer tödlichen Bestrafung durch den Menschen steht aber das koranische Tötungsverbot entgegen. Denn in Sure 5:32 heißt es:

> *„...haben wir den Kindern Israel verordnet, dass jeder, der einen Menschen tötet -es sei denn als Vergeltung für Mord oder Unheilstiftung auf Erden- tötet gleichsam die ganze Menschheit".*

Diese Gottesaussage gilt aber nach dem Korantext nur für die „Kinder Israel"! „Unheilstiftung" ist Mord in großer Dimension, Völkermord.

Apostaten (murtadd) im Islam sind jene, „die ungläubig sind, nachdem sie gläubig waren". Solange Apostasie nur mit ewigem Höllenfeuer bestraft wurde, war es leichter, seine Religion zu verlassen. Der Koran gibt in 2:217 dem Apostaten nur eine schlechte Perspektive im Jenseits:

> *„Diejenigen, die vom Glauben abfallen und als Ungläubige sterben, denen werden im Diesseits und im Jenseits keine guten Werke nützen. Sie sind Bewohner der Hölle, wo sie ewig verweilen werden".*

Der Koran selbst spricht keine Todesstrafe für Apostaten aus, das tun nur die Hadithen und die späteren Islamgelehrten.

Der Koran spricht vom „Abirren" (2:108), dem der „Zorn Gottes" (9:74) und die „Strafe der Hölle" (4:115) drohen. Er sagt aber nichts über ein irdisches Strafmass und ein eindeutiges Verfahren zur Feststellung der Apostasie. Der Auftrag im Koran lautet: Eine immerwährende Unterwerfung unter den im Koran manifestierten Willen Gottes. Hat sich der gläubige Muslim seinem Gott unterworfen, ist er auf Dauer in den Islam eingebunden. Nach allen Regeln des islamischen Rechts darf er aus diesem Kreis der Gläubigen nicht wieder austreten. Tut er das doch und kehrt sich vom Islam ab, begeht er die größte Straftat: Apostasie. Apostasie wird als Auflehnung gegen Allah ausgelegt. Der Apostat verlässt seine Religion, er schwächt sie, er könnte andere zur Flucht aus der Religion verleiten. Gibt es mehrere Apostaten, schwächen sie den inneren Halt der Gemeinde. Zu viele Apostaten zerstören eine Gemeinde. Gerade in einer jungen Gemeinde, wie zu Mekka, musste Apostasie mit allen Mitteln verhindert, ja bekämpft werden. Daher wurde Mohammed nach den Hadithen die höchste Strafe in die Hand gegeben: Der sich vom Islam abkehrende Apostat ist des Todes. Da es für Apostasie keine Verjährung gibt, bleibt der Apostat, auch bei einer Flucht in ein nichtislamisches Land, ein Gejagter bis zu seinem Tode. Schwierig bleibt die Verifikation der Apostasie. Denn es gab die unbewiesene Beschuldigung. In einem Hadith des al-Bukhari findet sich ein Ausspruch Mohammeds, dass ein nicht hinreichend begründeter Apostasievorwurf mit der Apostasie gleichzusetzen ist. Die Befürworter der Todesstrafe stützen sich ebenfalls auf al-Bukhari, auf den Hadith 17 im Buch 83:

„Denjenigen, der seine Religion ändert (verlässt), tötet ihn".

Als Beweis für Apostasie gelten das Geständnis des Apostaten, oder die Aussagen zweier männlicher Zeugen.

Entscheidend für die Todesfolge ist, dass der Apostat bereits ein Muslim war, also ein Konvertit zum Islam oder ein als Muslim Geborener.

Und als Muslim darf er seinen Glauben, den Islam, nicht verlassen. Denn das ist todeswürdig. Aber er darf reumütig zum Islam zurückkehren, sich erneut unterwerfen. Leistet er als

Konvertit mit einer anschließenden Apostasie der Aufforderung zur Umkehr[95] Folge, kann er nach Auffassung der Mehrheit islamischer Rechtsgelehrter der Todesstrafe entgehen. Diese Chance hatten Juden und Christen, die zum Islam übergetreten waren.

*„Denn Allah ist barmherzig und bereit zu vergeben".*

Sie konnten aber nur einmal umkehren, denn Sure 4:137 sagt sehr klar:

*„Diejenigen, die zuerst gläubig, hierauf ungläubig und hierauf wieder gläubig und hierauf wieder ungläubig geworden sind, und dem Unglauben immer mehr verfallen, denen kann Allah unmöglich vergeben".[96]*

Der Apostat kann nach dem Koran also nur einmal umkehren, danach muss er Muslim bleiben. Wird er wieder zum Apostaten, verfällt er der Bestrafung. Da der Islam das Judentum und das Christentum als überholte, rückständige, ja minderwertige Religionen ansieht, kann eine rückwärtsgewandte Konversion zu diesen beiden Religionen ohnehin nur falsch sein. Nur wer sich nicht unterwirft, die Aufforderung zur Rückkehr zum Islam missachtet, bleibt ein Apostat und ist des Todes. Bis zur erneuten Unterwerfung sind die Apostaten als Ungläubige zu verfolgen. Das ist der islamische Leitfaden, abgeleitet aus der Hadithliteratur. Nur bleibt der Wahrheitsgehalt der Hadithe umstritten. Generell gilt wohl: Der Koran ist von Allah vor Verfälschungen geschützt, die Hadithe aber nicht!

Während der Häretiker und die Häresie nur eine oder wenige Lehren aus einer Religion bestreiten, lehnt der Apostat die verlassene Religion als Ganzes ab. Darum zählen die Apostaten zu den Todfeinden des Islam, gefährden sie doch den Be-

---

[95] Umkehr=istitaba

[96] Übersetzung von Rudolf Paret

stand des Islam. Die Todesdrohung hat nicht nur eine disziplinierende, sondern auch eine repressive Komponente: Unterdrückung! Es gibt keine Flucht aus dem Islam!

Manche Islamwissenschaftler meinen, ohne die später eingeführte Todesstrafe auf Apostasie, hätte der Islam nicht überleben können. Das gilt aber wohl nur für die Frühzeit des Islam.

Die Schiiten sind beim Thema Todesstrafe sehr vorsichtig, eher ablehnend. Heute erkennen wir drei Strömungen in der modernen Auslegung der Schia:

1. Eine Minderheit fordert die Todesstrafe für jeden der den Islam verlässt.

2. Eine weitere Minderheit meint, ein Muslim könne sich folgenlos einer neuen Religion zuwenden.

3. Aber die Mehrheit der islamischen Theologen erlaubt dem Gläubigen nur den inneren Zweifel. Er darf aber weder über seine Zweifel sprechen, noch konvertieren oder andere Muslime vom Islam abwerben. Tut er das trotzdem, ist es Verrat, ist es Anstiftung zum Aufruhr und ist zu bestrafen, auch mit der Todesstrafe.

Die in der „Verinnerlichung" des Zweifels versteckte „Glaubensfreiheit" ist eben keine Religionsfreiheit, sondern bestenfalls Gedankenfreiheit. Die Religionsfreiheit als ein grundlegendes Menschenrecht wird abgelehnt. Es gibt dann nur noch die Freiheit, zum Islam überzutreten.

**Taqiyya, die Täuschung**

Die Taqiyya, arabisch für Furcht, Vorsicht, Verstellung, Verheimlichung, ist von grundsätzlicher Bedeutung, wird sie doch von fast jeder islamischen Richtung vertreten und gilt auch und gerade in der Politik.

In Sure 3:54 heißt es:

> *„Und sie schmiedeten Listen, und Allah schmiedete Listen; und Allah ist der beste Listenschmied".*

D.h. wenn Allah will, kann und wird er jeden Menschen überlisten.

Bei den Schiiten galt die Taqiyya als Mittel der Überlebenskunst, um der politischen Verfolgung durch die Abbasiden zu entgehen. Es wäre aber auch ein Beweis für den Unglauben der Schiiten, würden sie doch ihren Glauben verleugnen, sagten die Sunniten. Die Sunniten waren es aber, die die Schiiten in ihrem Minderheitenstatus verfolgten und unterdrückten.

Schon Al-Ghazali[97] schrieb: „Wisse, dass die Lüge in sich nicht falsch ist. Wenn eine Lüge der einzige Weg ist, ein gutes Ergebnis zu erzielen, ist sie erlaubt. Daher müssen wir lügen, wenn die Wahrheit zu einem unangenehmen Ergebnis führt".

Deshalb sind Lüge, Vertrags- und Wortbruch, ja, selbst Betrug gegenüber Ungläubigen zulässig, sind keine Sünde, sondern eine zu bewundernde List des Muslims im Kampf gegen die Ungläubigen.

Sure 3:28

> *„Die Gläubigen sollen sich nicht die Ungläubigen anstatt der Gläubigen zu Freunden nehmen. Wer das tut, hat keine Gemeinschaft mehr mit Allah. Anders ist es, wenn ihr euch vor ihnen (den Ungläubigen) wirklich fürchtet".*

In der Exegese[98] zu Sure 3:28 von al-Tabari († 923) lesen wir: „Wenn ihr (Muslime) unter der Autorität der Ungläubigen steht und ihr Angst um euch habt, so verhaltet euch ihnen gegenüber mit eurer Zunge loyal, währenddessen ihr innere Feindschaft pflegen sollt ... Allah hat den Gläubigen verboten, mit den Ungläubigen auf vertrautem Fusse zu stehen und freundschaftliche Beziehungen zu pflegen, ausgenommen, wenn Letztere ihnen an Autorität überlegen sind"

---

[97] *1058 in Tūs bei Maschhad, † 19.12.1111

[98] Exegese=tafsir=Auslegung

Verheimlichung des eigenen Glaubens in Gefahrensituationen gilt als zulässig. Ungläubige sollen getäuscht und belogen werden.[99]

Ein Gläubiger soll keinen Ungläubigen zum Freund nehmen.[100] Allahs Barmherzigkeit gilt nur für Muslime[101]. Gegen Ungläubige soll Krieg geführt werden.[102]

> *„Und bekämpft die Ungläubigen, bis die Verführung aufgehört hat, und der Glauben an Allah da ist.*[103]

Taqiyya, das Verheimlichen der wahren Absichten, wenn dies dem Islam dient, war ursprünglich als Schutz der Schiiten vor sunnitischer Verfolgung gedacht. Der iranische Ayatollah Ruholla Khomeini empfahl diese Methode den Muslimen, „die sich gegenwärtig in die Reihen eines anderen Regimes einreihen, um es so zu unterwandern und zum Einsturz zu bringen". Taqiyya wurde von ihm offensiv im Sinne des Dschihad ausgelegt:

„Der Islam ist politisch, oder er ist kein Islam".[104]

Derjenige, der sich weigert Allah anzubeten wird bekämpft, bis er entweder zur Religion Allahs zurückkehrt oder getötet wird. *„Und erschlagt sie. Wo immer ihr auf sie stoßt".*[105]

---

[99] Taqiyya Sure 7:99

[100] Sure 3:28

[101] Suren 1:7 und 5:60

[102] Suren 49:15 und 9:41

[103] Sure 2:193

[104] Khomeini, * 1902 in Chomein, † 3.6.1989 in Teheran, Iran

[105] Sure 2:191

## *Da'wah*, der Missionsauftrag

Mehrfach haben wir gesehen, dass Mohammed seinen Auftrag, den Koran „vorzutragen", auch als „Missionsauftrag" verstand. Nur steht dieser Auftrag auch im Koran? „Ja!"

Der arabische Ausdruck „da'wa" bedeutet Ruf, Aufruf, auch Einladung, sogar Propaganda. „Ruf zu Gott, Ruf zum Islam" ist die heute wohl zutreffendste Übersetzung im Sinne von „Aufruf zur Annahme des Islam".

Im Koran ist Allah sowohl der Anzurufende als auch der Rufende.

### Sure 2:186

*„Und wenn dich Meine Diener (d.h. die Menschen, die Mich allein verehren) nach Mir fragen, siehe, Ich bin nahe. Ich will antworten dem Ruf des Rufenden, so er Mich ruft. Doch sollen sie auch auf Mich hören und sollen an Mich glauben; vielleicht wandeln sie recht".*[106]

**In Sure 13:14** wird betont, dass nur Allah allein die wahre Anrufung gebührt. Andere Götter oder Götzen darf der Muslim nicht anrufen.

**In Sure 23:73** ist Mohammed der Rufer:

*„Du rufst die Menschen auf den geraden Weg"* und in 16: 125 wird der Prophet wie folgt aufgefordert: *„Rufe (die Menschen) mit Weisheit und einer guten Ermahnung auf den Weg deines Herrn und streite mit ihnen auf möglichst gute Art".*[107]

In der medinischen Zeit werden nicht nur Mohammeds Anhänger, sondern die gesamte Umma zur Missionierung aufgerufen. Sure 3:104 sagt:

---

[106] Übersetzung Max Henning
[107] Übersetzung Rudolf Paret

*„Aus euch soll eine Gemeinschaft (von Leuten) werden, die zum Guten aufrufen, gebieten, was recht ist und verbieten, was verwerflich ist. Denen wird es wohl ergehen".*[88]

Die Rufe zum Islam setzen sich bis ins Hochmittelalter in der islamischen Welt durch. Dann wird es stiller um die „Mission". Erst Anfang des 20. Jahrhunderts wird der da'wa Auftrag wiederaufgenommen und als Ruf zum Islam neu interpretiert. 1935 veröffentlicht der Gründer der Muslim-Bruderschaft, Hasan al-Banna, eine alle Lebensbereiche umfassende Schrift „Unsere Da'wa". Er sagt darin „Wir glauben, dass der Islam ein umfassendes Konzept ist, der alle Bereiche des Lebens regelt. Du kannst darunter verstehen, was du willst, solange du dich bei deinem Verständnis an den Koran, die Sunna des Gottgesandten und die Lebensweise der Altvorderen (salaf) hältst". Die da'wa soll von den Muslimen mit allen Mitteln moderner Medientechnik verbreitet werden, mit Filmen, Radio, Zeitungen und Theaterstücken.

Die 1962 in Mekka gegründete „Islamische Weltliga" wurde zur ersten internationalen Da'wa Organisation und arbeitet als Dachorganisation für die Da'wa Vereine in den verschiedenen Ländern. Daneben ist sie die religiös politische Missionsorganisation des wahhabitischen Islam. Präsident ist der oberste Mufti Saudi-Arabiens. Die Universitäten in Medina und in Kairo die al-Azhar Universität sind die akademischen Da'wa Zentren. Ismail al-Faruqi forderte 1985 bei der Jahreskonferenz der UK Islamic Mission in London die Muslime auf, „jede Woche einen Nichtmuslim nach Hause einzuladen" und ihn mit den islamischen Werten bekannt zu machen.

Der Islam war immer eine missionarische Religion, denn in Sure 41:33 heißt es:

*„Wer hätte etwas Besseres zu sagen als einer, der (die Menschen) zu Allah ruft, der tut, was recht ist und*

*spricht: ich gehöre zu denen, die sich (Allah) ergeben ha-*
*ben (ich bin einer der Muslime)".*[108]

Islamtheologen, u.a. Ahmad al-Khalifa, vertreten die An-
sicht, dass die Da'wa „eine bedeutende Form des Dschihad"
sei, des sich Bemühens auf dem Weg zu Allah, und von Muslimen in aller Welt zu praktizieren ist. Die Ausbreitung des
Islam erfolgt nicht nur durch Beeinflussung des öffentlichen
Lebens, der Medien und Politik in nicht islamischen Ländern, sondern auch durch das Einklagen von Sonderrechten
vor den Gerichten, die Entsendung von Koranlehrern und
durch Moscheebauten. In Schriften und Internet finden sich
auch praktische Hinweise zur Da'wa Arbeit: „Sei freundlich
und versuche, humorvoll zu sein. Jemanden einzuladen heißt
auch, höflich und einladend zu sein. Iss nie rohe Zwiebeln
oder Knoblauch, wenn du dich mit Leuten triffst".[109]

Eine breite Dokumentation zur Da'wa findet sich bei Chris-
tine Schirrmacher und auch unter:

www. Netmuslims.com/resources/dawah-intro.html

und in der Schriftenreihe des Islamischen Zentrums.

### Gibt es Glaubensfreiheit?

Glaubensfreiheit im Islam ist nach islamischem Recht die
Freiheit der Muslime, ihren Glauben auszuüben und die
Freiheit aller anderen, den Islam anzunehmen. Muslime haben aber nicht das Recht, zu einer anderen Religion zu konvertieren. Sie haben also nur eine eingeschränkte Glaubens-
und Religionsfreiheit. Schriftbesitzer wurden innerhalb der
klassischen islamischen Gemeinde nur geduldet, solange sie
sich der Schutzgelderpressung unterwerfen.

---

[108] Übersetzung Rudolf Paret

[109] www.muslima-aktiv.de/5dawah.htm

## Kufr, Unglaube

Kufr bezeichnet im Islam die Ablehnung des Glaubens an Allah, die Leugnung der Prophetie Mohammeds und die Ablehnung des Koran als Allahs einzig wahre Offenbarung. Das Wort „Ungläubige" folgt aus einer unscharfen Übersetzung: Ungläubige sind im engeren Sinne nur die Polytheisten[110], die Götzenanbeter, die außerhalb einer Beziehung zu Gott stehen. Es sind aber auch die Agnostiker, Atheisten, Buddhisten, Taoisten, Hindus und all jene Gemeinschaften, die kein von Gott offenbartes Buch besitzen. Ungläubige sollen getötet werden, wenn sie den Islam nicht annehmen.

Wer kufr dadurch begeht, dass er vom Islam abfällt, wird Apostat, gilt als Ridda, verfällt den Sanktionen der Apostasie und wird mit dem Tode bestraft. Ungläubige, kuffar, sind begriffsstutzige, bösartige und irregeleitete Individuen, die keinen Zugang zu den wunderbaren Offenbarungen des Islam haben.[111]

Im modernen islamischen Rechtsverständnis, sowohl nach der umfangreichen Traditionsliteratur, als auch der Fiqh, den Rechtsschulen, aber auch nach der Madrasa in Aleppo und der „Enzyklopädie des islamischen Rechts" stehen folgende Begriffe für kufr, Unglaube:

* Apostasie
* Atheismus

* Polytheismus[112], Götzenanbeter, und Gemeinschaften, die kein von Gott offenbartes Buch besitzen

* Philosophie; die Anerkennung Gottes, aber Leugnung der göttlichen Botschaft

---

[110] Polytheisten=muschrikun

[111] Sure 9:5, 28-30 und Sure 24:39

[112] ischrak

- Ketzerei[113]

- Schriftbesitzer (Anerkennung der Existenz, der Einheit und der Botschaft Gottes, bei Leugnung der Prophetie Mohammeds). Hier also Juden und Christen.

Die Einstellung zu Juden und Christen ändert sich während der Entstehung des Koran, je nach dem schwankenden Verhältnis Mohammeds zu den Schriftbesitzern. Wechselseitige Ablehnung oder Duldung bestimmt die Tonlage. Die außerislamische Welt gilt für moderne Islamvertreter als „Länder der Ungläubigen".[114] In vielen Koranübersetzungen finden wir nur das Wort „Ungläubige" als Sammelbegriff für die kuffar/kafirun. Wir übernehmen hier diese Unschärfe im Begriff „Ungläubige" zur Vereinfachung und zum gängigeren Verständnis des Inhalts der Suren.

### Kafir, Leugner

Das arabische Wort „kafir" bedeutet wörtlich „Verberger, Leugner". Nichtmuslime werden auch als kafirun oder kuffar, dem Plural von kafir, Leugner, bezeichnet, da sie die islamische Glaubenswahrheit nicht anerkennen und somit leugnen. Das bedeutet aber nicht, dass dem einzelnen kafir kein anderer Glaube zuerkannt wird, denn sie sind ja „Schriftbesitzer".[115] Sie haben nur nicht „den rechten Glauben". Sie sind nicht „Rechtgeleitete".[116]

Auch die Anhänger anderer monotheistischer Religionen - Juden und Christen- sind kafirun, Leugner. Sie sind aber nicht „Ungläubige". Der kafir als Schriftbesitzer wird im Islamischen Staat ein „Schutzbefohlener", wird ein dhimmi. Er existiert als Bürger zweiter Klasse. Die Völker der Schrift haben einen defizitären Glauben, der mit der Ankunft des Islam

---

[113] Die Leugnung der Existenz Gottes=*ilhad*

[114] Länder der Ungläubigen=bilad al-kuffar

[115] Schriftbesitzer=ahl al-kitab

[116] Sure 5:44

als überholt und sinnentleert zu betrachten ist: Sure 3:10, 110.

Der letztendlich gültige göttliche Wille wird nur durch Mohammed verkündet[117]. Hier werden die Schriftbesitzer als „ungläubig" angegriffen! „Ungläubig sind diejenigen, die sagen, Gott ist Christus, der Sohn der Maria". In letzter Konsequenz nahm der Islam andere Religionen in Beschlag, deutete sie um, diffamiert sie, und fordert die Auslöschung oder Unterwerfung ihrer Gläubigen. Heute wird das natürlich nicht mehr so offen gesagt. Der oft von friedliebenden Muslimen bemühte Text in Sure 2:256:

*„In der Religion gibt es keinen Zwang"*

ist wohl mehr als Ausdruck der Resignation Mohammeds zu verstehen, nicht als Zeichen einer religiösen Toleranz. Es ist die Resignation aus enttäuschter Hoffnung, die Schriftbesitzer doch noch zum Islam zu bekehren.

Hierzu die Sure 10:99:

*„Willst du etwa die Leute zwingen, (islam)gläubig zu werden"?*

Ja, Mohammed wollte das. Daher gibt es nur Gläubige oder Ungläubige. Gläubige sollen die Ungläubigen hassen und verachten[118]. Die Gläubigen sollen Schrecken in die Herzen der Ungläubigen werfen.[119]

---

[117] Sure 5:17, 19, 73

[118] Sure 4, Vers 47

[119] Suren 8:60 und 2:7

# Die islamische Expansion

Mit dem Jahr 622, dem Jahr der Hijra, der Flucht Mohammeds von Mekka nach Medina, dem „Jahr 1" im Islam, beginnt auch die Ausbreitung des Islam. Mohammed führt jetzt Krieg. Es war der 16. Juli des Jahres 622.

Nach der Einnahme Mekkas im 8. Jahr der Hijra, also 630 n.Chr., durch Mohammed und seine Truppen, wurden die Juden und Christen zur Auswanderung aus Mekka gezwungen. Zugleich wurde der „Heilige Krieg" gegen alle Völker verkündet, die sich nicht freiwillig dem Islam unterwerfen. Die damalige Welt wurde geteilt in die „Welt des Islam" und in die „Welt des Krieges", die Kriegsgebiete. Hierher gehören auch die berüchtigten, sogenannten „Schwertsuren" im Koran. Beispiele: Die medinische Sure 9 („Die Reue") Vers 5:

*„Sind aber die heiligen Monate verflossen, so erschlagt die Götzendiener, dann tötet die Ungläubigen".*

Das ist die auch heute noch im islamischen Fundamentalismus geltende juristische Begründung für den Dschihad.

Vers 5 des Koran abrogiert[120] in islamischer Koranexegese alle anderen Koranverse über den freundlicheren Umgang mit Nichtmuslimen. In Sure 9, Vers 5 heißt es dann weiter:

*"Wenn sie sich aber (zum Islam) bekehren, das Gebet[121] verrichten und die Armensteuer (Almosen) zahlen, dann lasst sie ihres Weges ziehen. Siehe, Allah ist verzeihend und barmherzig".*

Im 7. Jahrhundert, in der Zeit der Entstehung des Koran, sollte der Koran den Frieden herstellen, allerdings nur für die Muslime in der islamischen Welt, aber den Krieg gegen die Ungläubigen legitimieren. Dieser Kontext und die folgenden Aussagen werden heute oft missverstanden oder abgestritten, um den Islam als friedliebend darzustellen. Vor allem

---

[120] abrogiert bedeutet: hebt auf
[121] Islamisches Glaubensbekenntnis

die medinische Sure 2, „Die Kuh", die auch wesentliche Rechtsvorschriften der Scharia enthält, wimmelt von Gewaltaufrufen in den Versen 190 bis 195, in 216, 217, 218, 244, 235 usw.

In der medinischen Sure 47:4 -„Der Krieg"- lesen wir:

> *„Und wenn ihr die Ungläubigen trefft, dann herunter mit dem Haupt. Richtet ein Gemetzel unter ihnen an. Wenn ihr sie überwältigt habt, legt sie in Fesseln. Die Gefangenen könnt ihr gegen Lösegeld oder im Austausch freilassen".*

Diese Sure wurde einige Zeit nach dem Sieg Mohammeds bei Badr geoffenbart. Badr ist eine der wenigen Schlachten, die im Koran erwähnt wird. Mohammed führte selbst einen Beutezug an gegen eine Karawane der Mekkaner seines eigenen Stammes, der Quraisch. Der Sieg wurde als ein Zeichen Allahs für den Islam und für Mohammed gedeutet. Ähnliche Aufrufe zur Gewalt bringt auch die medinische Sure 3: „Das Haus Al-Imran" in den Versen 4, 12, 141, 151, 157, 158, 166, 167, 195 usw. Dazu kommt dann der Trost für die gefallenen Märtyrer: Die im Krieg getöteten Muslime „sollen zu Allah versammelt werden".[122]

Unhaltbar ist die These fundamentalistischer islamischer Theologen, dass „die junge muslimische Glaubensgemeinschaft" damals nur um ihr Dasein und ein Leben in Sicherheit gekämpft habe. Die Korananalyse und historische Studien zeigen, dass Mohammeds Feldzüge seit 622 Eroberungs- und Unterwerfungskriege waren, also „Offensiven im Namen Allahs". Die Gewaltverherrlichung zur Ausbreitung des Islam ist dem Koran systemimmanent.

---

[122] Ähnliche Koranstellen der Verheissung finden sich in den Suren 4:90, 8:18, 9:30, 9:40, 9:42, 9:124, 9:112 usw.

Da der Koran als Gottes Wort gilt, sind seine 114 Suren damit für alle Zeiten unveränderbar. Eine historisch kritische Exegese ist praktisch unmöglich, eine Redigierung des Koran erst recht.

Der deutsche Orientalist H. P. Raddatz beschreibt in aller Härte die Einmaligkeit des islamischen Gewaltdogmas wie folgt: „In keiner Kultur, geschweige denn Religion findet sich die Kodifizierung von Mord, Raub, Versklavung und Tributabpressung als religiöse Pflicht. In keiner anderen Religion findet sich die geheiligte Legitimation von Gewalt als Wille Gottes gegenüber Andersgläubigen, wie sie der Islam als Bestandteil seiner Ideologie[123] im Koran kodifiziert und in der historischen Praxis bestätigt hat".[124]

Der Koran ist gerade in unserer Zeit die „Munitionskiste" für militante Islamisten. Die gemäßigten Muslime haben dagegen einen schweren Stand. Sie helfen sich, indem sie die Gewaltpassagen des Koran ignorieren, abrogieren oder als zeitgebunden verharmlosen.

## Die Ausbreitung unter den Nachfolgern

Als Mohammed stirbt, beherrschen die Muslime schon weite Teile der Arabischen Halbinsel. Er hatte die regionalen Stämme unter seiner Oberhoheit und der Religion des Islam vereint.

Als Ridda Kriege[125] werden die Feldzüge bezeichnet, die Abu Bakr, der erste Kalif nach Mohammeds Tod in 632, zur Unterwerfung der arabischen Stämme, die sich dem Islam verweigerten oder vom Islam abgewandt hatten, führte. Die Stammesführer behaupteten, sie hätten sich nur gegenüber

---

[123] Ideologie = Weltbild/Ideenlehre
idea=Erscheinung, logos = Wort
[124] Hans Peter Raddatz „Von Allah zum Terror?", München 2002, Seite 71
[125] ridda, Apostasie

Mohammed zum Islam und zur Tributzahlung verpflichtet. Dieses Verhalten lieferte Abu Bakr[126] den Kriegsgrund.

Damit war die Voraussetzung für die Expansion des Islam über die arabische Halbinsel hinaus, gegeben. 633 marschierte Kalif Abu Bakr in Persien ein.

634 schlug der zweite Kalif Umar ibn al-Chattab das byzantinische Heer in Palästina vernichtend. 636 wurden die Byzantiner und Perser in der Schlacht am Yarmuk in Syrien vernichtet. 638 zog Umar in Jerusalem ein, ab 642 eroberte er das Reich der Sasaniden, die Gebiete des heutigen Irak, Syriens, Ägyptens und Libyens. Kalif Umar gilt als der Schöpfer des Islamischen Weltreichs. Umar wir 644 ermordet.

Umars Nachfolger, der dritte Kalif Uthman ibn Affan, eroberte große Teile des Kaukasus und Mesopotamiens. Unter Kalif Uthman begann die Zeit der Spaltung der islamischen Gemeinde. Zwar setzte er noch die Kodifizierung des Koran durch, konnte aber den Nachfolgestreit, der dann zu seiner Ermordung in 656 führte, nicht verhindern.

Uthmans Nachfolger, der vierte Kalif Ali Ibn Abi Talib, dehnt das bestehende Kalifenreich weiter aus. Er war zugleich auch der erste schiitische Kalif. Die Sunniten warfen ihm später unbewiesen vor, er wäre durch einen Mord in sein Amt gelangt. Der Hass war gesät. Diese vier „Rechtgeleiteten Kalifen" führten die Gemeinschaft der Gläubigen, die Umma, in grandiose Siege über die Ungläubigen.

*Die Rechtgeleiteten Kalifen*

Die vier „rechtgeleiteten" Kalifen[127] in der Reihenfolge ihrer Herrschaft sind:

---

[126] Abu Bakr regiert von 632-634. Er ist der einzige Rechtgeleitete mit einem natürlichen Tod.

[127] Raschidun, 632-661

1. Abu Bakr Abdallah ibn Abi Quhafa as-Siddiq
   *573 in Mekka, regiert 632-634, † 634 in Medina
2. Umar ibn al-Chattab
   *592 in Mekka, regiert ab 634, † 644 in Mekka
3. Uthman ibn 'Affan
   *574 in Mekka, regiert ab 644, † 656 in Medina
4. Ali Ibn Abi Talib
   *600 in Mekka, regiert ab 656, † 661 in Kufa

## Das Kalifat der Umayyaden

Das Kalifat der Umayyaden (661-750) ist die islamische Regierungsform, in der die weltliche und geistliche Führerschaft in der Person des Kalifen vereint sind. Es ist ein theokratisches Herrschaftsmodell, das mit Mohammed begründet wurde. Die vier rechtgeleiteten Kalifen waren die prägenden Figuren in diesem Amt. Als Halifat Allah, Stellvertreter Allahs auf Erden, besteht der Titel „Kalif" im Reich der Umayyaden seit 661, dem Todesjahr Ali's.

Bereits der dritte „Rechtgeleitete", Uthman ibn Affan, begünstigte seine umayyadische Sippe bei der Beuteverteilung und durch „Ämterpatronage". Er machte sich damit viele Feinde und wurde 656 von aufständischen Muslimen aus dem Irak und Ägypten an seinem Regierungssitz in Medina ermordet. Zu seinen Gegnern zählten auch die Anhänger Ali's, die späteren Schiiten.

Nach der Ermordung Ali's im Jahr 661 war den Schiiten klar, dass sie gegen die Macht der sunnitischen Umayyaden keine Chance hatten.

## Sufyaniden und Marwaniden von Damaskus

Der dritte Kalif Uthman ibn Affan machte seinen Sohn Muawiya zu seinem Erben und der setzte seinen Sohn Yazid zum Nachfolger ein. Das erkannten Ali's Söhne Hasan und Husain nicht an. Später kam es zum Kampf bei Kerbela. Der „Verrat" von Kerbela wurde zum ewigen Trauma der Schiiten. Ich komme darauf noch zurück. Muawiya ibn Abi

Sufyan, zuvor Statthalter in Syrien, wurde 661 der erste Kalif aus dem Stamm der Umayyaden. Muawiya war „Sekretär" Mohammeds und baute während seiner Zeit in Syrien die erste muslimische Flotte am Mittelmeer auf. 655 besiegte diese Flotte die Byzantinische Armada in der Seeschlacht von Phoinix (Finike) vor der lykischen Küste. In der Zeit seines Kalifats (661-680) verlagerte Muawiya das politische Zentrum und damit auch die religiöse Macht von Medina nach Damaskus und überließ Medina der regionalen Bedeutungslosigkeit. Der Maghreb wurde unterworfen und zu Tributzahlungen verpflichtet, die Eroberungen im Osten des Iran ausgeweitet. Muawiya führte die dynastische Erbfolge im islamischen Reich ein. Sein Sohn Abu Chalid Yazid ibn Muawiya wurde als Yazid I. der zweite Umayyaden Kalif.[128]

Yazid I. war der erste Kalif, der Mohammed nicht mehr persönlich gekannt hatte. Allerdings wurde das dynastische Prinzip nicht von allen Muslimen anerkannt. Nach Yazid I. (647-683) frühem Tod 683 wurde sein Sohn Muawiya II. kurzzeitig Kalif, bevor Marwan I. als Kalif[129] die Umayyaden Sippe der Marwaniden an die Macht führte. Mit Marwan II. endete 750 nach jeweils kurzen Regierungszeiten der neun Nachfolger die Dynastie der Umayyaden. Nach der vernichtenden Niederlage Marwan II. beim Wadi Zab, einem Nebenfluss des Tigris, fiel die Macht im Reich an die Abbasiden.

*Die Abbasiden*

Im Jahre 751 erreicht das von einem einzigen Kalifen beherrschte Reich seine größte Ausdehnung. Ein islamisches Imperium, das sich über drei Kontinente ausbreitet: Von Andalusien im europäischen Westen, Nordafrika im Süden, und von Anatolien im Norden bis an die Grenze Chinas im Osten. In der Schlacht am Grenzfluss Talas, 751, vernichten die Muslime das chinesische Heer. Der Islam verdrängt den Buddhismus und wird zur führenden Religion in den Turk-

---

[128] *644, † 683

[129] Kalif von 684-685

völkern Zenralasiens. Unter den chinesischen Gefangenen vom Talas waren Experten der als Geheimnis gehüteten Papierherstellung. So kam auch dieses handwerkliche Wissen in die islamische Welt.

Die Abbasiden (750-1258), die wie die Aliden, die Nachkommen Ali's, auch arabische Haschimiten waren, wollten den Sturz der Ummayaden. Zu den Aliden gehören alle Kinder, die Kalif Ali mit seinen Frauen und Konkubinen gezeugt hatte.

Nach der Herrschaftsübernahme 750, war Abu'l-Abbas as-Saffah der erste Kalif aus dem Stamm der Abbasiden. Unter den späteren Kalifen lagen die Abbasiden und die Aliden im ständigen Streit. Und trotz allem: Das Zeitalter der Abbasiden war das „Goldene Zeitalter" der Islamischen Welt. Die Abbasiden waren die zweite große Dynastie der islamischen Welt, die von 750 unter ihrem ersten Kalifen Abu'l Abbas al-Saffah bis 1258 mit ihrem letzten Kalifen Al-Musta' sim[130] in unterschiedlichen Konstellationen herrschten. Benannt ist die Dynastie nach Abbas ibn Abud-ul-Mutallib, einem Onkel Mohammeds aus dem Stamm der Quraisch. Die schiitischen Abbasiden arbeiteten gegen die sunnitischen Ummayaden in Damaskus. Der Familienclan der Ummayaden war zwar auch aus dem Stamm der Quraisch, aber mit Mohammed nicht verwandt. Das waren jedoch die Abbasiden, die sich als Vertreter der Partei Ali's bezeichneten, und damit die Verwandtschaft mit Mohammed belegen konnten. Sie waren „echte" Schiiten.

Durch einen Aufstand gegen die zunehmende Unrechtsherrschaft der Ummayaden kamen sie an die Macht. Nach der Vernichtung der Ummayaden verlegten sie das Kalifat von Damaskus nach Bagdad. Bagdad wurde zu einer neuen Metropole des Islam. Damit verlagerte sich das islamische Zentrum unter der „schwarzen Fahne" der Abbasiden von Da-

---

[130] Al-Mustansir 1242-1258

maskus nach Mesopotamien, in den heutigen Irak. Die „Wesire" übernahmen die Staatsgeschäfte. Es entwickelte sich eine Beamtenschaft, die vor allem ihre eigenen Interessen verfolgte.

Der persisch schiitische Einfluss auf den Islam nimmt zu. Die Dynastie erreicht den Höhepunkt ihrer Macht in der Regierungszeit des Kalifen Harun al-Raschid von 786 bis 809. Die islamische Theologie erlebt einen großen Aufschwung. Eine Biographie Mohammeds wurde verfasst. Harun al-Raschid ließ Pläne für einen Suezkanal entwerfen. Die Wissenschaft blühte auf, Bibliotheken entstanden. Die Texte griechischer Philosophen wurden ins Arabische übersetzt, dank der eroberten chinesischen Technik der Papierherstellung weit verbreitet, und erreichten die Klöster Europas im 11. Jahrhundert. Die Abbasiden gründeten Samarra, eine luxuriöse Stadt im Irak, die sich über 50 Kilometer am Ufer des Tigris entlang zog. Doch dann ging es bergab.

Langsam aber unaufhaltsam zerbricht das Kalifenreich. Es bildet sich ein mächtiges Gegenkalifat der Fatimiden in Kairo. Den Abbasiden entglitt die Herrschaft in ihrem riesigen, zerstrittenen Reich. Die Seldschuken, turkmenische Nomadenführer, drängten sich auf als Schutzherren der Abbasiden. Die „Türken" übernahmen die Verwaltung im Kalifat Bagdad und damit die administrative Herrschaft im Reich der Abbasiden. Zum Dank dafür erhielten sie sämtliche religiösen und politischen Funktionen in ihren jeweiligen Herrschaftsbereichen und damit das „Sultanat". Danach verfiel die Herrschaft langsam aber stetig bis zur Eroberung Bagdads durch den Mongolen Hülegü, einem Enkel Dschingis Khans, in 1258. Bagdad wurde geplündert und völlig zerstört. Nach der Ermordung des letzten abbasidischen Kalifen durch die Mongolen in 1258, rettete sich ein Familienmitglied der Dynastie ins mamelukkische Ägypten, wo er und seine Nachkommen noch bis ins 16. Jahrhundert hinein die jeweiligen „Sultane" als rechtmäßige Herrscher zu legitimieren hatten.

Ein Zweig der nach dem Fall Bagdads geflüchteten abbasidischen Kalifen hielt sich noch in Kairo bis zur Eroberung Ägyptens durch die Osmanen an der Macht. Auch diese Dynastie endete mit ihrem letzten Kalifen Al-Mutawakkil III. Das war im Jahre 1517.

Sunnitische und schiitische Sekten und Stämme waren miteinander im Dauerkonflikt verfeindet, bildeten „Reiche" und zerstörten sie wieder. Am Ende des Verfalls der Kalifate übernahmen die Osmanen ab 1300 n. Chr. als „Sultane" die Herrschaft im islamischen Reich und herrschten bis 1922.

## Die Fatimiden

Parallel zu den sunnitischen Kalifen herrschte die von den Sunniten nicht anerkannte schiitische Kalifendynastie der Fatimiden von 909 bis 1171 in Ägypten. Ihre Abstammung führten die Herrscher auf Fatima, die Tochter Mohammeds und Ehefrau des vierten rechtgeleiteten Kalifen Ali, zurück; daher der Name Fatimiden. Obwohl sie einem schiitisch ismailitischen Bekenntnis folgten, wurden sie von den Sunniten toleriert. Die Fatimiden eroberten Sizilien und gegen Ende des 9. Jahrhunderts auch Kairo, das sie zu ihrer Hauptstadt machten. Wenig später erlangten sie die Kontrolle über Mekka und Medina. Damit standen die wichtigsten heiligen Orte des sunnitischen Glaubens unter schiitischer Hoheit. Es war eine neue Quelle des unauslöschlichen Hasses zwischen den beiden islamischen Glaubensrichtungen.

Die Fatimiden gründeten die berühmte Al-Azhar Universität in Kairo, heute das wichtigste sunnitische Wissenschafts- und Glaubenszentrum. Die fatimidischen Kalifate bedrohten im 10. und 11. Jahrhundert von Ägypten aus die Existenz der Abbasiden. Nach dem Tod des letzten fatimidischen Kalifen al-Adid fällt Ägypten im Jahre 1171 an die Ayyubiden.

## Neue Eroberungen der muslimischen Araber

Unabhängig von ihrer jeweiligen religiösen Orientierung setzten die Muslime nach Mohammeds Tod unter den wechselnden Kalifaten ihre Eroberungszüge fort. Es ging vor allem um Macht und damit um Tributzahlungen. Die Rechtfertigung lieferte der Islam. Das islamische Reich erstreckte sich in seiner größten Ausdehnung vom Atlantik bis an den Indus und weiter nach Samarkand und Buchara in Zentralasien. Schon zur Zeit der Tang Dynastie kamen islamische Diplomaten nach China an den Kaiserhof. Eine der ältesten Moscheen Chinas, die Huaisheng Moschee wurde im 7. Jahrhundert gebaut.

Anfang des 16. Jahrhunderts findet die islamische Welt wieder eine neue Ordnung. Zwar geht mit Granada das spanische Al-Andalus endgültig verloren, doch zwei neue Mächte betreten die Weltbühne. Die persischen Safawiden erweitern ihr Reich im Osten und die Osmanen erobern ein Imperium im Nordwesten. Der Islam breitet sich weiter nach Osten aus. Muslimische Händler, die schon als tüchtige Kaufleute in Afrika tätig waren, bringen um 1511 ein islamisches Sultanat nach Sumatra. Die indonesische Inselwelt wird islamisch.

### Die Osmanen

Die Osmanen (1299-1922) waren ein nomadischer Stamm der Turkvölker im nordwestlichen Anatolien und eroberten weite Teile des Seldschukischen Reichs. Sie begründeten das osmanische Reich und regierten von 1299 bis 1359 unter ihrem Gründer Osman I. Ihm folgt eine lange Reihe von muslimischen Herrschern mit den Titeln „Emir" und „Sultan", ab 1517 auch mit dem Titel „Kalif". Mit Sultan Mehmed VI. endete erst im Jahre 1922 die osmanische Herrschaft. Schon ab dem 11. Jahrhundert eroberten die Osmanen Zug um Zug den Orient. Mit der Einnahme Konstantinopels im Jahre 1453 war das osmanische Reich ab dem 15. Jahrhundert eine Großmacht. Es übernahm das Erbe des byzantinischen Reichs und wurde der Nachfolger des christlichen Ostroms.

Das osmanische Reich wird zwar in Europa begrifflich oft mit der Türkei assoziiert, war aber immer ein Vielvölkerstaat. Ausländische Botschafter waren in Istanbul am Sitz des

Großwesirs, der eigentlichen Regierung (Diwan), an der „Hohen Pforte", akkreditiert. Diwan bedeutet Sammlung, Versammlung, Register, Gedichtsammlung, später auch Büro, Behörde oder Ratsversammlung. Diwan ist ursprünglich ein mittelpersisches Wort und bezeichnete schon im vorislamischen Reich der Sasaniden ein Archiv, eine Kanzlei und die Beamtenverwaltung des Reiches.

Die Herrscher der Osmanen waren zunächst nur Sultane. Erst im Jahre 1517 wurden sie mit Selim I. auch Kalifen in Istanbul. 28 Herrscher folgten als osmanische Kalifen am Bosporus. Mehr als 600 Jahre dauerte die Herrschaft der Osmanen. Mit der erfolglosen Belagerung Wiens 1683 endet das Vordringen der Osmanen nach Europa. Die islamische Welt wird von nun an durch drei Großmächte geprägt: Dem Mogulreich in Indien, dem Reich der Safawiden in einem Großpersien und vom Osmanischen Reich an Europas Grenzen.

England und Frankreich einigten sich nach dem 1. Weltkrieg im Vertrag von Sèvres 1920 über die Verteilung der osmanischen Territorien. Im Oktober 1923 rief Mustafa Kemal die Republik Türkei aus. Er erhielt den Beinamen „Atatürk", Vater der Türken. Die Türkei wurde ein laizistischer Staat.

# Islamisch arabisches Herrschaftssystem

Schon dieser kurze historische Rückblick zeigt die Grund-zuge des islamisch arabischen Herrschaftssystems:

Die Einheit von Macht und Religion erweist sich als sehr wir-kungsvoll. Der Glaube gibt der Expansion den inneren Halt, motiviert die Krieger, und gibt den Eroberern eine höhere Legitimation. Mit und in dem wachsenden islamischen Im-perium breitet sich der Islam als Herrschaftsform aus und prägt das Rechtssystem. Die Scharia wird auch das islami-sche „Staatsrecht".

- Mohammed hinterlässt nach seinem Tod 632 den Nach-folgern nicht nur eine große Gemeinde treuer Anhänger, sondern einen organisierten und bewaffneten „Staat" als Grundlage folgender Eroberungen.

- Die ausgreifende Landnahme geschieht durch schnelle Eroberungszüge arabischer Heere.

- Durch Sprache und Religion drücken die Araber den er-oberten Regionen ihren Stempel, „ihr System" auf. Ara-bische Siedler rücken nach und bringen ihre Tradition und Religion mit.

- Die besetzten Gebiete sind in der Frühzeit privater Be-sitz des Eroberers.

- Das Herrschaftssystem gründet sich auf Koran, Sunna und Scharia unter der Oberhoheit des zum Kalifen, Imam oder Sultan ausgerufenen Eroberers.

- Das arabische Erbe der Stammes- und Clanstrukturen formt dynastische Strukturen, in der die Regentschaft in der männlichen Familienlinie über Generationen wei-tergereicht wird, bis eine neue Familiendynastie die Macht und damit auch die Erbfolge übernimmt.

- Das gleiche Prinzip verfolgen später die fachgebunde-nen Beamtenverwalter, Wesire, und regionalen Provinz-gouverneure, bis auch sie „von oben, unten oder aussen" abgelöst oder ermordet werden.

- Der Mord hat in der arabischen Geschichte eine lange Tradition, auch als Lösung der Nachfolgefrage in den bestehenden Hierarchien.

- Die Architektur der Paläste, die Pflege der Literatur, der Künste und der Wissenschaften dienten nicht nur der Prachtentfaltung, sondern auch der für alle sichtbaren Machtdemonstration.

- Prunkvolle Moscheebauten stärkten den Anspruch und bewiesen Macht und Ausstrahlung des Islam.

- Zur Geldbeschaffung dienten das Tributsystem, Kopfsteuern, Korruption, Bestechung oder verwandte „Abgabensysteme".

- Geld, Waffen und Soldaten sicherten die Machtausübung.

- Gewaltphasen und friedlichere Zeiten lösen sich in unterschiedlich langen Intervallen ab.

- Rivalisierende Dynastien kämpfen offen oder verdeckt um die Macht im Kalifat oder Sultanat.

- Die Ablösung erfolgt durch Sturz oder Ermordung.

- Eine neue Dynastie tritt die Herrschaft an und „organisiert" die Erbfolge.

- Die arabisch islamischen Herrschaftsstrukturen der „Macht in einer Hand" bleiben bestehen, da die starre Auslegung von Koran und Sunna kaum Veränderungen zulässt.

- Nach Aufschwung und anschließender Ausbeutung gelingt oft eine zeitlich begrenzte Blütezeit mit neuer Verteilung der Pfründen und Reichtümer.

- Danach folgt der Niedergang des Reiches mit meist abruptem Untergang der jeweils herrschenden Dynastie.

- In allen Herrschaftsebenen islamischer Länder bleibt das Patriarchat bestehen. Die Männer herrschen in ihren Stämmen, Sippen und Familien. Arme bleiben arm, Frauen rechtlos und bildungsfern.

- Nationalstaat und Partizipation bleiben unbekannt.
- Ab dem 11. Jahrhundert fallen fremde Völker in die arabischen Reiche ein. Anfang des 13. Jahrhunderts brechen die Mongolen ein.

  Im 14. Jahrhundert übernehmen die Osmanen die Herrschaft.
- 1798 besetzt Napoleon I. Ägypten.
- Im frühen 19. Jahrhundert geraten weite Teile der islamischen Welt in den Einflussbereich oder unter die direkte Herrschaft europäischer Kolonialmächte.
- Ende des 19. Jahrhunderts ist die arabische Welt aufgeteilt in einen osmanischen und einen europäischen Einflussbereich.
- 1922 endete das osmanische Reich.
- Nach 1945 werden die islamischen Staaten weitgehend unabhängig.

# Chronik der Eroberungen

Ab 670 eroberten islamische Araber Nordafrika bis Marokko. Im Jahr 711 siegten sie bei Jerez de la Frontera über die Westgoten und besetzten Spanien. Ihr Vormarsch durch Frankreich wurde erst 732 von Karl Martell in der Schlacht bei Tours und Poitiers aufgehalten. Das maurische Spanien erlebte mit der Ausrufung des Emirats von Cordoba in 756 durch Abd ar-Rahman I. eine kulturell glanzvolle Epoche.

Von 912 bis 1031 herrschte das Kalifat von Cordoba. Es war ein umayyadisches Exilreich, die Blütezeit Andalusiens, eine Glanzzeit der Umayyaden. Noch heute bewundern wir die arabische Architektur in Spaniens Provinz Al-Andalus.

674 und 717 belagerten die muslimischen Truppen Konstantinopel, ohne die stark befestigte Stadt einnehmen zu können. Bis 712 erreichten sie die Grenzen Chinas und Indiens. Am Beginn des 8. Jahrhunderts war das Byzantinische Reich auf Kleinasien, Konstantinopel und einige Inseln und Küstenstreifen in Griechenland geschrumpft.

In der Zeit der Kreuzzüge[131] brechen erstmalig 1096 christliche Ritter auf, um im Kampf um das Heilige Land auch Jerusalem zu erobern. Von Glaubenseifer getrieben, wollten die Christen nach dem Aufruf Papst Urban II. die Muslime aus den Stätten der Passion Christi vertreiben und eigene Reiche gründen. Die Muslime hatten das den Christen schon immer „Heilige Land" bereits im 7. Jahrhundert erobert. Mit der Einnahme der letzten christlichen Festung Akkon durch Sultan al-Malik Chalil in 1291 endet die für die Christenheit wenig ruhmvolle Zeit der Kreuzzüge. Die islamischen Machtzentren waren durch die Kreuzzüge, wenn auch nur vorübergehend, geschwächt. Nun mussten sie sich auch noch der immer wieder anstürmenden Mongolen erwehren.

---

[131] 1096-1291

Die Eroberung Konstantinopels durch die muslimischen Osmanen unter Sultan Mehmed II. im Jahr 1453 beendete endgültig das byzantinisch oströmische Reich. „Istanbul" wurde Hauptstadt des Osmanischen Reichs. Die Grenze zwischen Europa und Asien wurde weiter westwärts verschoben. Griechische Gelehrte wanderten in den lateinischen Westen, vor allem nach Italien. Sie brachten Europa die Fundamente der Renaissance. Im Jahre 1529 belagerten die Osmanen erstmals Wien, damals eine der größten Städte des christlichen Mitteleuropa, unter ihrem Anführer Sultan Süleyman I, dem Prächtigen.

Unterstützt von Truppen des Heiligen Römischen Reichs konnte die Stadt gehalten werden. Süleyman I. hatte zuvor 1526 das christliche Königreich Ungarn erobert. Der zweite Versuch Süleymans I. in 1532, Wien zu erobern, scheiterte ebenfalls. Die große und lange Belagerung Wiens durch die Osmanen im Jahre 1683 verlief für beide Seiten sehr verlustreich. Großwesir Kara Mustafa Pascha musste nach dem Eingreifen des polnischen Entsatzheeres unter König Johann III. Sobieski den Rückzug antreten. Staatsreligion im Osmanischen Reich war der sunnitische Islam der noch heute führenden hanafitischen Rechtsschule.

In den eroberten Gebieten hatten die Anhänger der Buchreligionen -Juden und Christen- eine Kopfsteuer zu zahlen, durften keine Gebetshäuser bauen und keine Waffen tragen. Der Islam dominierte das öffentliche Leben, die eingesessene Bevölkerung wurde islamisiert. Aufstiegschancen gab es nur durch den Übertritt zum Islam. Mit der Expansion der islamischen Herrschaft verschmolz die neue Religion des Islam nicht nur in Andalusien, dem Iran, in Syrien, dem Irak, oder in Indonesien und Zentralasien mit den dortigen Kulturen, sondern gewann damit auch sehr eigene regionale und ethnische Ausprägungen.

Schon damals gab es nicht: „Den Islam". Auch in der Historie wird deutlich, dass es den einen und wahren, gottgewollten Islam nie gab und auch nicht geben konnte. Das behaupten aber in aller Entschiedenheit noch heute vor allem der Salafismus, der Wahhabismus und der Islamismus.

Wollen wir diese atemberaubende Geschichte des Islam wirklich verstehen, seinen Weg in die Neuzeit verfolgen, müssen wir wieder auf seinen Gründer zurückschauen, auf Mohammed und auf sein Werk, den Koran:

Ohne Mohammed kein Koran, ohne Koran kein Islam, und ohne den Islam keine Entstehung einer neuen, tief religiösen Welt. Auch keine Erschütterungen ehemals fest gefügter Weltordnungen.

„Lies!" lässt Mohammed den Erzengel Gabriel in der ersten Offenbarung sagen: Der Koran zeigt ein friedvolles und ein bedrohliches Gesicht, verwirrend und klärend, beruhigend und aufregend, dem sündigen, ungläubigen Menschen die Hölle androhend, dem Gläubigen das Paradies verheißend: „Lies!"

# Der Koran

## Die Form

Die textliche Grundlage des Islam ist der Koran, arabisch „Qur'an". In gängiger Übersetzung heißt „Qur'an" Vortrag, Rezitation, Lesung, Botschaft. Daneben gibt es die Berichte, die „Hadithe" über die Verhaltensweise, die „Sunna", Mohammeds. Die sich aus beiden Quellen ergebenden rechtlichen Normen islamischen Verhaltens werden als „Schari'a" bezeichnet.

Historisch belegt ist, dass erst der dritte Kalif Uthman zwischen 644 und 656 die Koranverse sammelte und in eine abschließende Form brachte. Das Wort Qur'an ist aus der Muttersprache des Propheten Muhammad[132], aus dem Arabischen „qara'a"[133] abgeleitet:

*„Wir haben diesen Koran in einer klaren, unmissverständlichen Sprache geoffenbart".[134]*

*„Eine andere Sprache ist der arabischen Sprache nicht ebenbürtig".[135]*

Der Koran soll selbsterklärend, „selbstreferentiell" sein. Das heißt, durch die vielen Wiederholungen und Umschreibungen sollen die jeweiligen Bedeutungen der Botschaft immer wieder erklärt werden. An etwa 27 Stellen finden sich weitere erklärende Beschreibungen des Koran:

| | |
|---|---|
| Ermahnung | (Sure 15:9) |
| Führung | (Sure 72:13) |
| Weisheit | (Sure 17:39) |
| Heilung | (Sure 10:57). |

---

[132] Mohammed

[133] qara'a"=vortragen, lesen

[134] Sure 12:2

[135] Sure 41:44 und 43:3,4

Muslime sehen den Koran als das „vollkommene Buch" (2:2). In moderner Sprache wäre er das durch den Erzengel Gabriel in „Verbalinspiration herabgesandte Gotteswort".[136]

Fest steht, daß der Koran nicht fertig war, als Mohammed 632 n. Chr. überraschend starb. Mündliches Wissen und unterschiedliche Lesarten sollten schriftlich fixiert werden. Daran arbeiteten die beiden ersten Nachfolger Mohammeds, Abu Bakr und Umar. Aber erst der dritte, der Kalif Uthman, schaffte eine Koranausgabe, die andere Versuche verdrängte. Trotzdem blieben sieben verschiedene Lesarten und Interpretationen bestehen, die von der Umma, als kanonisch anerkannt wurden.

*„Und übereile dich nicht mit dem qur'an (Vortrag), bevor nicht seine Eingebung vollendet ist".* [137]

Unter deutschsprachigen Muslimen ist der Begriff „der heilige Qur'an" gebräuchlich.

Er ist die heilige Schrift des Islam und besteht aus 114 Kapiteln, den Suren, gleich den mit eigenen Namen versehenen Suren, die alle mit der Basmala, der Formel „Im Namen Allahs, des Barmherzigen, des Erbarmers," beginnen. Die 114 Suren wieder sind in 6.236 unterschiedlich lange Absätze, Verse (Ayaat), gegliedert. Die heutige Verszählung richtet sich nach der offiziellen ägyptischen Koranausgabe, die 1923/24 von der höchsten sunnitischen religiösen Autorität, dem Al-Azhar[138] Institut an der Al-Azhar Universität in Kairo, erstellt wurde. Das Al-Azhar Institut legt bis heute den kanonischen arabischen Text des Koran fest. Nur dieser Text aus Kairo gilt als „authentisch".

---

[136] Islaminstitut

[137] Sure 20:114

[138] Al-Azhar: „Die Blühende"

## Die Zeit

Der Koran hat zeitliche Schichten. Es gibt:

1. Einen Koran vor dem Koran: Der „Koran" in und aus der Psyche Mohammeds entstanden, der selbst immer wieder zwischen Ohnmacht und Allmachtsgefühlen schwankte, der in seiner außergewöhnlichen Phantasie zwischen Himmel und Erde schwebte, der über Sprachgewalt und Überzeugungsfähigkeit verfügte, und der eine Hölle für seine Gegner ahnte, vielleicht auch abschreckend herbeisehnte. Das erklärt auch, warum seine Gegner überzeugt waren, dass er „vom Teufel besessen sei".

2. Den Koran aus Mohammeds Zeit: Hier sehen wir die „Offenbarungen". Es sind die von Allah über den Erzengel Gabriel „herabgesandten" göttlichen Verse, die Mohammed den Ungläubigen als Gottes Wort zu verkünden hat. Es sind die „vorzutragenden" Wahrheiten Allahs.

3. Den Koran nach dem Koran: Erst der dritte Kalif Uthman soll die verschiedenen Koranversionen gesammelt, geordnet und „auf Schafhäuten" verschriftlicht haben. Das wäre etwa 20 Jahre nach Mohammeds Tod, denn Uthman starb 656. Uthman ließ die vielen umlaufenden „inoffiziellen" Versionen des Koran verbrennen, und die von ihm „kanonisierte" Fassung in den Regionen seiner Herrschaft verteilen. Diese Texte sind verschwunden.

Die heute noch erhaltenen Koran Fassungen stammen aus der Zeit der späteren Umayyaden Kalifen Abd-al-Malik und Sohn al-Walid, dem sechsten Umayyaden-Kalif (705-715). Sie können also erst etwa 80 Jahre nach Mohammeds Tod verfasst worden sein. Die „originalen" mündlichen Überlieferungen dürften alle sehr viel älter sein, lebte man doch in einer uralten Tradition der „Erzählungen".

Die Umayyaden brauchten die Schriftform und die damit verbundene verbindliche Auslegung des Koran zur Legitimation und Ausbreitung ihrer islamischen Herrschaft mittels des Koran. Das dürfte wohl schon der dritte Kalif Uthman aus der Sippe der Umayyaden erkannt haben. Aber zumindest die Nachfolger dürften einige Texte auch zu ihrem eigenen Vorteil formuliert haben.

Als Beispiel lesen wir die Sure 4:59:
*„O ihr, die ihr glaubt, gehorcht Allah und gehorcht dem Gesandten und denen, die unter euch Befehlsgewalt haben".*

Zu Mohammeds Zeiten gab es sicher keine Anhänger, die Befehlsgewalt hatten. Das gab es nur im großen Reich der Umayyaden. Hier haben die Verfasser den Koran ergänzt, ihre eigene Befehlshoheit in den Koran hineingeschrieben und damit exekutive Verantwortung an die weit verstreuten Regionalherrscher delegiert.

## Mekkanische und medinische Suren

Die Koransuren sind von unterschiedlicher Länge mit unterschiedlich langen Versen. In den Versen zählt man die Zeilen. So ist Sure 108 „Der Überfluß" mit drei Versen in drei Zeilen die kürzeste Sure, in Mekka offenbart.

Die Suren wurden „herab gesandt", sie sind ein vorzutragender, offenbarter Text. Suren ähneln in Struktur und Inhalt ein wenig den Psalmen des Alten Testament. Alle Suren haben mindestens einen arabischen Namen, um Lernen, Verweis und Wiedergabe zu erleichtern.

Die Suren wurden Mohammed teils in Mekka[139] teils in Medina in etwas mehr als zwei Jahrzehnten[140] offenbart.

---

[139] z.B. die Suren 5, 77, 79, 91, 100
[140] Von 610-632

Die langen, jüngeren, medinischen Suren stehen am Anfang, die älteren, mekkanischen, kurzen Suren stehen am Schluss des Koran. Knapp formuliert: Die längsten Suren am Anfang, die kürzesten am Ende des Koran. Zur Einführung sollte man den Koran also „von hinten nach vorne" lesen.

Die mekkanische Offenbarungsperiode dauerte etwa 13 Jahre von der ersten Offenbarung 609 bis zur Auswanderung des Propheten nach Medina, der Hidschra im Jahre 622. Diese erste, mekkanische Periode ist bestimmt, von der Aufgabe, die Menschen zum Islam zu rufen.

Die mekkanischen Kernthemen sind: Allah und seine Einheit, die Auferstehung und das Gericht, sowie das richtige Verhalten des Menschen vor Gott. Mekkanische Suren sind Offenbarungen, die an die Bewohner von Mekka gerichtet waren. Sie erzeugen Ehrfurcht und Angst der Verfehlenden vor der Bestrafung Allahs.

Die zweite, medinische Offenbarungsperiode dauerte ungefähr zehn Jahre von der Hidschra bis zum Tod Mohammeds im Jahre 632. Hier geht es um das Zusammenwachsen der Muslime zu einer Gemeinde in einem Gottesstaat, um Recht und Ordnung in der Umma, um den Umgang mit den Eroberungen und den dort Unterworfenen. Die medinischen Suren waren zunächst an die Bewohner Medinas gerichtet, reichten dann aber weit über Medina hinaus, hinein in die neue „islamische Welt". Mohammed war jetzt der Führer eines Reiches. Und er sah sich auch so. Die medinischen Suren beschäftigen sich vor allem mit den Scharia Normen zum Familien- und Strafrecht, mit dem Dschihad sowie mit dem Regieren und dem Einhalten von Koran und Sunna. Zwischen den beiden Surenarten bestehen auch stilistische Unterschiede. So hat z.B. die medinische Sure 2 „Die Kuh", die vor allem gesetzliche Regeln, die Scharia, und Glaubensinhalte vermittelt, 286 überwiegend sehr lange Verse. Derartige für uns ungewohnte Überschriften, wie „Die Kuh", die in der Sure nur kurz als Opfertier vorkommt, sind der Zitierrahmen der Muslime, nicht die bei uns übliche arabische Ziffer der Sure. Beispiele:

Sure 4 „Die Weiber"

Sure 8 „Die Beute"

Sure 27 „Die Ameise"

Die kürzeste Sure ist die mekkanische Sure 108. „Der Überfluss". Sie hat nur drei Verse:

*„Wahrlich, Wir haben dir Überfluss gegeben,*
*Darum bete zu deinem Herrn und schlachte Opfer,*
*Siehe, dein Hasser soll kinderlos sein".*

Nach der Zählung Zarkaschi gibt es 29 medinische Suren und 85 mekkanische Suren. Die kleinere Zahl wird aber durch den schwereren Inhalt kompensiert.

Die Suren sind überwiegend nicht chronologisch nach der Zeit ihrer Offenbarung, sondern nach ihrer Länge sortiert. Die langen medinischen Suren stehen vorne und in der Mitte, die kurzen mekkanischen Suren am Ende. Daher entsteht der Eindruck eines ungeordneten Sammelsuriums. Doch so ist es nicht.

Es heben die später geoffenbarten, langen, gewaltaffinen Suren die älteren vergleichsweise friedlichen kurzen mekkanischen Suren auf. Dafür gilt das muslimische Rechtsprinzip der Abrogation. Spätere Aussagen Mohammeds „sind klüger" und daher zutreffender. Die friedlichen mekkanischen Suren stehen also immer unter dem Vorbehalt ihrer Aufhebung, ihrer „Abrogation".[141] Konnte doch Mohammed später klüger sein als vorher! So stehen wohl auch deswegen die harten medinischen Suren vorne im Koran, um von Anfang an Klarheit zu schaffen, was der Islam von seinen Gläubigen verlangt! Von der Logik ihrer zeitlichen Entstehung her, hätte man nämlich die späteren medinischen Suren im Koran nach hinten stellen müssen. Auch wer die friedlichere

---

[141] abrogare=aufheben

Seite des Islam kennenlernen will, möge den Koran von hinten nach vorne lesen.

In der medinischen Sure 2:216 wird zum Kampf gegen die, die der Errichtung des Islam im Wege stehen, aufgerufen:

*„Vorgeschrieben ist euch der Kampf, mag er euch auch ein Abscheu sein"*[142]

Etwas milder, fast wie eine Exkulpation von der eben genannten Sure, klingt die gern zitierte medinische Sure 5, Vers 32:

*"Aus diesem Grunde haben Wir den Kindern Israel verordnet, dass, wer eine Seele ermordet (wer einen Menschen tötet), ohne dass der einen Mord oder eine Gewalttat im Lande begangen hat, soll sein wie einer der die ganze Menschheit ermordet hat"*

Diese Sure wird gerne als ein eindeutiges Tötungsverbot für Muslime interpretiert, auch für die Friedensbotschaft des Islam zitiert, und vor allem politisch benutzt. Die Sure richtet sich aber an die Juden, nicht explizit an die Moslems. Es wird von islamischen Geistlichen nicht gerne erwähnt, dass Mohammed in diesem Vers die Gebote aus der Thora der Juden zum Brudermord Kain an Abel benutzt.

Schon im nächsten Vers 33 der Sure 5 ist es mit der Friedlichkeit vorbei:

*„Siehe, der Lohn derer, welche Allah und seinen Gesandten befehden und Verderben auf der Erde betreiben, ist nur der, dass sie getötet oder gekreuzigt oder an Händen und Füßen wechselweise verstümmelt oder aus dem Lande vertrieben werden. Das ist der Lohn hienieden, und im Jenseits wird ihnen schmerzliche Strafe"*[143]

---

[142] Ähnlich die Suren 2:191, 8:61,65

[143] Übersetzung Max Henning

## Mohammeds Erfahrungen ändern die Tonlage

Mit den verschiedenen Lebensphasen, Absichten und Erlebnissen des Propheten ändern sich die Tonlagen des Korans. Erklärend sind hier die sieben Phasen, die der in Ägypten geborene Politologe und Publizist Hamed Abdel-Samad zur Entstehungsgeschichte des Koran zusammenfasst:

1. In den meditativen mekkanischen Suren möchte Mohammed als Prophet gehört und anerkannt werden.

2. Mit der einführenden Idee des Monotheismus stellt sich Mohammed noch nicht gegen den Polytheismus seines Stammes in Mekka. Er wehrt sich aber gegen den Vorwurf, er habe die Offenbarungen von den jüdisch christlichen Schriftbesitzern übernommen.

3. Da die Mekkaner seine Botschaft nicht annehmen, predigt er jetzt gegen die „Ungläubigen". Wenn Gott die Ungläubigen hasst, kann ein gläubiger Muslim sie nicht anerkennen.

4. Von seinen Stammesgenossen enttäuscht, geht Mohammed nach Medina und erhofft sich dort die Anerkennung und Unterstützung der monotheistischen Juden. In dieser frühen Zeit in Medina nimmt Mohammed Rituale und Gedanken der Juden und Christen auf. Er preist das Zusammenleben der Religionen.

5. Die Annäherung misslingt und er sieht die Schriftbesitzer als Konkurrenz, ja als Gefahr für seine Ideen. Sie werden zu Ungläubigen.

6. Mohammeds Konzept einer multireligiösen Stadt Medina scheitert an der Ablehnung seiner politischen Ambitionen durch Juden und Christen. Er verübt Massaker am jüdischen Stamm der Banu Quraiza und vertreibt die überlebenden Juden mit Gewalt. Im Koran wird die Verfolgung legitimiert.

7. Die späten medinischen Suren, vor allem Sure 9, rufen zum Krieg gegen alle Ungläubigen auf. Mekka wird im

„Dschihad" erobert und die heidnischen Götter vor der Kaaba zerstört, Friedensverträge werden gekündigt und die Stämme Arabiens in Schrecken versetzt.

In diesem Phasenablauf wird deutlich, dass die Suren des Koran bei entsprechender zeitlicher Zuordnung die politisch religiösen Verhältnisse und Mohammeds Reaktionen darauf im historischen Kontext abbilden. Gleiches gilt auch für Mohammeds Anpassungsfähigkeit an die jeweilige gesellschaftliche Situation und für die Kraft, die neue Religion auch gegen die Widerstände der geistig verwandten Schriftbesitzer durchzusetzen, und sei es mit Gewalt. So gesehen ist der Koran auch ein zeitgenössisches Geschichtsbuch; es lebt in und aus der Zeit des 7. Jahrhunderts.

## Die paradoxe Kommunikation

Im Verfolgungsindex von Opendoors, der heute die radikalsten Verfolgerländer für Christen auflistet, belegen 40 islamische Staaten die vorderen Plätze. Auch im Korruptionsindex der UNO liegen die islamischen Länder auf den ersten Plätzen. Dazu gehört die Unfähigkeit des Islam zur Selbstkritik und zur Selbsterkenntnis, sowie ein ständiges Beleidigtsein und ein sich oft in der Opferrolle fühlen. Auch hapert es an der Toleranz.

Gerne wird von Muslimen als „Toleranzbeweis" die medinische Sure 2, Vers 256 zitiert: *„Es gibt keinen Zwang im Glauben".*[144] Diese Aussage gilt aber nach den Versen 256 und 257 nur für die Muslime.

Das heißt: Im praktizierten islamischen Glauben gibt es keinen Zwang. Gott will es den Gläubigen zum Beispiel beim Fasten im Ramadan leichter machen, zu glauben. Es heißt in Vers 256 aber nicht, „es gibt keinen Zwang zum Glauben". Nur dann könnte man eine gewisse Toleranz ableiten. Die Duldung anderer Religionen wird in Sure 2:256 gar nicht angesprochen. Außerdem wird die behauptete Toleranz, die

---

[144] Übersetzungen Ahmadiyya, Paret, Rassoul, Henning

„Glaubensfreiheit", in der medinischen Sure 4, Vers 89, „Die Weiber", ohnehin wieder ausgeschlossen:

> *„Und wenn sie (die Ungläubigen) sich abwenden -und eurer Aufforderung zum Glauben an Allah kein Gehör schenken - dann greift sie und tötet sie, wo immer ihr sie findet".*

Lange vor dem westlichen Imperialismus gab es schon den islamischen Imperialismus. Der zeigte sich in der Kolonisierung und Herrschaft in den eroberten Gebieten durch Unterwerfung und Tributzahlungen sowie in der Versklavung der dort Unterworfenen. Beispiele für den Allmachtsanspruch des Islam finden wir in den Suren 40:2, 45:2, 46:2.

Problem und Ursache der bleibenden Konflikte mit dem Islam ist die Widersprüchlichkeit des Koran. Er fordert Toleranz und Intoleranz, Frieden und Krieg, Leben erhalten und Leben vernichten. Seine Interpreten können sich nach Belieben bei der einen oder anderen Aussage bedienen! Töten ist schlecht und wird bestraft, Töten ist aber auch gut und wird reich belohnt. Ethische Normen sind zugleich richtig und falsch. Aussagen über den gleichen Sachverhalt sind sowohl falsch wie richtig. Damit entsteht die „Paradoxe Kommunikation". Der gläubige Muslim lebt in einem unauflösbaren Dilemma des permanenten Widerspruchs.

## Das Prinzip der Abrogation

Diese innere Widersprüchlichkeit des Koran wird durch das Prinzip der „Abrogation"[145] der relativ friedlichen mekkanischen Suren durch die späteren kämpferischen medinischen Suren gelöst. Mit dem Hilfsmittel der Abrogation wird in der islamischen Rechtswissenschaft eine frühere Norm durch eine zeitlich spätere Norm aufgehoben.

Das Prinzip sagt, dass alles, was Mohammed zeitlich später gesagt hat, das früher Gesagte relativiert, interpretiert oder aufhebt. Nur mit diesem Trick funktioniert die islamische

---

[145] abrogatio=Aufhebung, Widerruf

Selbstaussage, dass der Koran ein Buch ohne Fehler und ohne Widersprüche ist. Schließlich war der „alte" Mohammed ja klüger als der „junge" Mohammed.

Da die kriegerischen Suren aus Medina später kamen als die eher friedlichen Suren aus Mekka, sind deren Inhalte entscheidend für die Kursbestimmung des Islam. Damit hatten die radikalen Vertreter des Islam auch stets die Führung in der Interpretation des Koran. So konnten auch List und Täuschung, die Verwirrung[146] zum zulässigen Prinzip des Islam werden: In der medinischen Sure 3:54 heißt es: *„Und sie schmiedeten eine List und Allah schmiedete eine List. Und Allah ist der beste Listenschmied".*[147] Das al-Azhar Institut in Kairo, wendet einen semantischen Trick an und macht aus dem eindeutig negativen Begriff „List" in Sure 3:54 einen harmlosen „Plan":

*„Die Widersacher ersannen listige Pläne, doch auch Gott fasste seine Pläne. Gott ist der beste Planer"*

So wurde aus dem hinterhältigen „Listenschmied" der strategisch wissende, der vorausdenkende „Planer". Der Verwirrung dient auch die übliche Unterscheidung in Islam und Islamismus. Dazu sagt der Türkenpräsident Recep Tayyip Erdogan in entwaffnender Klarheit: „Es gibt keinen moderaten oder nicht moderaten Islam. Islam ist Islam und damit hat es sich".[148] Erdogan zitierte 1998 aus einem Gedicht von Ziya Gökalp:

„Die Demokratie ist nur der Zug, auf den wir aufsteigen, bis wir am Ziel sind. Die Moscheen sind unsere Kasernen, die Kuppeln unsere Helme, die Minarette unsere Bajonette und die Gläubigen unsere Armee"

---

[146] Das Taqiyya-Prinzip

[147] Übersetzung Max Henning, gleich der von Rassoul

[148] Milliyet, Türkei, 21. August 2007

Dafür schickte ihn das Staatssicherheitsgericht in Diyarbakir wegen Missbrauch der Grundfreiheiten der türkisch kemalistischen Verfassung im April 1998 für zehn Monate ins Gefängnis. Als damaliger Bürgermeister von Istanbul musste er zurücktreten. Heute schickt Erdogan für die rund 900 DITIB Moscheen in Deutschland, die von der türkischen Behörde für Religionsangelegenheiten Diyanet kontrolliert und finanziert werden, 930 türkische Imame ohne nennenswerte Deutschkenntnisse als Vorbeter. Für eine Dauer von jeweils fünf Jahren. Die türkische Religionsbehörde beschäftigt mit einem Etat von etwa 1,8 Milliarden Euro rund 120.000 Mitarbeiter.

Sowohl die moderaten als auch die radikalen Imame beziehen sich in ihrem Tun auf den Koran und das Prinzip der Abrogation.

Das neuere religionspolitische Konstrukt des fundamentalistischen, auch gewaltbereiten, dynamischen „Islamismus" soll den friedlichen, gemäßigten Islam vom Gewaltvorwurf entlasten und so eine Trennung beider Islamformen vorspiegeln. Der „fundamentalistische Islam" hofft auf die schnellere Durchsetzung seines Ziels: dar al-islam. Dar al-islam meint „Haus des Islam". Das ist das Territorium, das unter der Scharia steht, in dem der Islam Staatsreligion ist.

Die Dynamik des politischen Islam, des Islamismus, irritiert aber die friedliebenden Muslime, denn der „gemäßigte Islam" setzt vorrangig auf die längerfristige Wirkung der Demographie.

Das Mittel der Islamisierung heißt im Arabischen Dschihad, „heiliger Krieg". Er ist alles, was der Ausdehnung des „Hauses des Islam" dient. Der Rest der Welt ist dar al-charb, das „Haus des Krieges". Das sind alle nichtislamischen Länder. Muslime können grundsätzlich in einem Land leben, das zum „dar al-charb" gehört, solange ihnen die freie Ausübung ihrer Religion ermöglicht wird. Viele Muslime sehen ihren Aufenthalt im dar al-charb als „Übergang" an, bis der Islam dort stark genug für den Übergang zum „Haus des Islam" ist.

Nach der mekkanischen Sure 30:30 ist der Islam die ursprüngliche, schöpfungsgemäße Religion der ganzen Menschheit und soll daher über die ganze Welt ausgebreitet werden.

Ganz anders das „Reich Gottes" der Christen, das nicht von dieser Welt ist, das im Herzen der Menschen liegt und sich von dort auf eine Gemeinschaft von Gläubigen ausdehnt.

## Ist der Koran übersetzbar?

Sure 12:2

> *„Siehe, wir sandten es herab als Lesung auf Arabisch, vielleicht begreift ihr ja".*

Diese Offenbarung betont sehr deutlich, dass „die Botschaft" auf Arabisch, der Sprache des Volkes, verkündet wird, und nicht in einer fremden Sprache. Hinzu kommt die sprachliche Unnachahmlichkeit (i'gaz) des Koran, sozusagen der „Echtheitsbeweis". Gegen Mohammeds Gegner ist die Sure 11:13 gerichtet: Seine Gegner hatten Mohammed vorgeworfen, er habe sich das, was er ihnen als Gottes Wort vortrage, nur ausgedacht:

> *„Wenn sie sagen, Er hat es sich nur ausgedacht, so sprich: Bringt doch zehn selbsterdachte Suren von seiner Art herbei".*

Und Mohammed setzte nach. In Sure 17:88 heißt es dann:

> *„Sprich: Wenn Menschen und die Dschinn[149] sich darin träfen, etwas beizubringen, was dieser Lesung (Qur'an) gleichkommt, sie können nichts beibringen, was ihr gleichkommt, auch wenn sie einander dabei Helfer wären"*

---

[149] Dschinn=Dämonen, Geister

Der Koran machte also Menschen wie Geister unfähig, ihn nachzuahmen, ein „Beglaubigungswunder"[150]. Aus dem Unnachahmlichen, dem eigentlichen „Wunder des Koran", folgt dann die Unübersetzbarkeit.

Trotzdem musste der Koran den Neumuslimen in den eroberten Ländern, die ohne Arabischkenntnisse waren, nahegebracht werden. Im religiös rechtlichen Bereich durfte der Koran nur auf Arabisch zitiert werden. Trotzdem ließ man dann „inhaltliche" Übersetzungen zu, die nur dem Verständnis, der inhaltlichen Erläuterung, dienten. Frühe Übersetzungen ins Persische sind seit dem 10. Jahrhundert bekannt.[151]

Die im 19. Jahrhundert in Indien entstandene Sekte der Ahmadiyya, die ein besonderes Missionsinteresse hatte, forcierte die Übersetzungsnotwendigkeit, vor allem in Englisch. Es gab in der Geschichte viele Koranübersetzungen.

Eine der ersten Übersetzungen ins Deutsche stammt von Theodor Arnold und erschien 1746. Goethe verwendete sie für seinen „West östlichen Diwan".

Weitere Arbeiten erschienen in unterschiedlicher Nähe zum Originaltext. Eine der neuesten Übersetzungen des Koran stammt von Hartmut Bobzin aus 2010, und wird von Arabisten als Standardwerk angesehen.

Für dieses Buch habe ich die Koran Übersetzungen von Max Henning, Rudolf Paret, Muhammad Rassoul, Hartmut Bobzin und vergleichend den al-Azhar Text benutzt.

Neueste Übersetzungen, die sich um die literarisch formalen Qualitäten und um die Ästhetik des Koranvortrags bemühen, sind die von Ahmad Milad Karimi aus 2009 und Hartmut Bobzin aus 2010, sowie die 11. überarbeitete Neuauflage nach Rudolf Paret aus dem Jahre 2010.

---

[150] Hartmut Bobzin, Orientalist, *16.8.1946 in Bremen
[151] Tabari

# Rechtsgrundlagen des Islam

## Die Scharia

Die Scharia, der „gebahnte Weg" zur Wasserstelle, beschreibt aus Sicht der Schriftgelehrten im weitesten Sinne „islamisches Verhalten" vor Gott und der Welt. Die Scharia als ein komplexes System von Regeln umfasst sowohl die religiöse Praxis der fünf Säulen des Islam als auch die menschlichen Beziehungen untereinander. Damit bezieht sie sich auf das Jenseits und auf das Diesseits.

Die formalrechtlichen Vorschriften sind nur ein kleinerer Teil der Scharia. Die Scharia umfasst daher sowohl die Gesamtheit islamischer religiöser Normen als auch deren Begründung, Findung und Auslegung, beschrieben in der islamischen Rechtsprechung, der Fiqh. Die Fiqh Sammlungen unterscheiden zwischen Vergehen bei „gottesdienstlichen Handlungen"[152] und solchen im „zwischenmenschlichen Verhalten".[153]

Diesseitige Normen der Scharia, die in Teilen auf vorislamisches Stammesrecht zurückgreifen, regeln also das Verhältnis der Menschen zueinander und lösen bei Verletzung diesseitige, durchsetzbare Sanktionen aus.

Nach traditioneller muslimischer Rechtsauffassung werden auch die „weltlichen", diesseitigen Regeln als von Gott gegeben angesehen.

Schwierige Interpretationsfragen werden mit der Formel gelöst: Die Scharia gilt ewig, konkrete Rechtsfragen unterliegen zeitlich und weltlich bedingten Lebenswirklichkeiten. Sie sind gegenwartsnah zu regeln, denn Menschen müssen in einer konkreten Situation entscheiden. Danach sind ihre Handlungen rechtlich zu beurteilen. Die Scharia definiert

---

[152] Ibadat

[153] Mu'amalat

aber auch, welche Verletzungen religiöser Normen zu diesseitiger Bestrafung führen.

Im täglichen Leben der Muslime sind insbesondere jene Teile der Scharia wichtig, die das Familien-, Ehe-, Erb-, Vertrags- und Strafrecht regeln. Von diesen Rechtsgebieten sind vor allem das Familien- und das Erbrecht ausführlich und in hochrangigen Rechtsquellen geregelt.

Zwischen Schiiten und Sunniten wie auch zwischen den verschiedenen Rechtsschulen zeigen sich erhebliche Abweichungen in der Auslegung der Rechtsauffassungen.

Rechtsträger und in vollem Umfang rechtsverpflichtet ist nur der volljährige, geistig gesunde, freie Mann.

Der Koran ist nicht nur ein Glaubensbuch, sondern auch ein Buch der Rechtsleitung und umfasst damit zusammen mit der Sunna und den Hadithen die gesamte „richtige" Lebensführung der Muslime sowie die sehr komplizierte islamische Rechtsprechung, der fiqh.

Der Begriff „Scharia" kommt im Koran nur in einer Sure, 45:18, in der Bedeutung „Ritus" explizit vor. Sonst gar nicht. Im Koran hat Scharia auch noch nicht die Bedeutung „Gesetz", sondern heißt nur „Weg", shari'a, zur nie versiegenden Quelle, zur Errettung.

Das islamische Rechtssystem ist erst nach dem Tode Mohammeds aus verschiedenen Quellen zusammengefügt worden und nimmt erst zwischen dem 8. und 10. Jahrhundert die Bedeutung *„Von Gott gesetztes Recht"* an[154]: Jedes Gesetz und dessen Anwendung muss bis zu den „Wurzeln der

---

[154] Tilman Nagel, *19.4.1942 Cottbus, Islamwissenschaftler

Rechtswissenschaft"[155] zurückverfolgt und von dort hergeleitet werden.[156] Die selbständige Rechtsfindung (ijtihad), wurde von den Religionsgelehrten (ulema) wahrgenommen, die durch das Studium des Koran und der Sunna besonders qualifiziert waren.

Die Scharia ist allumfassend, es gibt keine säkulare, von Menschen geschaffene Rechtsordnung. Jede Handlung eines Muslims wird bewertet und einer Kategorie zugeordnet. Sie ist entweder - oder:

- Verbindlich, pflichtgemäß, (wadschib, fard)
- Empfohlen, wünschenswert (mandub, mustahabb)
- Neutral, erlaubt (mubah, halal)
- Ungern gesehen, verpönt, missbilligt (makruh)
- Verboten, tabu (haram)

Die Scharia umfasst alle Gebote und Verbote Gottes, so wie sie im Koran und in der Überlieferung niedergelegt sind. Die Scharia ist aber kein kodifiziertes Gesetzbuch in unserem europäischen Sinne. Als Muslim zu leben, bedeutet der Scharia zu folgen.

Die Scharia regelt die Beziehungen eines Muslims zu Gott und den Menschen. Wer bewusst einen Teil der Scharia ablehnt oder aufgibt, gibt den Islam auf. Die Scharia gilt als die vollkommene Rechtsordnung Gottes, die Frieden und Gerechtigkeit schafft, die von Allah selbst geschaffen und deshalb nicht veränderbar ist. Sie ist auch der Weg durch Gebotserfüllung. Der schwache und beeinflussbare Mensch muss von Gott auf den rechten Weg geleitet werden.

---

[155] *usul al-fiqh*

[156] Koran, 2. Sunna, 3. Analogieschluss (*qiyas*), 4. Übereinkunft (*ijma*) der *umma*, 5. *Ulema;* alle vergangenen und gegenwärtigen Rechtsgelehrten

Im Zweifel können Auslegungen der verschiedenen sunnitischen und schiitischen Rechtsschulen, entwickelt zwischen dem 8. und 10. Jahrhundert, herangezogen werden.

Die Scharia gibt Anweisungen für das Verhalten in Familie und Gesellschaft, zum Vertragsrecht und zum Strafrecht. Sie umfasst alle religiösen, moralischen, sozialen und rechtlichen Normen, die im Koran, in der Sunna und in der prophetischen Tradition festgelegt sind. Sie regelt auch die Gottesverehrung und die Umsetzung der „Fünf Säulen des Islam". So heißt es in der Sure 45:18:

*„Alsdann brachten Wir dich auf den klaren Weg der Sache der Religion, der Scharia, des Ritus, so befolge ihn, und folge nicht den persönlichen Neigungen derer, die nicht wissen".*

Die Scharia als Gottesrecht darf prinzipiell nicht durch menschliche Gesetze ersetzt oder reformiert werden. Als Gottesrecht muss sie als die vollkommene Ordnung auf Erden angenommen werden, die jeder Gesellschaft Gerechtigkeit und Frieden bringt.

### Die Rechtsprechung

Recht wird abgeleitet und gesprochen nach dem Koran und den schriftlichen Überlieferungen.[157] Die Scharia ist konstituierendes Element der islamischen Gemeinschaft. Die Scharia steht über allen von Menschen geforderten Rechten. Sie gilt in allen islamischen Staaten. Nur die Türkei schaffte mit ihrer Gründung als laizistischer Staat unter Mustafa Kemal Pascha, genannt Atatürk, in 1926 die Scharia ab und übernahm das Schweizer Zivilgesetzbuch. In Ehe- und Familienrecht, vor allem aber im islamischen Strafrecht, gibt es zu den westlichen Rechtsvorstellungen die größten Differenzen. Insbesondere diese Gebiete des islamischen Rechts sind mit den westlichen Rechtsordnungen nur schwer zu vereinbaren.

---

[157] In der Sunna ist jede einzelne Überlieferung ein Hadith

Bei der Beschränkung der Frauenrechte wirken nicht nur die Religion, sondern auch tief verwurzelte kulturelle Traditionen nach. Gegenüber eventuell noch bestehenden Erleichterungen aus der Kolonialvergangenheit in orientalischen Ländern wird die „Reinigung der Gesetzgebung" von europäischen Rechtselementen im Sinne der Scharia gefordert und durchgesetzt. Mit voranschreitender Islamisierung folgt auch die Ausbreitung der Scharia. Es gibt eine Dreiteilung der Delikte in Grenzvergehen, Verbrechen der Wiedervergeltung und Ermessensvergehen:

*Grenzvergehen[158]*

Das sind Kapitalverbrechen, die Gottesrecht verletzen. Der Sinn dieser „Rechtsansprüche Gottes" ist die Abschreckung. Die Abschreckung liegt im Interesse der Allgemeinheit, nicht einer Privatperson. Es müssen genau die im Koran und den Hadithen vorgesehenen Hadd Strafen vollstreckt werden. Hadd Strafen sind:

- Auspeitschung
- Steinigung
- Abschneiden der Hände und/oder der Füße
- Tötung durch Enthauptung oder Kreuzigung
- Verbannung

Zu den Hadd Verbrechen zählen: Ehebruch und Unzucht, Verleumdung wegen Unzucht, schwerer Diebstahl, Straßenmord und Raubmord, Wegelagerei, Alkohol und Drogen, Vergewaltigung, Homosexualität.

---

[158] Ein „hadd Vergehen"

### Im Koran genannte Grenzvergehen

**Verbot des Alkohols und Glücksspiels**[159]
Der Genuss von Wein und aller berauschenden Getränke sowie Gebrauch von Drogen aller Art sind Grenzvergehen. Scharia und Sunna fordern 40 bzw. 80 Stockschläge.

**Schwerer Straßenraub und Raubmord**
Wegelagerei ohne Raub oder Mord soll mit Gefängnis oder Verbannung bestraft werden. Wegelagerei in Verbindung mit Raub fordert die Amputation der rechten Hand und des linken Fußes. Kommt zur Wegelagerei die Tötung eines Menschen hinzu, wird über den Täter die Todesstrafe verhängt. Raub in Verbindung mit Totschlag erfordert die Hinrichtung und Kreuzigung des Täters.

**Ehebruch und Unzucht,**
Jeder außereheliche Geschlechtsverkehr gilt als Unzucht[160] und ist verboten. Der unzüchtige Unverheiratete wird nach Sure 24:2-3 mit 100 Peitschenhieben bestraft. Die Tradition fordert bei Ehebruch die Todesstrafe für Verheiratete durch Steinigung. War die Frau unverheiratet, der Mann aber verheiratet, soll die Frau im Haus eingesperrt bleiben,

> *„bis der Tod sie abberuft, oder Gott ihr einen Ausweg schafft"*[161].

Ist der Mann unverheiratet, die Frau aber verheiratet, soll er für ein Jahr verbannt werden, die Frau erhält 100 Peitschenhiebe. Die Verleumdung wegen Unzucht erfordert nach Sure 24:2-3 genau 80 Peitschenhiebe. Diese Regelung zum Schutz vor unbegründeter Anzeige kann sich auch gegen das Opfer einer Vergewaltigung richten, wenn eine Frau weder vier männliche Zeugen noch ein Geständnis erbringt. Dann droht

---

[159] Sure 2:219

[160] Unzucht=zina

[161] Sure 4:15

ihr eine Gegenklage wegen Verleumdung und damit 80 Peitschenhiebe.

*„Die Hure und den Hurer, den Ehebrecher, geißelt jeden von beiden mit hundert Peitschenhieben; und nicht soll euch Mitleid erfassen, zuwider dem Urteil Allahs"* [162]

## Homosexualität und Vergewaltigung

Beide zählen auch zu den Grenzvergehen, allerdings ist das Strafmaß nicht einheitlich. Einige Islamjuristen fordern die Todesstrafe für beide Delikte. Homosexualität fällt unter Unzucht. Andere Juristen reihen Homosexualität unter die Ermessensvergehen und damit wäre sie unter das Urteil eines Richters gestellt.

## Schwerer Diebstahl

Auch dieses Verbrechen gehört zu den Grenzvergehen. Nach Sure 5:33, 38 und den Hadithen wird beim ersten Diebstahl die Amputation der rechten Hand und im Wiederholungsfall das Abschneiden des linken Fußes gefordert. In Sure 5:38 heißt es:

*„Und der Dieb und die Diebin, schneidet ihnen die Hände ab als Lohn für ihre Taten. Dies ist ein Exempel von Allah, und Allah ist mächtig und weise".*

Taschendiebstahl und Diebstahl aus Not gehören nicht zu den Grenzvergehen.

## Sonstige Grenzvergehen:

- Verweigerung der Pflicht zum Gebet[163]
- Verbot von Schweinefleisch[164]
- Verweigerung des Fastens[165]

---

[162] Sure 24:2-4
[163] Sure 11:114, 17:78
[164] Sure 5:3
[165] Sure 2:187

## Generelle Regelung

Die Voraussetzung für eine Verurteilung wegen eines Kapitalverbrechens ist ein Geständnis oder die Aussage zweier männlicher Augenzeugen. Bei Ehebruch oder Unzucht sind vier männliche Augenzeugen erforderlich. Zur Klärung dieses Sachverhaltes werden nur Männer als kompetent und zuverlässig angesehen!? Ein Geständnis muss freiwillig abgelegt werden, und der Geständige muss mündig und gesund sein sowie vorsätzlich gehandelt haben.

Die meisten Grenzvergehen kommen kaum vor Gericht, sondern werden innerhalb der Familie oder zwischen den beteiligten Familien mit Schlägen, Einsperren oder Tod bestraft. Seit etwa 1970 ist eine Rückbesinnung auf das islamische Recht und die Scharia festzustellen. Frauen und Minderheiten im Westen werden als erste unter der Islamisierung einer westlichen Gesellschaft leiden, sind sie doch in einer säkularisierten oder laizitären Welt aufgewachsen und andere Freiheiten gewohnt.

Traditionelle Islamjuristen vertreten den Standpunkt, die Hadd Strafen seien im Gegensatz zu den geringen westlichen Strafen zu allen Zeiten und an allen Orten die wirksameren Sanktionen. Den liberalen „Reformern" wird vorgeworfen, sie orientierten sich am westlichen, „menschengemachten" Recht, und verkennen den perfekten göttlichen Charakter des islamischen Rechts!

### *Wiedervergeltungsverbrechen*[166]

Diese richten sich gegen Leib und Leben. Körperverletzung und Totschlag verletzen nur menschliches Recht. Sie erfordern die Zufügung derselben Verletzung bzw. Tötung des Schuldigen unter Aufsicht des Richters. Aber nur der nächste männliche Verwandte des Opfers kann die Tötung des Schuldigen verlangen. Dabei gilt streng das Prinzip der Gleichheit:

---

[166] Qisas Vergehen

eine Frau für eine Frau, ein Mann für einen Mann, ein Sklave für einen Sklaven.[167]

Wurde dem Opfer nur eine Verletzung zugefügt, kann dem Täter die gleiche Verletzung zugefügt werden: Auge um Auge, Zahn um Zahn. Verzichtet der Berechtigte auf die Vergeltung Gleiches mit Gleichem, kann ein Blutgeld verlangt werden.

### *Ermessensvergehen*[168]

Sie sind hinsichtlich des Strafmaßes in das Ermessen des Richters gestellt: Aufruhr, Falschzeugnis, Beleidigung, Bestechung, Betrug, Erpressung, Unterschlagung, Verkehrsverstöße, Kidnapping, Urkundenfälschung.

Der Richter kann harte Strafen verhängen, wie Gefängnis, Amtsenthebung, Geldstrafen, Verbannung, Auspeitschung (20 bis zu 99 Peitschenhiebe). In schweren Fällen auch die Todesstrafe, vor allem bei Gewohnheitstätern ohne Aussicht auf Besserung. Hier sind auch Homosexuelle, Häretiker, Apostaten, Mörder, Spione, Rauschgifthändler gemeint.

### *Sonderfälle im islamischen Recht*

### Apostasie

Bei Abfall vom Islam folgt für den Apostaten[169] nach den vier sunnitischen Rechtsschulen die Todesstrafe, obwohl der Koran dem Apostaten nur eine Strafe im Jenseits androht. Voraussetzung für die Verurteilung ist ein Geständnis oder die Aussage zweier männlicher Augenzeugen. Die schiitischen Rechtsschulen urteilen hier etwas milder. Frauen droht Gefängnisstrafe.

---

[167] Sure 2:178-179

[168] ta'zir Vergehen

[169] Apostat=Murtadd

## Häresie

Ist ein Hadd Vergehen. Es ist eine Aussage, die im Widerspruch zu einer vorherrschenden Auffassung, Doktrin oder Ideologie steht. Im engeren Sinne ist Häresie eine Lehre, die im Gegensatz zu religiösen Glaubensgrundsätzen steht. Der Gegenbegriff zur Häresie ist die Orthodoxie oder Rechtgläubigkeit. In islamistischer Logik heißt das: „Alle Religionen außerhalb des Islam sind Häresie". Das Strafmass für Häresie ist nicht eindeutig geregelt. Gefängnis oder Todesstrafe ist möglich.

## Blasphemie

Es ist die Beleidigung des Islam oder des Propheten und gehört ebenfalls zu den Grenzvergehen. Sie kann u.a. in Pakistan, Saudi-Arabien, Afghanistan und im Iran mit dem Tod bestraft werden. Diese öffentliche und Ärgernis provozierende Beschimpfung Gottes wird auch als „Gotteslästerung" bezeichnet. „Blasphemia" bedeutet Lästerung, Schmähung, umgangssprachlich auch eine Schmähkritik auszusprechen. Äußerungen, die in westlichen Ländern als Religionsfreiheit, Meinungsfreiheit oder Redefreiheit geschützt sind, fallen im fundamentalistischen Islam unter Blasphemie. So fielen die im Oktober 2005 von der dänischen Zeitung Jyllands Posten veröffentlichten Mohammed Karikaturen in der erzürnten muslimischen Welt unter Blasphemie und wurden von ausschreitenden Tumulten begleitet. Blasphemie untergräbt Autoritäten und übertritt kulturelle Gebote. Baruch de Spinoza löste das Problem: Gott kann man nicht beleidigen. Er ist so vollkommen, dass man nichts sagen kann, was seiner Vollkommenheit widerspricht. Gott ist auch zu groß, um übelnehmen zu können.

## Rechtsschulen

Es entstanden bis zum 10. Jahrhundert n. Chr. mindestens zwei schiitische und vier sunnitische Rechtsschulen. Es gibt daher keine einheitliche, in Rechtstexten und Gesetzbüchern formulierte Scharia. Unterschiede in Auslegungen und Anwendungen der Scharia sind bis heute zwischen sunnitischen und schiitischen Rechtsschulen gegeben und umstritten.

### *Sunnitische Rechtsschulen*

Die Glaubensgemeinschaften der Sunniten lassen sich auch nach ihren vier Rechtsschulen, benannt nach ihren Gründern, unterscheiden in: Hanafiten, Malikiten, Hanbaliten und Schafiiten.

Die sunnitische Glaubensrichtung unterscheidet diese vier Rechtsschulen, die vor allem die Sunna unterschiedlich auslegen, die jedoch alle als rechtgläubig gelten. Unter diesen vier orthodoxen Rechtsschulen gilt das Prinzip der gegenseitigen Duldung. Gründe für die teils gravierenden Unterschiede wurden jahrhundertelang nicht hinterfragt.

### *Schiitische Rechtsschulen*

Neben der wichtigen Rechtsschule der „Zwölfer Schiiten"[170] gibt es die „Fünfer Schia" mit der Zaidiyya Rechtsschule.

## Die Normenlehre Fiqh

Fiqh, die „Wurzel der Normenlehre", ist die Gesetzeswissenschaft, die „iuris prudentia" im Islam, deren Gegenstand die Scharia ist. Die „Usul al-Fiqh" ist der Schlüssel zum Verständnis des islamischen Rechts.[171] Die religiösen Gesetze werden in den fünf Büchern des Fiqh erörtert. Dort äußern sich die verschiedenen Rechtsschulen durchaus kontrovers.

Scharia und Sunna sind gottgegebenes Recht, unveränderbar für alle Zeiten und Orte. Das abgeleitete Rechtssystem Fiqh

---

[170] „Zwölfer Schiiten"=Dschafariyya Rechtsschule
[171] Mathias Rohe

ist menschengemacht und veränderlich. Neue Realitäten löste man rechtlich durch Analogieschlüsse (qiyas) zum Verhalten früherer Autoritäten.[172] Daher kommt die umstrittene Auffassung, dass Meinungspluralismus keineswegs im Widerspruch zu Scharia und Sunna steht.

Eine weitere Quelle der Rechtswissenschaft ist der Konsens (ijma). Gibt sowohl der Koran, wie die Sunna und auch der Analogieschluss keine Lösung, wird die übereinstimmende Meinung der ulema, der Rechtsgelehrten gesucht.

## Sunna

Die Sunna, der „Brauch", der „Weg", eine „Art zu leben", eine für „richtig erachtete Praxis", ist ein Begriff aus der vorislamischen Zeit. Sunna ist ein altarabisches Wort, das die Sitten, Gebräuche, Werte und Normen der verschiedenen arabischen Stämme bezeichnete. Im Laufe der Entwicklung und Formulierung des Islam erhielt der Begriff „Sunna" eine religiöse Bedeutung: Das Vorbild des Propheten. Dieses Vorbild, die Sunna, wird in der Form von Hadithen, Berichten, überliefert. Im Koran erscheint das Wort sunna 16 Mal in den medinischen Suren. Sunna wurde in nachkoranischer Auslegung zur Kurzbezeichnung für die zu befolgende „sunnat an-nabi", die „Handlungsweise des Propheten", die im Koran selbst noch nicht zu finden ist. Der Koran spricht in Sure 33:62 nur von einem „unveränderlichen" Handlungsmuster Gottes.[173]

Sure 59:7 sagt:

> „Und was der Gesandte euch gab, das nehmt an, und was er euch verbot, von dem lasset ab und fürchtet Allah. Siehe, Allah straft streng".

Die islamische Tradition verbindet dann über Sure 33:21 den Koran mit der Sunna zu einem zu befolgenden, umfassenden

---

[172] Wenn Wein als alkoholisches Getränk verboten ist, ist auch Bier verboten

[173] Sunnat Allah, „Allahs Brauch"

Prinzip als Garant für die Einheit der Muslime (umma), und bringt diese Einheit in der letzten Rede Mohammeds während der Abschiedswallfahrt wie folgt zum Ausdruck: „Ich habe euch etwas Klares und Deutliches hinterlassen. Wenn ihr daran festhaltet, werdet ihr niemals in die Irre gehen: Gottes Buch und die Sunna seines Propheten". Danach folgt die „Himmelfahrt" Mohammeds in den drei stark abweichenden Versionen.

Der Koran ist die erste Rechtsquelle. Die Sunna ist die zweite Rechtsquelle, als „nachzuahmende Gewohnheit", als Weg des Propheten. Es ist die vorbildliche Lebensweise Mohammeds.

Beide Quellen sind unentbehrlich. Der strenggläubige Muslim kann den Islam nicht praktizieren, ohne beide Quellen zu konsultieren.

Überliefert wurde die Sunna zuerst in mündlicher, später in schriftlicher Form (Hadithe). Die Sunna kennt drei Teile:

Alle Aussagen Mohammeds zu bestimmten Fragen.

Alle Handlungen Mohammeds, z.B. zur Gebetsverrichtung.

Alle Billigung Mohammeds von Handlungen seiner Gefährten, die er aber nicht selbst ausgeübt hat.

So werden auch die von Mohammed „nur" gebilligten Handlungen seiner Gefährten in ihrer Auslegung durch frühislamische Juristen und Theologen in Analogieschluss und Konsens zur Rechtsfindung herangezogen.

Ohne die Sunna wäre es für Muslime unmöglich, den Islam nach Allahs Wille zu leben, z.B. Sure 4:80:

*„Wer dem Gesandten gehorcht, der gehorcht damit auch Allah". Oder Sure 33:36: „Wenn Allah und sein Gesandter für eine Tat eine Bestimmung festgelegt hat, dann dürfen weder ein Gläubiger noch eine Gläubige einen anderen Weg für ihre Handlungen wählen".*

Wenn also die Überlieferung berichtet, Mohammed habe einen Bart getragen, dann gilt es als „sunna", als nachzuahmende Gewohnheit, für männliche Muslime, ebenfalls einen Bart zu tragen. Wer es aber nicht tut, begeht keine Straftat.

In der Sunna des Gesandten, die von einer geringen Zahl von Tradenten, Übermittlern, in jeder Generation von Tradenten über den Propheten überliefert wurde, steht zum Beispiel: Füget euch nicht selbst und auch keinem anderen Schaden zu. Dann wird unterteilt: Das Vollbringen des weniger Nützlichen ist erlaubt (mubah). Das Vollbringen des mehr Schädlichen ist verboten (haram). Zitiert ein gläubiger Muslim den Namen des Propheten oder Allahs, so lautet die Formel zu Mohammed: „Der Gesandte, Allah's Segen und Frieden sei auf Ihm/mit Ihm". Gleicher Respekt gilt für Zitate des Namen Gottes: „Allah, der Erhabene", oder „Im Namen Allahs, des Erbarmers, des Barmherzigen".

Kritiker des Islam setzen an einer Reform der Sunna an: Sie sehen die Anwendung der Sunna als eine der Gründe für die schwierige Lage der islamischen Länder im 20. und 21 Jahrhundert und meinen, dass sich alle wesentlichen Glaubenssätze allein aus dem Koran ableiten ließen. Die Kritiker schätzten daher auch die Authentizität der Hadithe wesentlich geringer ein und begründeten damit eine Aufwertung des Korantextes.

### Hadithe

Die Sunna, die Handlungs- und Lebensweise des Propheten, wird von seinen Gefährten in Hadithen[174] tradiert. Ein Hadith ist eine „Erzählung" über das Leben des Propheten oder über das, was der Prophet selbst für richtig befunden hat. Die Gesamtheit der Hadithe wird als „Sunna" bezeichnet. Die Sunna des Propheten hat normativen Charakter. Der Islam leitet seine Gebote und Verbote (scharia) nicht nur aus dem Koran, sondern eben auch aus der Sunna und den

---

[174] Berichten, Aussprüchen, Überlieferungen

Hadithen ab. Sie haben als engmaschiger Vorschriften- und Verhaltenskodex den Koran ergänzt.

Diese Zeugnisse wurden mündlich überliefert und erst etwa 150 bis 200 Jahre nach Mohammeds Tod schriftlich niedergelegt. Die ältesten noch erhaltenen Sammlungen von Hadithen, auf Papyri, Schafhäute oder Kamelknochen geritzt, reichen bis ins frühe 8. Jahrhundert zurück. Vieles war nur mündlich überliefert. Die ersten nach Themen geordneten Sammlungen entstanden aber erst im 9. Jahrhundert. Hadithe sind eigentlich Geschichten vom „Hörensagen".

Al Buchari, dessen Hadith Sammlung als massgebend für den Glauben gilt, starb 878 n. Chr. Der zweite bedeutende Hadith Sammler, Muslim, starb 883 n. Chr. Die größte Hadith Sammlung hat Ibn Hanbal aus einem Fundus von 750.000 Hadithen ausgewählt und nur 26.363 als zuverlässig übernommen. Muslime glauben an die Echtheit der Hadithe und handeln bis heute danach.

Hadithe[175] sind islamologisch lediglich die von seinen Zeitgenossen überlieferten Worte Mohammeds – vor oder nach seiner Sendung – und stehen niemals auf gleicher Stufe mit dem Koran. Der Koran ist Gottes Wort. Die Hadithe sind Mohammeds Worte und Handlungen. Selbst wenn sie dem Propheten in Teilen durch Offenbarungen vermittelt wurden, vor oder nach seiner prophetischen Sendung ergingen, sind sie doch göttlich inspiriert. Die Rezitation von Hadith Texten stellt keine gottesdienstliche Handlung dar. Hadith Texte können sowohl sinngemäß als auch in anderen Sprachen wiedergegeben und dennoch als Hadithe bezeichnet werden.

Hinsichtlich ihrer Authentizität unterscheiden islamische Theologen die Hadithe als „wahr", als „gut" oder als „schwach".[176] Es gab in frühen Zeiten wohl mehrere 100.000 Hadithe. Allein die sechs großen kanonischen Sammlungen

---

[175]Arabisch: ahadith, der Plural für Hadith

[176] sahih=wahr | hasan=gut | da'if=schwach

al-Kutub al-Sitta, in die nur glaubwürdige Berichte eingingen, enthalten 24.000 Hadithe.

Wo aber die Hadithe Detailanweisungen zum Straf-, Ehe- und Familienrecht geben, sind diese verbindlich. Die rechtlichen Fragen wurden nach Themen sortiert und in diesen sechs Hadith Sammlungen niedergelegt. Dieses papierne Gebirge hat einen stärkeren Einfluss auf das tägliche Leben, als die nur auf Arabisch lesbaren und nur von einer Minderheit verstandenen Korantexte.

### Beispiele für einen Hadith

- Abu Huraira berichtet, dass der Gesandte Allahs den Quranvers *„An diesem Tag berichtet die Erde ihre Erlebnisse"* rezitierte (Sure 99: 4) und dann fragte: „Wisst ihr, was ihre Erlebnisse sind?" Seine Gefährten erwiderten: „Allah und sein Gesandter wissen es besser". Er sagte: „Ihre Erlebnisse sind, dass sie gegen jeden Mann und jede Frau Zeugnis ablegen wird hinsichtlich dessen, was er oder sie auf Erden getan hat. Sie wird sagen, dass er oder sie das und das an dem und dem Tag getan hat. Das werden ihre Erlebnisse sein".[177]

- Abu Huraira überliefert, dass der Gesandte Allahs gesagt hat: „Wer sorgfältig seine Waschung macht, und zum Freitagsgebet kommt und der Ansprache aufmerksam zuhört, dessen Sünden vom Freitag zuvor bis drei Tage darauf werden gelöscht".

- Umar Ibn al-Khattib bezeugt, dass er gehört habe, wie Allahs Prophet gesagt hätte: „Ich werde alle Juden und Christen von der arabischen Halbinsel vertreiben, bis nur noch Muslime übrig sind".[178]

---

[177] Aus: Riyat-us-Salihin: Gärten der Tugendhaften, München 1996, Band 1, S. 178, auf Deutsch im Dar-us-Salam, SKD Bavaria

[178] Muslim B 19 N 4366

- Saib Ibn Jaththama bezeugt, daß der Prophet, als er gefragt wurde, ob es erlaubt sei, die Frauen und Kinder der Polytheisten während eines nächtlichen Raubzugs zu töten, geantwortet habe: „Sie sind den Polytheisten zugehörig".[179]

- Umar erzählt: „Die verlassenen Besitztümer der Banu Nadir schenkte Allah seinem Propheten, ohne dass ein Feldzug, weder zu Pferde noch zu Kamel stattgefunden hätte. Diese wurden dem heiligen Propheten deshalb gegeben, damit er mit den Einnahmen die jährlichen Ausgaben seiner Familie begleichen konnte. Mit dem Rest kaufte er Pferde und Waffen als Vorbereitung für den heiligen Krieg".[180]

- Abu Huraira berichtet, Allahs Prophet sagte: „Mir wurde geboten, die Menschen zu bekämpfen bis sie sagen: Es gibt keinen Gott außer Allah".[181]

- Abu Said al-Khudri bezeugt: „O Prophet Allahs! Wer ist der Beste unter den Gläubigen? Allahs Prophet antwortete: „Ein Gläubiger, welcher sein Äußerstes hergibt für die Sache Allahs mit seinem Leben und seinem Besitz".[182]

- Abdullah bin Abi Aufa berichtet: Der Prophet Allahs sagte: „Wisset, dass das Paradies unter dem Schatten der Schwerter liegt".[183]

Wichtig für die Textsammler der Hadithe waren Überliefererketten (Isnad) der Gewährsleute, die ununterbrochen bis auf Mohammeds Zeitgenossen zurückgehen müssen.

---

[179] Muslim B 19 N 4321

[180] Muslim B 19 N 4347

[181] al-Bukhari V4 B52 N196

[182] al-Bukhari V4 B52 N45

[183] al-Bukhari V4 B52 N73

Ein Beispiel für eine derartige Kette:

So hat mir A erzählt, B habe von seinem Großvater berichtet, dass er von seinem Onkel C vernommen habe, wie dieser D zugehört habe, als er folgende Frage an Aisha gestellt habe: „Was hat der Prophet Allahs denn gerne gegessen?" und diese geantwortet habe: „Wahrlich ich sage dir, er mochte kandierte Früchte und Honig, und ganz besonders hat er Kürbis gemocht"

Die wichtigsten Hadith Sammlungen (Sahih) sind nach ihren Autoren benannt und stammen von Muhammad ibn Ismail al-Bukhari (Sahih Bukhari) und von Muslim ibn al-Haddschadsch (Sahih Muslim).

Al-Bukhari erkennt selbst nur rund 2.800 Hadithe als absout zuverlässige Überlieferungen an und nimmt sie als solche in seine Sammlung (Sahih Bukhari) auf.

# Das Familienbild im Islam

In islamischen Ländern werden die Familienverhältnisse und die Geschlechterbeziehungen durch das islamische Recht, die Scharia, geregelt. Nach dem Rechtsverständnis des Islam werden Heirat, Scheidung, Erbfolge, Unterhalt, Sorgerecht, also sämtliche familienrechtliche Fragen, von den Gerichten der Scharia behandelt und nach dem islamischen Familienrecht entschieden. Das Familienrecht hält die islamische Gemeinschaft (Umma) -unabhängig von der jeweils herrschenden Regierungsform eines Staates- zusammen. Dieses Recht stellt die Frau unter die Herrschaft des Mannes. Die Gleichheit von Mann und Frau besteht nur im Jenseits, vor Gott. Auf Erden steht die Frau unter dem Regime des männlichen Vormunds, des Vaters, Bruders oder Ehemanns.

Nach den rituellen und gottesdienstlichen Vorschriften bildet das Familienrecht den anspruchsvollsten und umfangreichsten Teil des Koran. In der Prophetentradition[184] wurde die Frau auf die Sexualität, als männerbedrohendes Wesen, als Gefahr für den sozialen Frieden, reduziert. Nur so konnte der männliche Machtanspruch mit Hilfe des islamischen Familienrechts durchgesetzt werden. Die Frau musste verschleiert, der Öffentlichkeit entzogen, und im Hause aufbewahrt werden. Sie musste gebären, dem Mann zur Verfügung stehen und gehorchen. In der Öffentlichkeit herrschte strenge Geschlechtertrennung. Das diesen männlichen Herrschaftsansprüchen zugrundeliegende und in seiner absoluten Dominanz durch die weibliche Sexualität gefährdete Männerbild war jeder kritischen Diskussion entzogen.

Vor diesem Hintergrund ist auch klar, warum sich Islamverbände in westlichen Ländern auch über den Klageweg vor demokratischen Gerichten für die Einführung des islamischen Familienrechts einsetzen. In Folge der Familienzusammen-

---

[184] Sunna, Hadithen

führung ging es in Deutschland in endlosen Prozessen vor allem um Sportunterricht, Schwimmkurse, Klassenfahrten, um Gebetsräume und Gebetszeiten in Schulen und Betrieben, um Kantinenessen, um Sexualkundeunterricht, um Auftritte vor Gerichten und Behörden, und um Kopftuchverbote.

Denn die schrittweise Anerkennung der Scharia durch europäische Gerichte ist einerseits der Hebel, um die islamische Gemeinschaft zusammen zu halten, zum anderen, um die Machtansprüche des Mannes durchzusetzen, und zum dritten, um die Selbstabgrenzung der muslimischen Gemeinschaft in sogenannten „Parallelgesellschaften" abzusichern.

# Das Frauenbild im Islam

Mehr als 200 Jahre nach dem Tod Mohammeds beschrieben die Hadithe der Sunna das Frauenbild in einer patriarchalen Gesellschaft: Die Frau war nun eine „aurah". Nach dem Hadith 1093 von at-Tirmidhi soll der Prophet gesagt haben: „Die Frau ist eine aurah; wenn sie das Haus verlässt, kommt ihr der Teufel entgegen". Aurah bedeutet im Arabischen „Mangel", eine Blöße, ein Fehler, der zu verschweigen ist. Islamgelehrte definierten den Begriff aurah als den Bereich zwischen Bauchnabel und Knie.

Manche gingen so weit, dass der ganze Körper der Frau bis auf Gesicht und Hände eine aurah wäre. Im Hadith steht, dass die Frau eine aurah ist, der Mann aber nur eine aurah hat.

Der Widerspruch in dieser Auslegung, dass die Frau einerseits ein „Mangelwesen" ist, reduziert auf ihre Sexualität, andererseits schon ihre Erscheinung die Männer verführt, ist den Gelehrten nicht aufgefallen. Sie stellt eine Bedrohung für die Männer dar. Schon Ali ibn Abi Talib, der Schwiegersohn Mohammeds und vierte Kalif, soll nach einem Hadith gesagt haben: „Die Frau als Ganzes ist böse. Und das Böseste an ihr ist, dass man auf sie nicht verzichten kann". Damit war der Weg nicht weit, die Frau als Unruhestifterin zu bezeichnen: al-fitna, die Unruhe. Insbesondere stiftet sie Unruhe, wenn die Frau hübsch ist und das Gesicht zeigt. Nur mit der Verschleierung ist al-fitna zu verhindern.

Die im Koran geforderte innere Dezenz im Umgang der Geschlechter ging mit der Sunna und ihren ausgreifenden Interpretationen verloren. Nun musste die Kontrolle von aussen kommen. Durch die Männer und durch die Verschleierung. Daher auch die absurde Geschlechtertrennung im öffentlichen Raum und in den Moscheen in der späteren Islamauslegung.

## Gibt es Gleichberechtigung?

Die Vertreter der Islamverbände sprechen in Europa gerne von der im Koran dokumentierten Gleichberechtigung von Mann und Frau.

Die Frauenbeauftragte Baghajati der größten muslimischen Dachorganisation in Österreich, der „Islamischen Glaubensgemeinschaft" sagt: „Im Islam sind Mann und Frau absolut gleichwertig. Unzählige Stellen im Koran weisen darauf hin. Sie sind ebenbürtige Partner". Auf die Nachfrage im Interview der FAZ, dass die „Realität in der islamischen Welt oft doch ganz anders aussähe", meint Frau Baghajati: „Stimmt. Aber diese Realität wurzelt nicht im Koran. Sie ist eine Konsequenz dessen, wie die religiösen Quellentexte (Sunna) ausgelegt werden". Das wird gleich geklärt!

Frau Carla Amina Baghajati sagt dann weiter: „Am berühmtesten ist wohl die Stelle aus der Sure 33:" Wir lesen in Sure 33:35 nach der Übersetzung Max Henning[185]:

> *„Siehe, die muslimischen Männer und Frauen, die gläubigen, die gehorsamen, die wahrhaftigen, die standhaften, demütigen, almosenspendenden, fastenden, ihre Scham hütenden und Allahs häufig gedenkenden Männer und Frauen, bereitet hat ihnen Allah Verzeihung und gewaltigen Lohn".*

Frau Baghajati zieht daraus den Schluss, „dass jede der genannten Charaktereigenschaften immer für beide Geschlechter gilt: Es gibt also nicht typisch männliche oder typisch weibliche Veranlagungen. Beide Geschlechter haben dieselben Fähigkeiten und Tugenden. Sie sind ebenbürtige Partner".

Dass hier begrifflich und koranexegetisch einiges durcheinandergeht, ist der Frauenbeauftragten und Autorin „Muslimin sein" noch gar nicht aufgefallen, kam es ihr doch darauf

---

[185] Ähnlich auch die sehr präzisen Übersetzungen von Ahmadiyya, Paret und Muhammad Rassoul

an, die Gleichberechtigung der Geschlechter durch den Koran zu begründen. Es handelt sich in den Suren um Eigenschaften, die für alle muslimischen Gläubigen gelten, die von Allah und seinem Propheten als Haltung von den Muslimen gefordert werden, die aber nichts mit der Gleichberechtigung im Sinne moderner Rechtsauffassungen zu tun haben.

Rudolf Paret schreibt dazu in seinem Korankommentar: „Ähnliche Aufzählungen islamischer Tugenden finden wir auch in vielen anderen Suren: z. B. in den Suren 66,4, 23, 70, 51, 23, 70, 24 usw. R. Bell vermutet, dass Sure 33:35 ursprünglich an Stelle der Sure 66:5 gestanden hat, und umgekehrt. Dort in der Sure 66:5 heißt es:

*„Vielleicht gibt ihm sein Herr, wenn er sich von euch (Frauen) scheidet, bessere Gattinnen als euch (Frauen) zum Tausch, muslimische, gläubige, demütige, reuevolle, anbetende, fastende Witwen und Jungfrauen"*

Noch klarer ist der universelle, religiös verbrämte, aber zutiefst moralische Anspruch im arabischen Originaltext der Sure 33:35, den das al-Azhar Institut so formuliert:

*„Den Gottergebenen, den Gläubigen, den Andächtigen, den Ehrlichen, Geduldigen, Spendenden, Fastenden, den Keuschen und denen, die unablässig Allahs gedenken, ob es Männer oder Frauen sind, hat Allah Vergebung und höchste Belohnung verheißen"*.

Dort steht nichts von Gleichberechtigung. Es folgt dann auch gleich die Drohung im nächsten Vers der Sure 33:36:

*„Und nicht geziemt es einem gläubigen Mann oder Weib, wenn Allah und sein Gesandter eine Sache entschieden haben, die eigene Wahl in ihren Angelegenheiten zu haben. Und wer gegen Allah und Seinen Gesandten aufsässig wird[186], der ist in offenkundigem Irrtum[187]"*

---

[186] Ihm nicht gehorcht
[187] Vom rechten Weg abgeirrt

Dieser Vers in der verbindlichen Fassung des al-Azhar Instituts hebt sogar die Entscheidungsfähigkeit und Eigenverantwortung der gläubigen Muslime auf. Widerspruch gegen Allah und seinen Gesandten ist ausgeschlossen. Es handelt sich in den genannten Suren um moralische Ansprüche an gläubige Muslime, um Forderungen an korrektes Verhalten. Es geht um moralisch korrektes Verhalten in der islamischen Gemeinschaft, in der Umma. Vielleicht sollte Frau Baghajati noch einmal die Sure 4:34 lesen:[188]

*„Die Männer stehen über den Frauen, weil Allah die einen vor den anderen ausgezeichnet hat"* [189]

Aber die österreichische Frauenbeauftragte wollte mit ihren Auslegungen ja „Politik machen", eine politisch gewünschte Gleichberechtigung der Geschlechter aus der Tiefe des Koran für die heutige Realität konstruieren.

Bis dahin und dafür müssten die europäischen Muslime noch sehr viel Koranexegese leisten. Wir stoßen auch an diesen Beispielen wieder auf den Versuch, den originalen Koranstellen eine völlig andere, aber politisch beabsichtigte, Richtung zu geben.

Soviel zu der bereits getroffenen Feststellung: Die Gleichheit von Mann und Frau besteht nur im Jenseits, vor Gott. Denn erst und nur vor dem Jüngsten Gericht, im Jenseits, wird das Verhalten im Diesseits nach den Normen des Koran gewogen. Nur das einwandfreie, irdische, islamische Verhalten gewährt die Chance auf den Eintritt ins Paradies. Auf Erden gilt -noch- die Herrschaft des Mannes.

Wenn der Koran die Polygamie (Vielehe) ebenso gestattet (Sure 4:3) wie die Züchtigung der Ehefrau (Sure 4:34), dann gelten diese Aussagen des Koran den konservativen Theologen als göttliche Anweisungen von ewiger Gültigkeit und

---

[188] Von „Gleichberechtigung" steht in den genannten Suren nichts

[189] Übersetzung Rudolf Paret

sollten in allen muslimischen Ländern in die dort gültige heutige Gesetzgebung, in die Scharia, aufgenommen werden. So sagt die Sure 4:34:

*„Die Männer sind den Weibern überlegen. Die recht-schaffenen Frauen sind gehorsam, wenn nicht, „schlagt sie"!* [190]

*„Wenn sie euch (daraufhin wieder) gehorchen, dann unternehmt (weiter) nichts gegen sie! Allah ist erhaben und groß".* [191]

Auch diese Suren sind von ewiger Gültigkeit. Der Männlichkeitswahn im Islam hat aber noch eine ganz andere perfide Seite:

„Wenn Männer einen Mann erniedrigen wollen, erniedrigen sie seine Frau, oder seine Schwester, oder seine Mutter. Und zwar, indem man sie vergewaltigt. Das war in der Silvesternacht in Köln das gleiche Prinzip. Die Täter von Köln wollten gar nicht die Frauen treffen, die sie auf Grund ihrer freizügigen Lebensweise sowieso für Freiwild und Schlampen halten, sondern die Männer. Es ging also letztlich um Macht (über die Männer)"!

Also Mann gegen den Mann „über dessen Frau". So erklärte Bassam Tibi die Kölner „Silversternacht" im Interview mit dem Hamburger Abendblatt am 6.8.2016.

**Der Kopftuchstreit**

Im Zuge des „Multikulturalismus" und der Bewegung der Feministinnen sollte das Kopftuch als Symbol der Frauenemanzipation dargestellt und beansprucht werden. Es ist aber in der islamischen Rechtsvorstellung das genaue Gegenteil: Es ist ein Symbol der Abwertung bis hin zur Unterdrückung der Frau, die die strenge hierarchische islamische

---

[190] Übersetzungen Max Henning, Rudolf Paret, Rassoul
[191] Rudolf Paret

Ordnung gefährdet, indem sie unverschleiert die „triebhaften" Männer provoziert.

Mit dem Vordringen des Islam wurde die Verschleierung auch zum politischen Symbol gegen die westliche freizügige Kultur. Der Zwang zur Verhüllung setzte die Frauen in vielen islamischen Staaten massivem Druck und versteckten Repressalien aus. Auch ist es den Islamisten und deren juristischen Vertretern gelungen, vor allem den gesichtsfreien Hidschab, sprachlich oft auf das „Kopftuch" reduziert, für politische und soziale Störmanöver in vielen westeuropäischen Gesellschaften einzusetzen und die Gerichte dieser Länder mit dem Thema zu beschäftigen.

Der Koran ist hier sehr klar: Zur Ehre Gottes braucht die Verschleierung nicht getragen zu werden. Für den Mann kennt der Koran auch keine Verschleierung. Sie ist kein religiöses Zeichen. Selbst Islamgelehrte bestätigen etwas gequält: Die Verschleierung soll die Frau vor den aufdringlichen Blicken und den sexuellen Begierden des Mannes schützen. Gleichzeitig soll die Verschleierung aber auch die äussere Verführungskraft der Frau aufheben, ihren Mangel, ihre „aurah" verstecken, sie in ein ungefährliches, geschlechtsloses Wesen verwandeln. Die Verschleierung reduziert die Frauen auf ihre Sexualität.

Als Bedrohte durch den Mann und als Gefahr für den Mann ist sie Opfer und Täter zugleich. Die Frau ist und bleibt im Islam eine „aurah", ein Mangelwesen. Die Gefährdung durch die aurah geht so weit, dass der Begriff von politischen Gruppen, auch von einigen Gelehrten, auf die Stimme der Frau bezogen wird, um einen verbalen Ausschluss der Frauen aus dem öffentlichen Diskurs zu begründen.

Die Verschleierung ist auch nach der Auslegung der beiden folgenden Suren 24 und 33 nur eine Verhaltensnorm zur „Sicherung der öffentlichen Ordnung". In diesen Suren wird in fünf Versen über die Bekleidung gesprochen. Es gibt dort aber keine Anweisungen, kein religiöses Gebot zur Verschleierung.

## Die Verschleierung als Verhaltensnorm

### Zum ersten Vers

Der Grund für viele Missverständnisse liegt in der Bedeutung des Wortes Hidschab: Der Hidschab ist kein Kleidungsstück, er hat mit dem Begriff „Schleier" nichts zu tun. Das Wort Hidschab kommt im Koran achtmal vor und hat nirgends die Bedeutung „Schleier". Es bedeutet „Vorhang".

Denn es heißt in der Sure 33:53:

> *„Und wenn ihr sie (Mohammeds Frauen) um etwas bittet, so bittet sie hinter einem Vorhang (Hidschab). Solches ist reiner für eure und ihre Herzen"*

Der Vers will den Schutz von Mohammeds Privatsphäre und betrifft nur die Frauen Mohammeds, denn viele Bittsteller suchten die Vermittlung der Frauen Mohammeds und störten dadurch seinen privaten Bereich. Damit verbot er auch den Besuchern, die Räume der Frauen zu betreten und mit ihnen von Angesicht zu Angesicht zu sprechen. Hidschab ist sprachlich auch der (Wolken) Vorhang, der sich vor die Sonne schiebt.

Trotzdem haben die Islamgelehrten exegetisch aus dem Vorhang einen „Schleier" zur Verschleierung der islamischen Frauen gemacht. Und das nicht nur für die im Text erwähnten Frauen Mohammeds, sondern gleich für alle Musliminnen.

### Zum zweiten Vers

Sure 33:32-33 lautet:

> *„O, Weiber des Propheten, ihr seid nicht wie eins der anderen Weiber. Und (ihr) sitzet still in euren Häusern und schmücket euch nicht wie in der früheren Zeit der Unwissenheit, und verrichtet das Gebet und die Armenspende und gehorchet Allah und seinem Gesandten"*

Auch dieser Vers richtet sich an die Frauen Mohammeds. Waren sie nach dem ersten Vers „hinter den Vorhang" verbannt, müssen sie nun zu Hause bleiben und werden vor der Öffentlichkeit versteckt. Auch hier steht nichts von einer Verschleierung.

## Zum dritten Vers

Sure 24:30 sagt:

> *„Sprich zu gläubigen Männern und gläubigen Frauen, dass sie ihre Blicke zu Boden schlagen"*

und zu den Frauen in Vers 31:

> *„Sprich zu den gläubigen Frauen, dass sie ihren Schal (Chimar) über ihren Busen[192] schlagen und ihren Schmuck nicht offen zeigen"*

Dies ist der einzige Vers, in dem der Schal (Chimar) erwähnt wird. Die Botschaft in Vers 30 ist an alle Muslime, auch die Männer, gerichtet, „mit Dezenz zu schauen".

In Vers 31 wird nur den Frauen aufgetragen, ihre Schamgegenden (furug) zu schützen. Der Vers will gegenüber der unter den Beduinen bestehenden Freizügigkeit ein sittliches Benehmen und ein neues Schamgefühl einführen. Er wirkt auf „die öffentliche Ordnung".

## Zum vierten Vers

Sure 33:59 sagt:

> *„O, Prophet, sprich zu den Frauen der Gläubigen, sie sollen (wenn sie austreten), etwas von ihrem Überwurf[193] über sich herunterziehen. So werden sie eher (als ehrbare) Frauen erkannt und werden nicht belästigt".*

Der Anlass zu dieser Offenbarung war erkennbar: Man hatte ja keine Toiletten, sondern verschwand abseits der Siedlung und war damit gefährdet. Der Dschilbab ist ein Obergewand,

---

[192] Ausschnitt ihres Gewandes

[193] Dschilbab

das Kopf und Körper bedeckt, oft auch ein Überwurf, der über der Kleidung getragen wurde. Häufig wurde das Wort Dschilbab als Synonym für den Chimar übersetzt. Diese Bekleidung war auch bei den freien Jüdinnen und Christinnen sowie den Perserinnen verbreitet. Daraus entwickelte sich der Tschador. Diese Bedeckung sollte den sozialen Stand der islamischen Frauen zeigen und Respekt verschaffen.

## Zum fünften Vers

Und Sure 24:60 sagt:

> *„Und eure älteren Frauen, die nicht mehr auf Heirat hoffen können, begehen keine Sünde, wenn sie ihre Tücher ablegen, ohne ihre Zierde zu enthüllen"*

Wenn die Frau keine Kinder mehr bekommen kann, muss ihre Sexualität nicht mehr kontrolliert werden. Die ältere Frau soll aber Selbstkontrolle üben.

Diese fünf Verse zeigen sehr deutlich die moralische Absicht des Koran: Die aufreizende und Männer anregende Sexualität der Frau soll in strengen Grenzen gehalten werden, um die Kontrolle der Männer über die mögliche Vaterschaft zu behalten. Mohammed will unbedingt die vorislamische Freizügigkeit brechen. Dieser Kontrollwahn führt zur Diskriminierung der Frau. Daher haben auch die Wartezeiten vor Ehe, Scheidung und Wiederverheiratung sowie die Erbregeln im Koran eine besondere Bedeutung. Auch sie sichern die Feststellung der Vaterschaft.

Zur Entstehungszeit des Koran löste das Patriarchat die bis dahin freiere Form des Matriarchats ab. Es herrschte ja in der vorislamischen Zeit fast Promiskuität. Und man wollte nun unbedingt sicherstellen, dass die Kinder auch vom legalen Vater abstammen. Denn das Eigentum sollte nur an die eigenen Kinder vererbt werden können.

In der vorislamischen Zeit herrschte nicht nur Polygamie, sondern auch Polyandrie. Die Polyandrie[194] ist eine Form der Polygamie, bei der die Frau mit mehreren Männern verheiratet ist. In der Polygynie hat der Mann mehrere Ehefrauen. Mit dem Islam gibt es nur noch die Polygamie in Form der Polygynie.

Die Mehrheit der klassisch islamischen Rechtsschulen betrachtet noch heute eine Frau, die sich nicht verschleiert, als Sünderin, und gibt den Männern das Recht, die Verschleierung zu erzwingen, denn:

*„Die Männer stehen den Frauen in Verantwortung vor, weil Allah die einen vor den anderen ausgezeichnet hat".* [195]

## Formen der Verschleierung

Betrachtet man die verschiedenen Formen der Verschleierung, so zeigt sich ein vielfältiges Bild, von der Vollverschleierung mit Burqa und Niqab bis hin zur lockeren, fast modischen Drapierung mit der Shayla, dem iranischen „Schalkopftuch".

Der bodenlange, schwarze Tschador lässt nur Gesicht und Hände frei und gehört eigentlich auch zur „Voll"-Verschleierung.

Im Koran findet sich für die Verschleierung und die Vielfalt der Varianten keine religiöse Begründung, schon gar kein Gebot Gottes. Höchstens eine moralische Verhaltensnorm zur Sicherung der öffentlichen Ordnung in Mohammeds kleiner Welt! In moderner Diktion würden wir vielleicht von einer „gesellschaftspolitischen" Begründung sprechen. Die Verschleierung hat daher auch kaum etwas mit der in den vielfältigen Gerichtsverfahren zum „Kopftuchstreit" oft und gern behaupteten gesetzlich geschützten „Religionsfreiheit" zu tun. Die von deutschen Gerichten -oft aus Unkenntnis-

---

[194] Vielmännerei

[195] Sure 4:34/ Übersetzung Rudolf Paret, Rassoul

übernommene Argumentation der Islamverbände, es läge doch in diesen Fällen eine religiöse Grundüberzeugung ihrer Trägerinnen oder gar ein islamisches Gebot vor, ist nicht begründbar und daher auch nicht haltbar.

Es sind andere Gründe: Es sind die im Koran, vor allem aber in den späteren Hadithen, beschriebene Unterdrückung, die Diskriminierung der Frau, und der dem Mann unterstellte Sexismus, beides abgeleitet aus islamischen Traditionen zur Sicherung des Patriarchats. Mit dem islamischen Patriarchat erhielten die Männer die Verfügung über die Frauen, als eine Form des Eigentums mit Besitzschutz.

Die aus vorislamischer Zeit bereits bekannte, tribalistische Vollverschleierung in den heißen Wüsten Arabiens hatte jedoch sehr praktische Gründe: Schutz vor Sand, Wind und Sonne. Der Niqab mit Sehschlitz entstammt der Beduinenkultur auf der Arabischen Halbinsel. In vorislamischer Zeit wurden sowohl von Frauen als auch von Männern Tücher verwendet, um den Körper aber auch das Gesicht gegen Sandstürme und Sonne zu schützen. Die Religion des Islam übernahm später diese naturbedingte, praktische Schutzfunktion der „Verhüllung" als Herrschaftsinstrument des Mannes und als ein Unterdrückungsinstrument der Frauen. Die islamischen Männer blieben dagegen bis heute unverschleiert.

Am 1. Juli 2014 bestätigte der Europäische Gerichtshof für Menschenrechte in letzter Instanz das gesetzliche Verbot der Vollverschleierung (Burka, Nikab) in der Öffentlichkeit in Frankreich. Der Staat habe mit dem Verbot die Bedingungen des gesellschaftlichen Miteinanders festgelegt. Das sei ein legitimes Ziel. Ein Verbot der Vollverschleierung gilt auch in Belgien, den Niederlanden, Italien, Spanien und im schweizerischen Tessin. Am 26. November 2015 entschied der Europäische Gerichtshof für Menschenrechte auch, dass das Tragen eines Nikab oder eines Kopftuchs, des Hidschabs, nicht zu den Menschenrechten gehöre.

## Burqa

Die Burka ist ein meist blaues, gelegentlich auch schwarzes, sackähnliches Gewand, das Körper und Gesicht vollständig verhüllt, bis zu den Zehenspitzen reicht, und vor den Augen nur ein schmales Netz, ein feinmaschiges Gitter oder Visier, lässt. Diese Form der Burka ist vor allem in Afghanistan, zum Teil auch in Pakistan, verbreitet. Unter der Burka kann man nur nach vorne „sehen". Die Umgebung kann nur noch schemenhaft wahrgenommen werden.

## Niqab

„Der" oder auch „die" Niqab ist ein dünnes Kopftuch aus Seide, Baumwolle oder Kunstfaser. Die Niqab verschleiert das Gesicht bis auf einen schmalen Sehschlitz vollständig und wird meist mit einem schwarzen Tschador kombiniert. Auch diese Kombination ist eine Vollverschleierung. Getragen wird die Niqab vor allem in Saudi-Arabien, den Golfstaaten, in Katar, aber auch im Jemen, Syrien, Irak, Jordanien sowie in nordafrikanischen Ländern. Die schwarze Niqab mit Chimar ist keine traditionelle islamische Verschleierung. Erst zur Regierungszeit des Sultans Abdülhamid II. Ende des 19. Jahrhunderts erschien sie in Konstantinopel als „Carsaf", und setzte sich besonders in den östlichen Landesteilen des osmanischen Reichs und im Jemen durch.

Mit zwei Bändern wird das Niqab Tuch hinter dem Kopf befestigt. Die Niqab kann auch unterhalb der Augen angebracht werden. Je kleiner das Gesichtsfeld, desto mehr gleicht die Niqab für die Trägerin dem Blickfeld unter der Burka. Beim Essen und Trinken muss die Frau die Niqab etwas anheben und die Speisen und Getränke unter dem Schleier zum Mund führen. Dieser nur in schwarz getragene Gesichtsschleier kann auch mit einem langen Kleid (Abaya) kombiniert werden.

## Abaya

Die Abaya ist ein dünner, mantelartiger, meist schwarzer Ganzkörperüberwurf, der über der normalen Kleidung außer

Haus getragen wird. Das Gesicht ist frei. Die Abaya reicht vom Hals bis zu den Füßen. Die Abaya ist in Saudi-Arabien als Mindestanforderung der Verhüllung zwingend vorgeschrieben. Die Vollverschleierung bringt erst der Nikab, der Gesichtsschleier. Das gesamte weibliche Erscheinungsbild ähnelt dann dem Tschador.

## Tschador [196]

Dieser Ganzkörperschleier ist ein großes, schwarzes Tuch in Form eines umsäumten Halbkreises, welches die Haare und den Körper bis zu den Spitzen der Füße bedeckt. Nur das Gesicht bleibt frei. Es wird in der iranischen Öffentlichkeit vorwiegend von konservativen Frauen über die übrige Kleidung gelegt. Oft wird darunter noch ein kleinerer Schleier getragen. Generell gilt, die Ganzkörperbekleidung muss sehr locker sitzen, damit nicht einmal die Umrisse der weiblichen Figur zu erkennen sind.

## Chimar

Der Chimar ist ein mantelartiger Schleier, der bis zur Taille reicht. Die Haare sind vollständig bedeckt. Das Gesichtsrund bleibt frei. Er wird in verschiedenen Farben getragen.

## Al-Amira

Der Al-Amira ist ein Zweiteiler. Ein Teil umhüllt den Kopf, der andere wird eng um die Schultern gelegt. Die Haare sind vollständig bedeckt. Das Gesichtsrund bleibt frei. Er wir in verschiedenen Farben getragen.

## Hidschab

Ein traditionelles islamisches Kopftuch, bedeckt die Haare, Ohren und den Hals, das Dekolleté oder den „Ausschnitt", und lässt nur das Gesichtsrund frei. Der oder auch die Hidschab wird weltweit von muslimischen Frauen „offiziell" als Zeichen von „Religiosität" und „Weiblichkeit" getragen. Im europäischen Sprachgebrauch wird die Hidschab verkürzt

---

[196] *Persisch: das Zelt*

als „Kopftuch" bezeichnet. Gemeint war aber in früheren Zeiten mit dem Wort Hidschab eine Bedeckung des gesamten Körpers außer Gesicht und Händen.

Die Hidschab ist eine Bezeichnung der islamischen Frauenkleidung, die sie in Gegenwart von Männern trägt, genauer, wohl tragen muss, die nicht ihre Verwandten sind. Jede Form der „Verhüllung" sollte die Frauen vor den Übergriffen der Männer schützen. Die Begründung einer Verhüllung der Frau stützt sich auf die spätere Auslegung der Suren 24 und 33, sowie nach der Sunna auf Vorbilder der Frauen um Mohammed, wie Chadidscha, Aisha und Fatima. Konservative Islamgelehrte machten im Sinne der Stabilisierung des Patriarchats aus der Verhüllung eine religiöse Verpflichtung der Frau. In islamischen Ländern wird der Hidschab gegenüber den anderen Formen der Verschleierung bevorzugt. Auch in Europa ist er bei Musliminnen verbreitet.

### Shayla

Die Shayla ist ein um Kopf und Schulter gelegtes Schalkopftuch, ähnlich der Hidschab, unterscheidet sich aber durch die lockere Form, dekorative Muster und eine längere Tradition. Die Shayla wird bevorzugt im Iran getragen.

### Burkini

Der „Burkini"[197] ist eine neuere Erfindung der Modebranche. Es ist ein zweiteiliger Schwimmanzug aus Kunstfasern für Frauen, hat eine integrierte Kopfbedeckung und erfüllt die Anforderungen des Hidschab. Es ist ein meist mehrfarbiger Hidschab zum Schwimmen. Außer Füßen, Händen und Gesicht wird der ganze Körper der Trägerin bedeckt. Entwickelt wurde der Burkini von der libanesisch australischen Designerin Aheda Zanetti.

---

[197] Ein Kunstwort aus Burka und Bikini, auch Bodykini genannt

## Schleierstreit in Deutschland

Nach 25 Jahren andauerndem Kopftuchstreit in Deutschland lief jetzt eine Debatte um die Vollverschleierung der Musliminnen hochtourig durch die Medien, als sogenanntes „Burkaverbot" unzutreffend umschrieben. Gefordert wird ein teilweises Verbot, nämlich die Vollverschleierung in öffentlichen Räumen.

Eine Scheindebatte? Ein „Schleiertanz"? Ein Medienhype? Ein Teilverbot? Welches Teil soll verboten werden? Bei der Vollverschleierung wird das Gesicht versteckt, und die Frauen sehen die Welt durch ein feinmaschiges Gitter oder durch einen schmalen Sehschlitz[198]. Alle anderen islamischen Verschleierungsformen lassen das Gesichtsrund frei.

Nach einer Studie des deutschen Innenministeriums haben 70% der rund zwei Millionen Musliminnen in Deutschland noch nie ein Kopftuch getragen. Von den sich selbst als streng religiös bezeichnenden Musliminnen hat jede zweite noch nie ein Kopftuch angelegt. Das Kopftuch wird aber von der Mehrheitsgesellschaft, wenn auch wenig überzeugend, als ein politisches Signal wahrgenommen. Gestützt auf überkommene Traditionen sind es vor allem die Islamverbände, die versuchen, das Kopftuch in Deutschland durchzusetzen. Hier soll der Klageweg durch die Gerichte helfen.

Neben Druck und Zwang aus dem weiteren, zumeist männlichen Umfeld der Musliminnen, gibt es auch individuelle Gründe der Frauen „für das Kopftuch": Identitätssuche, Selbstbestimmung, Glaubenssignale, Familienrücksichten, Nachahmung, Vorbild, Selbstschutz etc., aber eben auch eine unerklärte Provokation der säkularen Umwelt. Die Trägerin von Burka oder Nikab verweigert dem Gegenüber die Kommunikation. Häufig wird der Schutz vor sexuellen Übergriffen als Begründung angeführt. Denn das sogenannte „Grapschen" ist in Deutschland -noch- kein Straftatbestand.

---

[198] Gitter bei der Burka, Schlitz beim Nikab

Es geht beim Verbot der Vollverschleierung, beim Verbot von Burka und Nikab, nicht um Sicherheit und auch nicht um Integration. Waffen oder Sprengstoffe können Terroristen in jedem Rucksack oder unter jeder weiten Jacke verstecken. Es geht auch nicht um Integration, denn durch ein Verbot der Burka oder des Nikab wird keine Frau integriert, die eine Integration prinzipiell ablehnt. Es geht um Angst, um Angst vor dem Fremden, um Angst vor dem Islam. Es geht auch um Ablehnung.

Nun gab es in unseren Breiten schon immer einen Kulturkampf um die Kleidung, um das Ausziehen oder Anziehen, um die Frage, wieviel Haut zeigt man, wie, wann und wo. Als der französische Modeschöpfer Luis Réard am 18. Juli 1946 den „Bikini" patentieren ließ, wurde er von den Moralwächtern massiv beschimpft.

In der islamischen Welt ist es anders. Im Iran gibt es Millionen Frauen, die das Kopftuch gerne ablegen würden, aber nicht dürfen. Dagegen tragen in der Türkei, in Ägypten und im Maghreb, wo das Kopftuch nicht gesetzlich vorgeschrieben ist, heute viel mehr Frauen als in früheren Zeiten den Schleier, aber freiwillig.

### Der Kopftuchstreit vor dem Verfassungsgericht

Der Kopftuch Fall Fereshta Ludin ging bis vor das Bundesverfassungsgericht, initiiert und instrumentalisiert von deutschen Islamverbänden[199], der Lehrergewerkschaft und dem DGB, um das Recht, als Lehrerin, im Schulunterricht ein Kopftuch zu tragen.

Das BVG urteilte im Jahr 2003: Das Bundesland Baden-Württemberg kann einer muslimischen Lehrerin das Tragen eines Kopftuchs nur verbieten, wenn es dafür ein neues Gesetz verabschiedet. Damit hob das BVG das vorausgegangene, das Kopftuch ablehnende Urteil des Bundesverwaltungsgerichts, auf.

---

[199] Milli Görüs, Zentralrat der Muslime

Das ist ein sogenanntes „Alles ist möglich Urteil"; Kopftücher im Unterricht können erlaubt, aber auch verboten werden. Nur einen Monat nach dem BVG Urteil erließ das Bundesland Baden-Württemberg ein entsprechendes Verbotsgesetz. Das Kultusministerium sagte dazu: „Das Kopftuch sei weniger ein religiöses Symbol als ein Zeichen für die politische Unterdrückung im Islam". Das Gesetz wurde von CDU, SPD und FDP angenommen. Berlin und Schleswig-Holstein beschlossen ähnliche Verbotsgesetze.

### Das Kopftuch vor höchsten Gerichten

Das Kopftuch ist seit dem Sieg des Ayatollah Khomeini im Iran, 1979, die „Flagge der Islamisten", sagte Alice Schwarzer in der Zeitschrift „Emma". Es sei ein Zeichen der Islamisten gegen die Emanzipation der Frau.

Der Europäische Gerichtshof für Menschenrechte hat das BVG Urteil von 2003 im Jahre 2005 zunächst als rechtens bestätigt. In 2015 revidierte das BVG sein Kopftuchurteil von 2003 nach der Klage von zwei muslimischen Lehrerinnen in NRW: Die Schulen sollen nun im konkreten Konfliktfall selbst entscheiden, was sie tun. Ein pauschales Verbot an öffentlichen Schulen wäre verfassungswidrig. Vom Tragen des Kopftuchs müsse „eine hinreichend konkrete Gefahr für den Schulfrieden oder die staatliche Neutralität ausgehen". Eine abstrakte Gefahr genügt nicht. Was „Schulfrieden" ist, sagt das BVG dagegen nicht.

Damit ist der Kopftuchstreit im Klassenzimmer angekommen, wo er am wenigsten hingehört. Die vor dem BVG klagenden Frauen folgten einem „imperativen religiösen Bedeckungsgebot in der Öffentlichkeit", welches über der weltanschaulichen Neutralität der staatlichen Schule stehe, so das BVG. Von diesem „imperativen Bedeckungsgebot" steht im Koran nichts.

Auch kippte das BVG eine Vorschrift im NRW Schulgesetz, nach der christliche Werte und Traditionen bevorzugt werden sollen. Dies benachteilige andere Religionen und sei daher nichtig. Das BVG Urteil betrifft acht Bundesländer, in denen Verbotsgesetze gelten. Das hessische Schulgesetz nimmt z.B. Bezug auf die „christlich und humanistisch geprägte abendländische Tradition". Mit diesem Urteil funktioniert die „Infiltration islamistischen Gedankenguts in alle demokratischen Institutionen" meinte die Zeitschrift „Emma" zum BVG Urteil.

### Ein neuer Kopftuch Fall

Die Klage einer Muslima auf eine Anstellung mit Kopftuch in einer Berliner Grundschule wurde vom Berliner Arbeitsgericht im April 2016 abgelehnt. Begründung: Religiöse Zeichen sind an Berliner Grund- und Oberschulen nach der Landesverfassung für alle Religionen generell verboten. Das gilt auch für Kreuz und Kippa. Alle Religionen werden gleichbehandelt. Damit hätte das Berliner Neutralitätsgesetz weiterhin Bestand. „Das Gesetz sieht keine gleichheitswidrige Privilegierung zugunsten christlich abendländischer Bildungs- und Kulturwerte oder Traditionen vor", argumentierte das Gericht. Gerade bei der Vielfalt an Religionen und Weltanschauungen in Berlin, muss der Staat sich neutral zeigen. Diese Haltung schützt auch die Freiheit, einen religiösen Glauben nicht haben zu müssen; eine negative Religionsfreiheit.

Einen unterschriftsreifen Arbeitsvertrag der Senatsverwaltung für eine Berliner Berufsschule hatte die Klägerin abgelehnt. An Berufsschulen in Berlin gibt es kein Kopftuchverbot. Die muslimische Verteidigerin der Klägerin, Maryam Haschemi Yekani, meinte, Berlin und das Saarland seien die einzigen Länder, die noch am Kopftuchverbot festhielten. „Alle anderen haben ihre Einstellungspraxis an öffentlichen Einrichtungen bereits geändert". Die Verteidigerin wollte nicht akzeptieren, dass ein Verbot religiöser, politischer oder weltanschaulicher Symbole in öffentlichen Institutionen eben auch das Kopftuch einschließt.

Nun hat das Landesarbeitsgericht Berlin/Brandenburg im Februar 2017 der Klägerin eine Entschädigung von 8.680 Euro zugesprochen. Darin sind zwei Monatsgehälter und zwei Drittel der Verfahrenskosten enthalten. Begründung der 14. Kammer: Eine Ablehnung der Bewerberin sei nur dann mit der Verfassung vereinbar, wenn von „der Kopftuch tragenden Lehrerin" „eine konkrete Gefährdung für den Schulfrieden ausgehe". Diesen Nachweis habe das Land nicht erbracht. Da eine Revision zugelassen wurde, geht auch dieser Fall wahrscheinlich vor das Bundesverwaltungsgericht und dann zum BVG.

## Neuer Kopftuchstreit in Bayern

Am 30. Juni 2016 erklärte das Verwaltungsgericht Augsburg das Verbot der Haarbedeckung für muslimische Rechtsreferendarinnen für unzulässig. Die Bayerische Staatsregierung will das Urteil nicht hinnehmen und wird in Berufung beim Bayerischen Verwaltungsgerichtshof gehen. Das Justizministerium erklärt dazu, in einem freiheitlichen Rechtsstaat müssen alle Beteiligten an juristischen Vorgängen „auf die Unabhängigkeit, die Neutralität und erkennbare Distanz[200] der Richter und Staatsanwälte vertrauen können".

Ausgangspunkt war die Klage der Muslima Aqilah Sandhu, 25, Tochter eines Pakistani und einer katholischen Deutschen. Frau Sandhu trägt ihr Kopftuch nach eigenen Angaben aus Glaubensgründen. Als Referendarin bekam sie vom OLG München die Anweisung, während ihrer Ausbildung am Zivilgericht, nicht am Richtertisch Platz zu nehmen, sondern den Verhandlungen aus dem Zuschauerraum zu folgen. Die Referendarin Sandhu legte gegen die Auflage des OLG München Beschwerde ein, erfolglos. Daraufhin klagte sie vor dem Verwaltungsgericht Augsburg. Und bekam dort Recht: Die Auflage greife in die grundgesetzlich garantierte Religionsfreiheit ein! Für diesen Eingriff sei ein Gesetz nötig. Die Ver-

---

[200] ...zu Religionen und Weltanschauungen

ordnung des Bayerischen Justizministeriums zum Kopftuch-verbot, auf das sich das OLG München stützte, sei zu wenig. So wird denn auch dieser Fall die höheren Gerichte weiter beschäftigen.

### *Das Kopftuch in Unternehmen*

Der Europäische Gerichtshof entschied am 14. März 2017, dass Unternehmen das Recht hätten, Bestimmungen zu er-lassen, wie sich ihre Mitarbeiter mit Kundenkontakt weltan-schaulich neutral kleiden dürfen. Die Regeln müssen allge-mein formuliert und politisch wie religiös neutral sein. Sie dürfen sich nicht einschränkend nur auf bestimmte politi-sche oder religiöse Zeichen beziehen.

### *Deutsche Gerichte zwischen allen Stühlen*

Erkennen die Gerichte „das Kopftuch" in seiner breiten Viel-falt als ein religiöses Symbol an, muss es in den Institutionen eines säkularen Staates verboten werden. Der säkulare Staat Deutschland und seine Vertreter sind zu religiöser Neutrali-tät verpflichtet. Damit sind weder Kreuze, Kippa noch Kopf-tücher den Angehörigen des öffentlichen Dienstes in staatli-chen Einrichtungen -Gerichten, Behörden, Kita, Schulen, Universitäten, Meldeämtern, etc.- als Glaubenssymbole er-laubt. Die von Klägern gern bemühte „Religionsfreiheit" hat in dieser Argumentation keine Relevanz.

- Wie wir in der auslegenden Diskussion der Suren 24 und 33 gesehen haben, ist die Verschleierung kein aus dem Koran ableitbares religiöses Gebot. Dieser erste „Verbotsweg" ist in Auslegung des Koran also verschlos-sen. Wenn es aber kein religiöses Symbol ist, wäre das Kopftuch als Bekleidung erlaubt.

- Will man trotzdem das Kopftuch Verbot durchsetzen, bliebe nur noch der Weg über die Auslegung der *Sunna*, über die islamische Tradition. Die Verschleierung wird daher auch und vor allem aus der islamischen Tradition begründet.

Dem steht aber die säkulare, europäische Tradition entgegen, die eine Verschleierung ablehnt. So stoßen zwei unvereinbare Traditionen, zwei Zivilisationen, zwei Kulturen gegeneinander. Aus einer langen Tradition, die das gesellschaftliche Verhalten einer großen Gemeinschaft, der islamischen Umma, bestimmt, kann man allein aber kein Verbot ableiten.

- Zur Durchsetzung eines Verbots muss man dann die Verschleierung als eine politische Provokation, als permanente Diskriminierung der Frau, oder als ein Symbol der Unterdrückung der Frau gesetzlich definieren und interpretieren. Für ein Verbot muß ein Gesetzesverstoß vorliegen. Dann könnte die aufnehmende deutsche Mehrheitsgesellschaft versuchen, ihre Tradition der Ablehnung des Schleiers auf politisch juristischem Wege durchzusetzen und die Verschleierung verbieten.

- Dem stünden aber wieder die verfassungsrechtlich geschützten Grundrechte entgegen, vor allem aber die Unantastbarkeit der Menschenwürde und das Selbstbestimmungsrecht der Frau. Wenn die verschleierte Frau dann noch erklärt, es ist ihre eigene freie Entscheidung, wie sie sich kleidet, gehen der Staatsanwaltschaft sehr schnell die Argumente aus. Dann müsste ein Verbot auch noch umgesetzt werden. Dafür braucht der Staat die exekutive Gewalt. Und das wird schwierig. Frankreich erlebte das gerade mit seinen „Burkiniverboten" an den Stränden der Riviera. Die Verbote der Bürgermeister hat das Oberste Verwaltungsgericht wieder aufgehoben. Auch dieser Verbotsweg mündet also in einer Verliererstraße. Ein kluges Gericht wird kein generelles Verbot aussprechen. Eine kluge Regierung wird kein allgemeingültiges Verbotsgesetz für alle Verschleierungsformen beschließen.

Es bleibt dann nur noch der eine Weg: Das „Gesicht zeigen" ist ein säkularer Anspruch einer offenen Gesellschaft. Darum gibt es auch nur ein „Vermummungsverbot" für Demonstrationen im öffentlichen Bereich, wenn auch mit polizeilicher Begründung. Geldinstitute beanspruchen das Vermummungsverbot aus sehr speziellen Sicherheitsbedenken als ihr Hausrecht.

Für besondere staatliche Sicherheitsbereiche, bei Passkontrollen und für Personenidentifikation bei Gericht und Behörden wird ebenfalls ein freies Gesicht gefordert. Dort ist jetzt schon die Vollverschleierung nicht zulässig. Auch für öffentliche Schulen werden Nikab und Burka als „objektives Unterrichtshindernis" erkannt und sind untersagt.

- Vielleicht stellen die obersten Richter aber fest, dass „Kopftuch" und „Verschleierung" gar keine religiösen Symbole sind, auch nicht aus der Tradition für die Moderne ableitbar wären, sondern einfach ein modisches „Accessoire", eine anregende oder aufregende Modeerscheinung. Also von der Verfassung geschützt. Dann wäre das Kopftuch erlaubt. Vielleicht sogar die Burka und der Nikab?

- Das wäre dann eine wirklich „salomonische", wenn auch eine islam-kompatible Entscheidung, löste aber wieder neuen Streit aus. Denn dann könnte ja jede Frau in einem öffentlichen Amt als modisches Accessoire eine wie immer geartete „Verschleierung" tragen, auch eine Nichtmuslimin. Wo bliebe dann die säkulare Forderung „Gesicht zeigen"? Und es gibt wieder Ärger. Den muss ein freies und liberales Land dann wohl aushalten können.

- In dieser Logik wären Kippa, Kreuz und die Hauben der Nonnenorden auch nur eine der vielen „Modeerscheinungen". Und es könnten alle diese Symbole vor allem in öffentlichen Institutionen wieder getragen werden.

Die Vertreter der Religionen werden sich aber mit aller Kraft gegen diese Auslegung wehren, ihre religiösen Symbole als modische Accessoires definiert zu sehen.

Sie werden deshalb darum klagen, ihre Symbole doch als Zeichen einer Religion anerkannt zu erhalten. Dem steht aber das Gebot der staatlichen Neutralität in Religionsfragen entgegen. Dann wären sie wieder auf dem Weg zum Verbot. Und der Streit vor Gericht und in der Öffentlichkeit beginnt von neuem. Man dreht sich erneut im Kreis. Und wieder potenziert sich die öffentliche Aufregung.

## *Richter sind nicht zu beneiden*

Die Politiker aber auch nicht: Sie haben es in ihrem Metier auch und oft mit Emotionen zu tun. Mit den Stimmungen der Bürger, die gegen eine Vollverschleierung sind. Und sie haben die Richter mit dem Problem allein gelassen, daher die breite Rechtsunsicherheit. Sie haben den Bürgern keine Orientierung gegeben, wie mit der Symbolik der traditionellen Islamauslegung umzugehen ist. Daher der emotionale Widerstand gegen die Verschleierung. Muss der Politiker nicht doch auf die Stimme des Volkes hören?

Die Bevölkerung lehnt Burka und Nikab mehrheitlich ab.

- Der Schlüssel zur Lösung des Problems liegt in dem öffentlichen Anspruch, „das Gesicht zu zeigen". Von diesem Anspruch darf der säkulare Staat nicht abweichen. Bei der Durchsetzung hilft ihm: Unter den Symbolen anderer Religionen, wie Kippot, Mitren und den Habiten der Mönche und Nonnen bleibt das Gesicht immer frei.

- Bei Burka und Nikab ist das nicht der Fall. Der Staat muss also durchsetzen, dass in allen staatlichen Institutionen das Gesicht gezeigt werden muss. Dazu hat er das gesetzgebende Mandat. Sowohl den Angehörigen des öffentlichen Dienstes als auch den vor Ämtern und Behörden, in Schulen und vor staatlichen Institutionen auftretenden Personen ist die Verschleierung des Gesichts verboten. Der Staat kann ein entsprechendes Gesetz auf den

Weg bringen. Dann wäre die gesichtsverschleiernde Bedeckung definitiv verboten. Und es bliebe das Kopftuch in seinen offenen, gesichtsfreien Formen erlaubt.

- Ein entsprechendes Gesetz würde wohl die breite Zustimmung der Bürger finden. Wenn Musliminnen meinen, sie müssten die volle, islamisch konnotierte Gesichtsverschleierung als Burka oder Nikab außerhalb der staatlichen Institutionen tragen, aus welchen Gründen auch immer, ist ihnen das freigestellt. Sie sollten aber wissen, dass ihnen Burka und Nikab als bewusste Kommunikationsverweigerung, auch als Ablehnung der Integration, ausgelegt werden kann.

### Es gibt eine Lösung

Der einzig gangbare Weg wäre also eine pragmatische Entscheidung: Jeder kleidet sich, wie er will. Nur Burka und Nikab sind in staatlichen Institutionen zu verbieten. Ansonsten halten sich Staat und Gerichte aus dem Bekleidungsstreit heraus und entscheiden: Dieser Konflikt ist nicht justiziabel. Der Staat muss nur die Souveränität haben, alle religiös interpretierbaren Symbole, mit Ausnahme von Burka und Nikab, als tolerabel zu bezeichnen. Er sähe darin keine Verletzung eines irgendwie juristisch interpretierbaren Neutralitätsgebots. So viel Souveränität wird ihm nicht leichtfallen.

Aber auch unsere Gerichte kennen die Umkehrung des Stigmas: Je penetranter die Identitäts- oder Protestsymbole einer Minderheit verboten werden, desto größerer Beliebtheit erfreuen sie sich. Das geht so lange, bis auch die Provokation wieder langweilig wird. Dann legt sich die Begeisterung für die Verschleierung. Und man folgt den Angelsachsen: „Zurück zur Normalität"!

In aller Kürze: Nicht „der Islam", aber die Muslime gehören zu Deutschland. Wir haben sie hier aufgenommen. Sie sind sogenannte „Neubürger" und stehen unter dem Schutz und Anspruch des Grundgesetzes Deutschlands. Haben die Neubürger die deutsche Staatsbürgerschaft angenommen, sind sie Deutsche mit ihrem Glauben an eine der vielen verschiedenen Richtungen des Islam. Als Deutsche müssen sie anerkennen: Das Grundgesetz steht über Bibel und Koran. Und über allen anderen Religionen.

Der Rechtsstaat fordert und schützt: Leben sie als Muslime in Deutschland mit ihrem ausländischen Pass, gelten auch für sie die gleichen Prinzipien: Das Grundgesetz steht über ihren heiligen Büchern. In und vor öffentlichen Institutionen gilt „Gesicht zeigen"! Außerhalb dieser Institutionen kann jeder sich kleiden wie er will.

Die Muslime haben ihre Traditionen mitgebracht. Auch die Verschleierung der Frauen. Die Verschleierung ist kein religiöses Gebot. Sie darf in einem säkularen Staat nicht verboten werden. Sie ist eine muslimische Tradition. Und Traditionen kann man nicht verbieten. Verbieten kann man nur, was gegen bestehende Gesetze verstößt. Allgemeinverbindliche, gerichtsfeste und damit durchsetzbare Verbotsgesetze der Verschleierung gibt es nicht. Damit gehört auch die Verschleierung zu Deutschland.

## Die Modewelt ist schneller

Wie nicht anders zu erwarten, hat die internationale Modewelt auch schon den Schleier entdeckt und in ihre Kollektionen eingebaut. Sie nennen das „islamkonforme" Kleidung. Allen voran in einer weltweiten Werbekampagne die Schweden Hennes & Mauritz (H & M). Muslimische Frauen haben das Auftreten eines Models bei H & M als Befreiung empfunden, endlich schick und trotzdem islamisch „korrekt" gekleidet zu sein. Der Trend geht zum Hidschab, der gesichtsfreien Verschleierung, als farbenfrohe „Mode" dargeboten. Auch Marks & Spencer bietet den englischen Damen als Badeanzug einen „Burkini" an. Und die Italiener Dolce & Gabbana haben ganze Kollektionen als durchgestylte „Islamic Fashion" im Angebot. Für diesen wachstumsstarken Modemarkt sehen die Hersteller weltweit einen Milliardenmarkt am Horizont.

Eine junge deutsche Journalistin, Julia Friese, fand im Selbstversuch den Burkini als eine muslimische „Mischung aus Taucheranzug und Anstandsrobe", als ein misanthropisches Stück Stoff. Ein hübscher, vielleicht sogar treffender Vergleich, gewonnen in einem Berliner Schwimmbad.

Auch für die Franzosen schwächelt die saubere Trennung zwischen Staat und Religion, der Verfassungsrang des Laizismus, wenn der Hidschab zum Modehype wird. Die Widerständler wanken schon, denn Frauen lieben Mode. Und Frauen entscheiden selbst, was sie tragen möchten. Das ist keine Sache der Gerichte.

Eine Ironie: Die auch hier wieder missverstandene „Islamisierung" kommt durch die Modewelt voran. Über den Hidschab oder den Burkini. Die Frauen hätten einen sehr weiblichen Ausweg gefunden. Ein unerwarteter aber doch irgendwie auch ein sympathischer Weg.

Zuletzt urteilte das Bundesverwaltungsgericht im September 2013, dass auch streng religiösen muslimischen Mädchen der Schwimmunterricht in der Schule, auch zusammen mit Jungen, zuzumuten sei, sofern man die Musliminnen einen Burkini tragen lässt. Das Gericht wies damit die Klage der 13 Jahre alten Gymnasiastin Asmae aus Frankfurt/M. ab. Sie hatte sich auf die Religionsfreiheit berufen. Der koedukative verfassungsrechtliche Bildungs- und Erziehungsauftrag (GG. Art. 7, 1) gehe vor.

### Die Kleidung arabischer Männer

Dominierend sind für arabische Männer Djellaba, Kaftan, auch die Galabiyah mit Stehkragen oder Rundkragen in Weiß, Blau oder Schwarz. Der Thawb[201], Dischdascha, Kandora, Qamis, Suriyah, Abaya -Bezeichnung je nach Land oder Region- ist ein luftiges, knöchellanges langärmeliges, baumwollenes, meist weißes Gewand. Zur Dischdascha trägt der Mann als Kopfbedeckung ein quadratisches weißes oder mit

---

[201] Taub, Gewand

Muster gewürfeltes Kopftuch, eine Kofia, Kufiya, zu Festen eine zum Turban gewickelte Kufiya. Das aus Kufa im Irak stammende Kopftuch wurde von Beduinen und Bauern getragen und entwickelte sich im arabischen Raum zu einem traditionellen Kleidungsstück gegen Sonne und Wüstenstürme. Die Kufiya war auch in Palästina weit verbreitet und wurde in Europa während des Nahostkonflikts zum Palästinensertuch.

In den Emiraten heißt das lange Übergewand, meist mit hohem Stehkragen, abaya. Dort trägt man eine kleine weiße, gehäkelte Kopfbedeckung, die Gahfiya, und darüber eine Ghutra, ein im Dreieck gefaltetes, weißes oder rot/weiß kariertes dünnes Tuch, das meist bis zur Taille reicht und von einer oder zwei schwarzen Schnüren, dem Agaal gehalten wird. Der Agaal war früher ein „Strick", ein Seil zum Führen von Kamelen. Die Emiratis tragen niemals Socken oder geschlossene Schuhe, sondern Sandalen.

## Händeschütteln

In der Fatwa für Frauen des Schaykh Abdul-Aziiz ibn Baaz, des ehemals höchsten Rechtsgutachters Saudi-Arabiens, heißt es auf Seite 218: „Es ist einem muslimischen Mann verboten, den Körper einer „Nicht Mahram", einer fremden, nicht mit ihm verwandten Frau, zu berühren, weil dies zur Verbreitung von Versuchung und Verdorbenheit führt".

Eine Muslimin darf keinen Mahram, einen männlichen Verwandten, heiraten, und es ist ihr nicht erlaubt, ohne einen Mahram zu reisen oder sich in der Öffentlichkeit zu bewegen. In dem dazu gehörenden authentischen Hadith heißt es:

„Es ist besser, dass einer von euch mit einem Eisenstachel in den Kopf gestochen wird, als dass er eine Frau berührt, die er nicht berühren darf". [202]

---

[202] Sahiih al-Jaami, Nr. 5045

Noch knapper formulierte Mohammed nach einem anderen Hadith „Ich gebe Frauen nicht die Hand".[203] Im Koran steht nichts von einem Verbot des Händeschüttelns. Das Vermeiden des unverfänglichen Händeschüttelns ist Zeichen der Übersexualisierung der Beziehungen zwischen den Geschlechtern im Islam.

Ein normaler gesellschaftlicher Umgang zwischen Männern und Frauen, wie wir ihn in der westlichen Kultur kennen, wird so bewusst erschwert, ja nahezu unmöglich gemacht. Denn Berührungen zwischen nicht verwandten Männern und Frauen widerspricht der Praxis des Propheten. Sie gelten als „unschickliche Annäherung". Jeder Kontakt, oft schon ein Blick, wird als erster Schritt auf dem Weg zum Sexualkontakt wahrgenommen. Daher auch die weitgehende vorbeugende Abgrenzung der Geschlechter in der islamischen Welt. Über Saudi-Arabien schreibt Frau Ensaf Haidar: „Im Prinzip dreht sich alles um Sex und die Frage, wie der möglichst effektiv verhindert werden kann".

Nicht nur einzelne muslimische Jungen verweigerten ihrer Lehrerin den Handschlag. Hierzu gibt es Fälle aus der Schweiz. Auch muslimische Väter können sich beim Elterngespräch mit der Lehrerin ihrer Söhne ähnlich verhalten. Im Juni 2016 ging der Fall des türkischen Imam der Cafer-Sadik Moschee in Berlin Wedding, Kerim Ucar, durch die Presse. Der Imam wollte der Lehrerin seines Sohnes nicht die Hand geben. Er war mit seiner Frau zum Elterngespräch gebeten, weil sich sein Sohn auf dem Schulhof mehrfach geprügelt hatte. Kerim Ucar lebt seit 15 Jahren in Deutschland und spricht nur wenig Deutsch. Das Elterngespräch eskalierte und wurde abgebrochen. Er habe nur die Gesetze des Gastlandes zu respektieren, nicht dessen Kultur und nicht die Regeln der Schule, sagte der Imam später dem Rundfunk Berlin Brandenburg. Übrigens, der gleiche Imam erwartet, dass Deutsche die arabische Kultur respektieren.

---

[203] Sahiih al-Jaami, Band 1, S. 494

Der Imam ging zur Polizei und zeigte die Lehrerin wegen Beleidigung und Verletzung der Religionswürde an. Wer finanziert den Prozess? Kann man ja mal fragen. Der Imam fühlte sich von der Lehrerin diskriminiert. Seine beiden Kinder nahm er von der Schule. In einem abschließenden Schreiben an die Rechtsanwältin des Imams schreibt die Platanus Schule, man wolle sich ausdrücklich entschuldigen, sollte es „zwischen der Familie und Mitarbeitern unserer Schule zu Missverständnissen gekommen sein. Ein solches Missverständnis täte uns wirklich aufrichtig leid". Mit der schriftlichen Entschuldigung gibt sich die Familie des Imams laut Radio Berlin Brandenburg aber noch nicht zufrieden. Der Sender teilte mit, in einem Antwortschreiben des Imams werde ein „offenes und ehrliches Gespräch unter allen Beteiligten" eingefordert. Was soll dabei herauskommen und wer führt in diesem Fall die Feder?

Interessant ist die Begründung für die Forderung: Das Gespräch „diene dem Kindeswohl", da der Sohn des Imam habe mitansehen müssen, wie sein Vater in empfindlichem Masse herabgewürdigt wurde. Ohne ein solches Gespräch habe man ernsthafte Zweifel, dass die Schule hinreichend dafür sorge, zukünftige Konflikte zu vermeiden. Leider wird das bekannte und ständige Beleidigtsein islamischer Mitbürger auch hier wieder praktiziert.

Auch wird der Fall ins Gegenteil verkehrt. Eher hätte sich der Imam gegenüber der Schule entschuldigen sollen, und nicht umgekehrt.

Wer steht hinter dieser Eskalation? Nur die islamische Tradition und das daraus abgeleitete gesellschaftliche Verhalten? Wir sind hier aber in Europa und nicht in einem islamischen Land mit anderen Traditionen.

Ein anderer Fall: So hatte der Imam von Idar Oberstein der CDU Vorsitzenden Rheinland-Pfalz, Julia Klöckner, ausrichten lassen, er werde ihr beim Besuch der Flüchtlingsunterkunft nicht die Hand zur Begrüßung geben. Frau Klöckner hat daraufhin auf eine Begegnung mit dem Imam verzichtet. Das war dann auch konsequent.

Nicht nur in der Kultur des Westens ist der Händedruck ein Zeichen des Respekts, der Höflichkeit und der friedlichen Absichten. Hat man doch in der zur Begrüßung ausgestreckten rechten Hand „keine Waffe". Das meint die europäische Tradition. Wird in modernen Gesellschaften bewusst auf den Händedruck verzichtet, kann das als Missachtung des Gegenübers und als eine beabsichtigte Unhöflichkeit angesehen werden.

## Sexuelle Übergriffe

Nach den Ereignissen zu Silvester 2015 am Kölner Dom und im Kölner Hauptbahnhof, in Hamburg und Stuttgart, ist dieses Thema wieder hoch aktuell. Presse und Öffentlichkeit beschäftigen sich mit der Frage, welche Kräfte hinter den Aggressionen der zumeist aus der arabisch nordafrikanischen Region stammenden Tätern stecken. Man sprach schnell von patriarchalen Strukturen, von Macho Gesellschaften, von archaischen, frauenfeindlichen Weltbildern, von islamisch geprägtem, testosterongesteuertem Verhalten entwurzelter, perspektivloser, junger Männer. Im Extremfall lautet die entlastende Diagnose: „Arbeitslos, auf Alkohol und Drogen". Oder auch, es handelte sich weit verbreitet um marodierende Jungmänner aus islamischen Ländern, die vom politisierten Islam, dem Islamismus, aus Algerien und Marokko, unterwandert sind, nun aber aus ihrer Sicht als Flüchtling in ein erotisches Eldorado kommen.

Diese jungen Männer sind stolz darauf, Muslime zu sein, wissen aber nichts über den Islam. Sie sind von der Ideologie des Islamismus als Herrschaftsanspruch -auch über Frauen- infiziert: „Kleines Ich im großen Ganzen"! Sexismus ist dann ein Weg, Frust abzureagieren, sich nicht mehr so klein zu fühlen, wenn sie fremde, dazu noch emanzipierte, in ihren Augen freizügige westliche Frauen, ihre Überlegenheit spüren lassen können. Auch haben sie gelernt, dass die Scharia über jedem Gesetz, und die Frau unter dem Mann steht.

Männlichkeitswahn und Frauenverachtung prägen dann diese Jungmänner.

Nach dem Bericht des Bundeskriminalamts aus dem Juli 2016 wurden in der Silvesternacht 2015 über 2.000 sexuelle Übergriffe verübt. 1.200 Strafanzeigen wegen Sexualdelikten und Diebstahl wurden nach der Silvesternacht gestellt, allein 650 in Köln. Nur 120 Täter konnten ermittelt werden, mehrheitlich Nordafrikaner. Vier Täter wurden verurteilt, zwei erhielten Freisprüche. Die Tatnachweise waren nicht gerichtsfest. Die Strafen wurden zur Bewährung ausgesetzt. Abfällig geredet wurde von der deutschen „Kuschel Justiz".

Hassan T., 26, ist einer der Täter. Das Amtsgericht Köln verurteilte Hassan T. wegen „versuchter sexueller Nötigung" zu einem Jahr Freiheitsstrafe auf Bewährung. Die Boulevardzeitung „Bild" nannte ihn einen „Sex Mob Grinser" und druckte ein Foto, auf dem Hassan in Jubelpose vor dem Gerichtsgebäude steht. Nun sieht Hassan T. sich natürlich als Opfer, hat doch sein Anwalt, Dr. Mario Geuenich, bereits Berufung gegen das Urteil eingelegt. Hassan T. sagt dazu: „Ich habe überhaupt nichts falsch gemacht. Zu Unrecht saß ich vier Monate im Untersuchungsgefängnis". Er sei deswegen depressiv geworden.

Auch dass er nur 260 Euro pro Monat vom Staat bekommt, hält er für einen schlechten Witz. Hassan T, ist „ein richtiges Opfer"! Der Mitangeklagte Hussein A., 21, Iraker, erhielt ein Jahr Jugendstrafe auf Bewährung. Er verließ lachend den Gerichtssaal. Die polizeilichen Ermittlungen wurden dadurch erschwert, dass die Täter im Kollektiv handelten. Die Gruppe schützt den Täter und verwirrt die Opfer.

Diese Form der „sexuellen Belästigung" wird in Europa verharmlosend „Antanzen" genannt. Den Ägypterinnen und Nordafrikanerinnen ist das Vorgehen als „Höllenkreis" und Teil der „Machokultur" vertraut. In arabischen Ländern nennt man diese Aktionen „taharrush gamea", wörtlich: „gemeinsame sexuelle Belästigung in einer Menschenmenge". Banden von repressiv erzogenen jungen Männern, die

Frauen als minderwertig betrachten, praktizierten diese Belästigung im Jahr 2011 auf dem Kairoer Tahrir Platz. Sie haben gelernt, ungläubige, unanständige Frauen, die Haut und Haare zeigen, hätten keine Ehre, also könnten sie auch nicht in ihrer Ehre verletzt werden.

Zwar verbietet der Koran sexuelle Übergriffe gegenüber muslimischen Frauen, auch in den Hadithen findet sich keine Rechtfertigung für die Geringschätzung oder Verachtung von Frauen, wurden doch im Koran und in den Hadithen zum ersten Mal die Rechte von Frauen in der arabischen Weltregion schriftlich niedergelegt. Sie standen aber unter der Hierarchie des Patriarchats, unter der Kontrolle des islamischen Mannes. Sie konnten erben und ihr Vermögen verwalten. Sie wurden geschützt. In den frühen Stammesgesellschaften Arabiens waren die Frauen bis weit in das siebte Jahrhundert n.Chr. hinein weitgehend völlig rechtlos.

Aber der Koran lebt in und aus seiner Zeit und beschreibt die arabische Gesellschaft des 7. Jahrhunderts, eine hierarchisch festgefügte Stammes-, Clan- und Familiengesellschaft. Der Koran schreibt in vielen Suren die Überlegenheit des Mannes fest. So ist auch die Aussage einer Frau vor Gericht nur die Hälfte der männlichen Aussage wert. Nach Sure 2:282 braucht es zwei Frauen für eine Aussage, *„auf dass die eine die andere erinnere, falls sie sich irrt"*. Der spirituelle Wert der Frauen vor Gott ist im Koran dem Mann durchaus ebenbürtig, nur eben nicht in der Realität des täglichen Lebens.

**Eherechte**

Die islamische Ehe ist eine nach der Scharia geschlossene Ehe. Sie ist nach muslimischer Systematik ein zivilrechtlicher Vertrag. Die traditionell strenge Trennung der Lebensbereiche von Männern und Frauen wird nur in der Ehe aufgehoben. Die islamische Ehe ist auf Dauer angelegt. Nach schiitischer Auffassung ist eine „Ehe auf Zeit" möglich[204]. Der zeitgebundene Ehevertrag gehört nach muslimischer

---

[204] Mut'a Ehe

Rechtssystematik zu den Miet- und Pachtverträgen. Der sunnitische Islam lehnt die temporäre Ehe ab und sieht in ihr eine Legitimation der Prostitution. Doch existiert auch im sunnitischen Islam eine ähnliche Form der Zeitehe[205] ohne Mitgift und Unterhaltsansprüche. In Ägypten und in Saudi-Arabien wurde diese Form der Ehe durch Fatwen legitimiert. Die Heirat naher Verwandter ist verboten (haram).

Die Scharia erlaubt den Ehevollzug bei Mädchen ab neun Jahren oder mit dem Beginn der Pubertät. Heute setzt das islamische Recht in den meisten muslimischen Ländern ein Mindestalter fest. Die übergreifenden Eherechte für Erwachsene gelten auch für Kinderehen in islamischen Ländern. Doch nach der Tradition, der Sunna, dem Koran und der Scharia, hat der muslimische Mann in der Ehe die gleichen Rechte wie ein Muslim vor 1.400 Jahren in Arabien.

Sure 4:34 sagt:

*„Die Männer stehen über den Frauen, weil Gott sie ausgezeichnet hat. Und wenn Frauen sich auflehnen, dann meidet sie im Ehebett, dann schlagt sie. Und wenn sie euch gehorchen, dann sucht kein Mittel gegen sie"*

Hier sehen orthodoxe Ausleger den Grund für die Frauenfeindlichkeit im Islam. Die Frau dient der jederzeitigen sexuellen Befriedigung des Mannes[206]. In Sure 2:223 heißt es:

*„Eure Weiber sind euch ein Acker. Gehet zu euerm Acker so oft ihr wollt".*

Auch soll sie möglichst viele Nachkommen, vor allem Jungen, gebären[207]. Auch diese Suren räumen dem Mann eine Vorzugstellung ein, er darf Gehorsam verlangen. Zu Ehebruch, Unzucht und Hurerei heißt es[208]:

---

[205] Misyar Ehe

[206] Sure 16:72

[207] Sure 7:189, 190

[208] Sure 24:2

*„Die Hure und der Hurer, geißelt jeden von beiden mit hundert Hieben, und nicht soll euch Mitleid erfassen zuwider dem Urteil Allahs"*

Kein Ausbruch aus der Ehe, dann doch lieber die „Vielweiberei". Ehe und Scheidung werden in den Suren 2:226-233, Sure 58:1-4 und Sure 65:1 geregelt. Hier geht es auch um die sehr komplizierten Regelungen für Scheidung nach der Scharia.

Im Allgemeinen endet die Ehe durch den Tod eines Ehegatten. Innerhalb der Ehe kann die Frau nur unter sehr erschwerten Voraussetzungen die gerichtliche Scheidung erreichen. Für den Ehemann ist es relativ leicht, denn er verfügt über das häufig in Anspruch genommene „Verstossungsrecht".[209] Der Ausspruch der Verstoßung erfordert keine Begründung, muss aber zweimal wiederholt werden, kann in diesen Phasen widerrufen werden, und führt erst nach dem dritten Ausspruch der Verstoßungsformel zur unwiderruflichen Auflösung der Ehe. Bestimmte Zeitintervalle sind einzuhalten.

Die beiden widerruflichen Verstöße sind auch als Drohung oder als eheerhaltende Erziehungsmaßnahme zu verstehen. Die Verstoßung war schon im alten Orient, im römischen Recht und bis ins Mittelalter bekannt und anwendbar. Frauen dürfen nach der Scharia die gerichtliche Scheidung nur wegen mangelnden Unterhalts, Missbrauchs oder sexueller Vernachlässigung einreichen.

Im wahhabitischen Saudi-Arabien nehmen Richter den Antrag auf Scheidung nur an, wenn die Frau in Begleitung eines männlichen Verwandten vor dem Scharia Gericht erscheint.

Im sunnitischen Islam genügt es, wenn der Mann seiner Frau dreimal hintereinander erklärt, dass er sie nicht mehr als seine Frau ansehe und sie damit verstößt.

---

[209] Talaq, 2:229 und 65:1

Im Islam hat heute die Monogamie Vorrang. Die Polygamie in Form der Polygynie ist zwar aus historischen Gründen erlaubt, gilt heute jedoch eher als verpönt. Zumindest ist sie umstritten. Polygamie bedeutet aber, dass der Mann bis zu vier Frauen ehelichen sowie eine unbestimmte Zahl von Konkubinen nebenbei halten, aber nicht heiraten kann.

Heiratet der Muslim mehr als eine Frau, muss er eine vollkommene Gleichbehandlung gewährleisten. Auch muss er jeder Ehefrau einen eigenen Haushalt finanzieren. Keine Ehefrau darf finanziell oder emotional bevorzugt werden.

Hinter der Polygamie und dem Drang nach hohen Kinderzahlen stand nicht nur die Hybris des Mannes, die Bevorzugung der Söhne, und die extrem hohe Kindersterblichkeit, sondern in der Historie des Islam auch und vor allem der notwendige kriegerische Nachwuchs für die Verteidigung des islamischen Herrschaftsanspruchs, sowie die hohen Verluste bei den neuen Eroberungen. Das erklärt den fordernden Geist dieser Koransuren.

# Kinderehen

Die Scharia gestattet, ja fördert die Kinderehen. Nach den Regeln orthodoxer islamischer Rechtsschulen dürfen Mädchen ab neun Jahren, Jungen ab zwölf Jahren, heiraten. Hier gilt die Auslegung nach den Hadithen und als Vorbild Mohammeds Ehe mit seiner dritten Frau Aisha, die zum Zeitpunkt des Ehevertrages sechs Jahre und des Ehevollzugs neun Jahre alt war. Mohammed war zu dem Zeitpunkt bereits 52 Jahre alt.

In der Scharia ist explizit keine untere Altersgrenze festgelegt, aber in den die Scharia bestimmenden Hadithen sehr wohl: Neun Jahre. Allgemein ist das Ehemindestalter an den Eintritt der Pubertät gebunden. Nach der Scharia kann mit Beginn der Pubertät „die Ehe vollzogen werden". Die Heirat mit jungen Mädchen in ländlich, traditionellen Regionen wird von der Sunna gerechtfertigt. Wirtschaftliche Sicherung, Erhalt der Ehre, Familienbeziehungen und Frühreife sind die Begründungen.

Die Mehrheit der Rechtsgelehrten meint, dass für eine Eheschließung die Zustimmung der Frau erforderlich ist. Schweigen wird traditionell als Zustimmung gewertet. Da die Mädchen oft nicht einmal wussten, dass sie verheiratet wurden, gab es dann auch keine ausdrückliche Zustimmung. Auch kann der Vater das Mädchen gegen ihren Willen verheiraten. Dazu schreibt die deutsche Sozialwissenschaftlerin Necla Kelek aus eigenem Erleben:

„Meine Mutter war 15 Jahre alt, als sie 1946 mit meinem Vater in Anatolien verheiratet wurde. Im Haus ihres Vaters haben die Väter und Brüder der beteiligten Familien über Aussteuer, Brautgeld, Hochzeitsdatum und die Ausrichtung der Hochzeit verhandelt. Als man sich einig war, schloss man einen mündlichen Vertrag, und der Hodscha, der Vorbeter aus dem Dorf, sprach eine Koransure. Damit war die Ehe nach dem islamischen Recht der Scharia geschlossen, ohne dass meine Mutter und mein Vater sich je getroffen oder miteinander gesprochen hatten". Das war eine sogenannte „Imam Ehe.

Am 27. Mai 2015 hatte das türkische Verfassungsgericht die aus der kemalistischen Zeit stammende Strafandrohung gegen Imame wegen vollzogener Imam Ehen aufgehoben. Die türkische Republik Kemal Atatürks hatte das Schweizer Zivilrecht auch für das Eherecht eingeführt. Die AKP Familienministerin des Jahres 2015 begrüßte das Urteil des Verfassungsgerichts. War es doch ein Schritt zur erneuten Islamisierung der türkischen Gesellschaft.

Im Jemen wurde 1999 das Schutzalter, das die Einwilligungsfähigkeit für sexuelle Handlungen festlegt, zunächst auf den Beginn der Pubertät, und dann auf neun Jahre reduziert. Der Rechtsausschuss des iranischen Parlaments will das Heiratsalter für Mädchen im Sinne der Scharia von 13 auf 9 Jahre senken. Der pakistanische Rat für islamische Theologie hat das Verbot der Kinderehe für unvereinbar mit dem Islam erklärt.

In Saudi-Arabien kann ein Mädchen mit neun Jahren an einen wesentlich älteren Mann verheiratet werden. Im islamischen Niger ist das Heiratsalter zehn Jahre. In den meisten islamischen Staaten ist eine Heirat mit Minderjährigen zwar offiziell untersagt, wird aber durch die Scharia aufgehoben. In der Praxis liegt das Alter für Mädchen oft bei 16, für Jungen bei 18 Jahren.

Im Islam ist die Heirat ein religiöses Gebot, sexuelle Beziehungen sind nur in der Ehe gestattet. Außereheliche Beziehungen sind haram, verboten. Die junge Frau steht im Islam bis zur Heirat unter der Obhut ihres Vaters oder eines männlichen Verwandten. Mit der Heirat wird sie den Männern der übernehmenden Familie übergeben, dem Ehemann und den männlichen Angehörigen der neuen Familie. Männer entscheiden über ihr Leben und bewachen sie, ein Leben lang. Und die beste Kontrolle über das Mädchen ist die Heirat. Unter Berufung auf eine missverstandene Religionsfreiheit fordern insbesondere die Islamverbände diese Traditionen als ihr religiöses Leben anzuerkennen.

Liegt eine Zwangsheirat vor, wird sie in Deutschland nach §237 StGB mit einer Freiheitsstrafe geahndet. Schon der Versuch ist strafbar. Häufig geht es in den islamischen Staaten aber gar nicht um die Religion als Begründung, sondern die Brauteltern mit ausstehenden Geldschulden verlangen von ihren Gläubigern vor der Ehe einen Rückzahlungsrabatt, das heißt einen höheren Schuldenerlass nach dem Prinzip: „Je jünger das Mädchen, desto höher der Wert".

Oder die Familie will die Lebenshaltungskosten für ihre Tochter möglichst niedrig halten und den Unterhalt mit der Heirat auf den Ehemann und dessen Familie übertragen. „Armut, kulturelle Rückständigkeit und Ignoranz sind die Gründe für diese Situation".[210]

Britische muslimische Kleriker wollen Heiraten nach der Scharia weiter legalisieren und Kinderehen mit Mädchen im Alter von 12 Jahren trauen. In England gibt es über 80 Scharia Gerichte, die diesen Vorstellungen folgen wollen. Dahinter steht ein archaisches Männerrecht, das auf die Gesundheit und die Zukunft der Mädchen bei der Kinderverheiratung keine Rücksicht nimmt.

Die UNO Kinderrechtskonvention sieht die Ehemündigkeit bei 18 Jahren. Weltweit wurden etwa 250 Millionen Mädchen vor ihrem 15. Lebensjahr verheiratet[211]. Hält der Trend an, werden in den nächsten zehn Jahren weitere mehr als 100 Millionen Mädchen verheiratet werden, sagt UNICEF.

Das Durchschnittsalter für nicht muslimische Ehepartner in Deutschland liegt für die erste Eheschließung der Männer bei 33 Jahren, bei Frauen im Schnitt bei 30 Jahren[212]. Ehen in

---

[210] Erklärung der Iranischen Vereinigung für Kinderrechte
[211] Bericht der UNICEF im Jahre 2014
[212] Statistisches Bundesamt

Deutschland sind erst ab 18 Jahren erlaubt, mit Sondergenehmigung ab 16 Jahren.

Ein Fall von vielen: Mit der Kinderehe eines syrischen Paares, unter Pseudonym „Alia und Amir" genannt, wird sich wohl der Bundesgerichtshof befassen müssen. Beide Ehepartner wurden nach geltendem syrischem Recht im Februar 2015 verheiratet, Alia im Alter von 14 Jahren. Sie leben nach ihrer Flucht aus Syrien in Deutschland, wo sie als Ehepaar nicht anerkannt werden dürfen. Die Frau war im Juni 2016 erst 15 Jahre, der Mann 21 Jahre alt. Das Paar wurde in Aschaffenburg getrennt. Das Jugendamt nahm Alia aus Gründen des Kindeswohls in seine Obhut. Der Ehemann hatte dagegen geklagt und vor dem Oberlandesgericht Bamberg Recht bekommen. Die Stadt legte Einspruch ein. Seitdem beschäftigt der Fall die höheren Gerichte.

Kinderehen in Migranten- und Flüchtlingsfamilien sind keine Einzelfälle. Dahinter steht der massive soziale Widerstand traditioneller patriarchaler Vorstellungen, die eine einschreitende Schutzgesetzgebung ablehnen. Oft geht es auch um überlieferte Gewohnheiten aus der Herkunftsregion.

Die Probleme hat der deutsche Gesetzgeber selbst geschaffen: Zum einen gilt der Grundsatz, dass im Ausland geschlossene Ehen nach den Gesetzen der Herkunftsländer zu beurteilen sind. Zum anderen hat der deutsche Gesetzgeber im Jahr 2009 das Gebot, keine kirchliche Trauung ohne vorherige standesamtliche Trauung, aufgehoben. Das bedeutet, dass auch für Muslime und ihre Imam Ehen keine Standesamtspflicht mehr besteht. Außerdem darf ein Mädchen in Deutschland mit 16 Jahren heiraten, wenn der Partner volljährig ist, die Eltern zustimmen, und das Familiengericht einverstanden ist.

„Wir haben jetzt eine Situation, in der tausende Menschen im Land sind, die unsere Rechtsgrundlagen einfach nicht kennen. Alia versteht nicht, warum der Staat sich überhaupt in Familienangelegenheiten einmischt".[213]

Viele traditionelle Muslime werden wohl auch nicht verstehen, warum das europäische Rechtsprinzip lautet: Kinder gehören in die Schule, und als Mädchen nicht an den Herd, nicht in eine Ehe, und erst recht nicht ins Wochenbett. Auch darüber müssen wir mit den Muslimen reden. Vielleicht entscheidet der Bundesgerichtshof, wer deutsches Recht nicht anerkennt, muss sich ein anderes Land als Aufenthaltsort suchen.

## Kindererziehung

Das Erziehungsziel des Islam ist, eine Gesellschaftsordnung zu schaffen, die es dem Einzelnen ermöglicht, sich ganz auf seinen Glauben und auf seinen Weg zu Allah zu konzentrieren. Die Voraussetzung dafür ist ein unerschütterlicher Glaube an die Existenz des Schöpfers und an das daraus folgende Leben nach dem Willen Allahs. Dazu muss der junge Mensch das göttliche Gesetz über die islamische Lebensweise kennen lernen und seine Bedeutung verstehen. Wer in eine muslimische Familie hineingeboren wurde, gilt als Muslim und wird als solcher behandelt. Dazu gehört die religiöse Unterweisung in der Familie und öfter auch in der Koranschule.

Dem Kind wird unmittelbar nach der Geburt das islamische Glaubensbekenntnis ins rechte Ohr gesprochen:

*„Es gibt keinen Gott außer Allah, und Muhammad ist sein Prophet".*

Dieses Glaubensbekenntnis begleitet den Muslim täglich, bis zum Tode. Das Kind wächst mit den islamischen Festen und Feiertagen auf, folgt den Speise- und Reinigungsvorschriften und lernt detailliert, was erlaubt und was als verboten gilt. Der Sohn wird vom Vater, die Tochter von der Mutter religiös unterwiesen. Schritt für Schritt wird das Kind in die „Fünf

---

[213] Mathias Rohe, Erlangen/Nürnberg

Säulen des Islam" und damit in die Glaubenspflichten eingeführt.

## Kindererziehung in Mischehen

Die islamische Erziehung ist eine der wichtigsten Themen im
Rahmen der islamischen Umma. Sie ist für die Eltern eine
Verpflichtung. Die islamische Erziehung soll das Wissen um
die Dinge im Sinne des Koran und der Sunna des Propheten
vermitteln. Die Regeln gelten weltweit.

„Interreligiöse" Ehen gelten als hochproblematisch. In der
Mischehe ist die Frau der „weniger geschützte Teil der muslimischen Familie".[214]

Die Kinder aus einer Mischehe zwischen einem Muslim und
einer Jüdin oder einer Christin müssen islamisch erzogen
werden, gleich ob es ein Junge oder ein Mädchen ist. Eine
christliche Taufe ist nicht erlaubt.

## Ungleichbehandlung: Die Asymmetrie

Der Islam erlaubt dem muslimischen Mann die Angehörige
einer „Religion der Schrift" zu heiraten[215]. Dieser Frau muss
er Religionsfreiheit gewähren, aber nur der Frau, nicht den
gemeinsamen Kindern. Muslimischen Frauen ist es nicht erlaubt, Männer einer nichtmuslimischen Religionsgemeinschaft zu heiraten. Sollten solche Ehen trotzdem entstehen,
wenn z.B. der Mann vom Islam abfällt, oder die Frau in einer
christlichen Ehe Muslimin wird, muss die Ehe zwangsweise
geschieden werden.

Der Grund ist, dass der Islam die beiden anderen monotheistischen Religionen nicht als „richtige Religionen" betrachtet, denn der Islam kam in die Welt, um das Christentum und
Judentum abzulösen und den Islam als die einzige wahre
und endgültige Religion für die Menschheit einzuführen.

---

[214] Instruktion des päpstlichen Rates

[215] Sure 5:5

Daher sind auch keine Umwege für die Kinder aus Mischehen tolerabel, sondern es gibt nur den direkten Weg zum Islam. Es gehört zu den Verpflichtungen des muslimischen Mannes, die Kinder islamisch zu erziehen und ihnen ein gutes islamisches Vorbild zu geben.

Die Ehe eines Muslims mit einer ungläubigen Frau ist verboten, weil eine islamische Erziehung durch die Frau nicht gewährleistet ist. Die Unterstellung lautet: Es kann beim Kind durch die ungläubige Mutter nicht das Vertrauen in die Existenz Gottes entstehen. Auch darf eine muslimische Frau keinen Nicht Muslim heiraten: Diese Form einer Mischehe ist verboten [216]

Sure 2:221:

*„Und gebt nicht (gläubige Frauen) an heidnische Männer in die Ehe, solange diese nicht gläubig werden".*

Die Ehe kann nur zustande kommen, wenn der Mann zum Islam übertritt. Moderne Theologen erklären die Asymmetrie damit, dass die Koranexegese jahrhundertelang ausschließlich in männlichen Händen lag, wodurch sich „eine ausgesprochen frauenfeindliche Deutung" mancher Verse erklären lasse.[217]

Ein Muslim oder eine Muslima dürfen nicht an einer christlichen Heiratszeremonie als Trauzeugen teilnehmen, da die Heirat im Christentum ein Sakrament, wie Kommunion oder Beichte, und damit eine gottesdienstliche Handlung darstellt. Bei einer standessamtlichen Trauung ist das möglich, da eine standesamtliche Trauung ein staatlicher Akt, kein religiöser Akt, ist.[218]

---

[216] Sure 60:10

[217] Reza Aslan „Kein Gott außer Gott"

[218] www.IslamPoint.de

*Neu ist das Kinderfasten*

In 2016 fiel der Ramadan nach dem islamischen Mondkalender in die Zeit vom 6. Juni bis zum 4. Juli. Innerhalb dieser 28 Tage war die Nahrungsaufnahme den Muslimen von Sonnenaufgang bis Sonnenuntergang untersagt. Vor allem ist es verboten zu trinken.

Wie die Grundschullehrer des Verbandes Bildung und Erziehung mitteilten, kollabierten muslimische Schüler im Unterricht oder schliefen ein. In den hellen und meist auch heißen Wochen des Jahres dauert das Fasten bis zu 16 Stunden am Tag. Da erst spätabends und frühmorgens gegessen werden darf, leiden die Grundschüler nicht nur unter Hunger und Durst, sondern auch unter Kreislaufproblemen und akutem Schlafmangel. Die Schulleitungen versuchten, die Eltern zu überzeugen, ihre Kinder vom Fasten während der Schulzeit zu befreien. Meist vergeblich.

Die Pflicht zu fasten beginnt aber für alle Muslime erst mit der Pubertät, gilt also nicht für Kinder im Grundschulalter. Auch sind Kranke, Schwangere und Reisende von der Fastenpflicht ausgenommen. Beim „Kinderfasten" wirkt der Druck des elterlichen religiösen Zwangs direkt auf die Kinder. Damit verschärft sich auch der Konflikt zwischen dem Grundrecht auf Religionsausübung und der Schulpflicht. Er schadet den Kindern und führt zur Verschlechterung der Leistungen in der Schule bis hin zur Gefährdung der kindlichen oder jugendlichen Gesundheit. Verschieben die Lehrkräfte die anstehenden Klausuren und Prüfungen in die Woche nach dem Ramadan führt das zu erhöhten Anforderungen in kürzester Zeit. Damit ist den Kindern auch nicht geholfen. Der Vorsitzende des Verbandes Bildung und Erziehung sieht zwei Gründe für den wachsenden Trend: Die Einen wollen es von sich aus den Eltern im Fasten gleichtun, die Anderen werden von den Eltern gedrängt, ihnen im Glauben nachzueifern.

Die muslimischen Verbände drücken sich vor dem Thema. Sie weisen zwar darauf hin, dass die islamische Lehre das

Kinderfasten nicht vorsieht, sie raten den Eltern aber auch nicht davon ab. So sagte der Islamrat im Juni 2016:

„Wird ein Schaden für Schüler befürchtet, sollte die Empfehlung zu einer Unterbrechung tendieren, da der Fastentag nachgeholt werden kann". Ähnlich klingt es beim Zentralrat der Muslime und bei der türkischen Religionsbehörde DI-TIB.[219]

---

[219] Diyanet İşleri Türk İslam Birliği

# Ehrenmord, Zwangsheirat, Beschneiden

Bei Ehrenmord und Zwangsheirat geht es um die Ausübung der Herrschaft der Männer über die Frauen in einer hierarchischen Familienstruktur.

Bei der Zwangsverheiratung geht es aber auch um Familienpolitik. Es heiraten in der islamischen Kultur ja nicht nur Mann und Frau, sondern es wird mit der Heirat ein neuer Familienverband in die Bestandsfamilie eingebracht. Damit sind Vermögensübertragungen verbunden und so entscheiden die jeweiligen Familienoberhäupter, wer wen unter welchen Bedingungen und mit welchen finanziellen Auflagen heiraten darf.

Während in den westlichen Ländern im privaten Bereich vieles erlaubt, frei und offen gelebt wird, herrschen in islamischen Ländern zahllose Regeln mit strengen Sanktionen. Wird der Moralkodex, der durch Stammesstrukturen und in Traditionen festgelegt ist, missachtet, reichen die Strafen bis zu Steinigung und zu Ehrenmorden. Das Nebeneinander der Geschlechter, das Verhalten zu den Frauen, ist so kompliziert, dass die Menschen oft den normalen Umgang miteinander einschränken, wollen sie nicht gegen die bestehenden Tabus verstoßen.

Ehrenmorde und Zwangsverheiratung sind begründet in der langen kulturellen und sozialen Tradition islamischer Staaten. Sie gehen zurück in die vorislamische Zeit und sind das Erbe einer patriarchalen Kultur, die auf archaischen Ehrbegriffen einer Familien-, Sippen- und Stammeskultur beruhen. Durch Religion und Tradition legitimierte Vorschriften dienten vor allem der Herrschaft des Mannes über Familie und Gesinde und der Sicherung der Macht herrschender Stammesführer über die Mitglieder des Stammes in den jeweiligen Stammesgebieten.

Bis in die kleinsten Details wurden Verhaltensregeln in den jeweiligen Gesetzen, die Bestandteile der drei monotheistischen Gesetzesreligionen sind, festgelegt. Die kulturellen

Unterschiede zwischen Orient und Okzident gehen tief hinein in die heterogene historische Entwicklung beider Welten. Es sind für Europäer unverständliche islamische Parallelwelten, die sich in Jahrhunderten geformt haben, die ihre Rituale auch in Ehrenmorden, Zwangsehen, Ehen mit Minderjährigen, in Sexismus, Polygamie, Genitalbeschneidung und Körperstrafen finden.

Ich werde hier nicht weiter über die Themen Ehrenmorde und Zwangsverheiratung, und schon gar nicht über die Genitalbeschneidung im Detail schreiben. Das sind Tatbestände, die wenig mit dem Koran, aber viel mit sozialen Traditionen vormoderner, tribaler Gesellschaften zu tun haben. Wohl findet man widersprüchlich auszulegende Hinweise in den Hadithen der Sunna. Nur so viel: Zum einen wurde über die bekannten Fälle von Ehrenmord und Zwangsverheiratung in den Medien schon berichtet, zum anderen sind die Dunkelziffern sehr hoch und zum Dritten werden diese Vergehen vom Koran nicht gedeckt. Die zumeist männlichen Täter können im Koran auch keine freisprechende Rechtfertigung ihres Tuns finden. Sie sind Fälle für den Staatsanwalt und die Strafjustiz.

Bei Jungen hatten Genitalbeschneidungen in der Frühzeit der Stammeskulturen eine medizinische Indikation. Bei Jungen gibt es aber auch einen rituellen Aspekt: Mit der rituellen Beschneidung wird der Junge ein vollwertiges Mitglied der muslimischen Gemeinschaft. Die Beschneidung kann schon einige Tage nach der Geburt, muss aber spätestens bis zum zwölften Lebensjahr erfolgen.

Bei Mädchen fehlt der medizinische Bezug. Hier geht es um uralte, tradierte Stammesrituale, die sich als festgefügte Tradition in vielen islamischen Ländern bis heute erhalten haben. Im Koran gibt es darauf keinen Hinweis.

## Frauenverachtung, kein Spezifikum des Islam

Die abwertende, ausgrenzende, bevormundende und diskriminierende Einstellung zu Frauen zieht sich durch die drei großen monotheistischen Religionen Judentum, Christentum und Islam.

Religiöse Texte wurden von Männern geschrieben, denn die Frauen konnten nicht schreiben. Genauer gesagt, sie wurden von Männern daran gehindert, Schreiben zu lernen. In archaisch orthodoxen Regionen des Islam, vor allem in Pakistan und Afghanistan, ist der Schulbesuch für Mädchen noch heute „haram", verboten.

Daher lag die Interpretationshoheit der religiösen Schriften bei den Männern, seien es nun Geistliche als Rabbis, Priester, Pfarrer oder Imame. Das Privileg wird immer noch verteidigt. Den Frauen war in den drei monotheistischen Religionen der Zugang zum Priesteramt strengstens untersagt. Das lag und liegt in der Logik männlicher Herrschaftsansprüche.

Ohne die Selbstüberhöhung des Mannes aus den heiligen Schriften, aus „göttlichem Recht", wäre die Abwertung der Frau weder erklärbar noch durchsetzbar gewesen. In den heiligen Büchern der Juden und Christen konnte Mohammed zur Stellung der Frau im Islam mehr als fündig werden.

## Thora

Bereits in der biblischen Schöpfungsgeschichte, Genesis 2:4-25, dreht sich alles um den Mann, wird für die Erschaffung der Frau im letzten Schöpfungsakt doch nur noch eine männliche Rippe gebraucht.[220] Es lässt sich die Frau von der Schlange zur Erbsünde verführen[221]. Zur Strafe für die Erbsünde beauftragt Gott den Mann, über die Frau zu herrschen.[222]

Frauenraub, Hexentötung, Unterordnung und männliche Besitzansprüche werden in den später verdrängten Frühschriften, den Apocryphen, beschrieben, vor allem im Buch

---

[220] Genesis 4:22-24

[221] Genesis 3:4-6

[222] Genesis 3: 1-24, Gen. 3:16

Jesus Sirach.[223] Ähnliche Abwertungen finden wir auch in aller Breite in den Büchern Exodus (22:17-19), Levitikus (20:11-17), Deuteronomium (20:10-18) und in den Sprüchen Salomos (10:1-22, 11:12).

### Neues Testament

Vor allem in den Paulusbriefen kommt die Herabsetzung der Frau zur Geltung[224]. Die Frau ist der „Abglanz des Mannes", sie ist „für den Mann erschaffen"[225]. Sie haben sich den Männern unterzuordnen[226]. Auch in der Johannes Offenbarung geht alles Übel von der Hure Babylon aus.

### Im Mittelalter

Selbst bei den mittelalterlichen Kirchenlehrern Thomas von Aquin und Augustinus finden wir Frauenverachtung. In der Gegenreformation, der „Heiligen Inquisition" und in Hexenprozessen setzt sich das Thema bis in die Moderne fort.

### In der Moderne

Der Muslim und deutsch türkische Schriftsteller Feridun Zaimoglu schreibt: „Frauenverachtung ist geradezu ein Gebot im Judentum, im Christentum und im real existierenden Islam. Wir Moslems müssen in unserem eigenen Saustall aufräumen. Wir haben eine Krise des moslemischen Mannes mit seinen Minderwertigkeitskomplexen".

---

[223] Genesis 9:22, 23

[224] Als Beispiele: Lukas 21:20-24, Korinther 7:11, 14:26-40, Epheser 5:21, 6:9

[225] Korinther 11:2-16

[226] Petrus 3:1-7

# Islamisches Recht in Europa

Erst zur Zeit des osmanischen Sultans Süleyman I, der von 1520 bis 1566 regierte, gab es zaghafte Reformen des strengen Rechts der Scharia.

Mit dem vordringenden Kolonialismus in Teilen der islamischen Welt im Laufe des 19. Jahrhunderts begannen muslimische Rechtsgelehrte, die strengen gottgegebenen Rechtsnormen im Vertrags- und Wirtschaftsrecht zeitgerechter zu interpretieren. Eine staatliche Kodifizierung brachte das osmanische Zivilgesetzbuch von 1876, das auch Instanzen zur Rechtsdurchsetzung festlegte.

Weitgehend unangetastet blieb aber das klassische islamische Zivil- und Familienrecht. Diese beiden Rechtsgebiete waren auch weiterhin stark von kulturellen und religiösen Traditionen geprägt.

In Familienrechtsfragen nehmen u.a. Deutschland, Frankreich und Spanien die Staatsangehörigkeit als Merkmal, welches Recht in europäischen Staaten Anwendung findet. Damit findet islamisches Familienrecht über die Staatszugehörigkeit der klagenden Personen zu ihren islamischen Herkunftsstaaten Eingang in die europäische Rechtsprechung. Anders in der Schweiz, dort ist der Wohnsitz oder der Aufenthaltsort der betroffenen Personen maßgeblich.

## Die Scharia in nichtislamischen Ländern

In westlichen Industriestaaten sowie in nichtislamischen Ländern konnte die Scharia auf dem Weg über das internationale Privatrecht Eingang in die jeweilige Rechtsordnung finden und damit Rechtswirkung entfalten.

In Großbritannien gibt es mit dem „Muslim Arbitration Tribunal" eine offizielle Schlichtungsstelle für Erbschafts-, Familien- und Handelsstreitigkeiten. Islamische Scharia-

Schiedsgerichte[227] sind vor allem in Großbritannien verbreitet. So ermittelte Prof. Ihsa Yilmaz für das Jahr 2000, dass knapp ein Drittel aller islamischen Ehen in Großbritannien nur vor dem „Islamic Law Sharia Council" geschlossen und nicht zivilrechtlich beim Standesamt nachvollzogen wurden. Das Schiedswesen wie der Sharia Council of Britain ist ein privates Gebilde. Schariagerichte dürfen beraten, ihre Urteile sind aber rechtlich nicht bindend.

Oft gehören Schariagerichte direkt zu einer Moschee. Der Öffentlichkeit ist der Zugang zu diesen Gerichten verwehrt. Mitschnitte von Verhandlungen sind nicht gestattet. Die niederländische Wissenschaftlerin Machteld Zee schreibt in ihrem Buch „Choosing Sharia? Multiculturalism, Islamic Fundamentalism and British Sharia Councils":

„In einer Mischung aus religiösem Fundamentalismus, Kultur und eng verwobenen Gemeinschaften halten die Schariagerichte die Dominanz von Männern über Frauen theoretisch und praktisch aufrecht".

In den meisten Fällen, die vor diesen Gerichten verhandelt werden, wollen Frauen sich von ihren Männern scheiden lassen. Frauen brauchen für eine Scheidung den Segen der Geistlichen und müssen diese dafür bezahlen. Der Mann spricht nur drei Mal die Verstoßungsformel „Ich verstoße dich".

Frauen werden von ihren Gemeinschaften unter Druck gesetzt, ihre persönlichen Angelegenheiten von islamischen Richtern entscheiden zu lassen. Ein Richter erklärte: „Ein säkularer Richter entscheidet nicht über religiöse Scheidungen. Kann ein Ungläubiger in islamischen Angelegenheiten entscheiden"? [228]

---

[227] Islamic Councils „Schariagerichte"
[228] Machteld Zee

In Großbritannien sollen bereits 85 islamische Gerichtshöfe für Zivil- und Familienangelegenheiten der islamischen Gemeinschaften des Landes bestehen. Nach einer BBC Studie werden durch verfahrenstechnische Verschleppungstaktiken die Klagen zu häuslicher Gewalt verdrängt, Entscheidungen verzögert. Das Anwachsen der Schariagerichte auch in anderen europäischen Ländern wird zunehmend kritisch gesehen.

In Griechenland gilt für muslimische Minderheiten in privaten Angelegenheiten das Familienrecht der Scharia, sofern die streitenden Parteien ihre privaten Angelegenheiten nach der Scharia und nicht nach griechischem Recht geregelt haben möchten.

In Kanada kann die Scharia in der Provinz Ontario von muslimischen Gerichten in Fällen des Privatrechts angewendet werden.[229]

Der Europäische Gerichtshof für Menschenrechte in Straßburg urteilte mehrfach, dass „die Scharia inkompatibel mit den fundamentalen Prinzipien der Demokratie" sei.

## Die Scharia vor deutschen Gerichten

Eigene religiöse parallele Rechtsordnungen sind grundsätzlich abzulehnen, denn sie gefährden rechtsstaatliche Prinzipien: Einheit und demokratische Legitimation der Rechtsordnung, Rechtsgleichheit für alle vor dem Gesetz, Gleichberechtigung der Geschlechter auch im Familienrecht. Seit der französischen Revolution darf der Rechtsstatus von Individuen nicht über religiöse Gruppenzugehörigkeit bestimmt werden: Patriarchale, hierarchische Familienstrukturen in Parallelgesellschaften können daher nicht durch Anerkennung von Gruppenautonomie geschützt und gestärkt werden. Das hatten wir aber vergessen.

---

[229] Canadian Arbitration Act, 1991

Nach dem deutschen „Internationalen Privatrecht" können Vorschriften der Scharia vor deutschen Gerichten zur Anwendung kommen. Damit können Urteile über islamische Migranten aus den hier in den letzten Jahren entstandenen Parallelgesellschaften zu Scharia konformen Rechtsakten in Deutschland führen. Das Internationale Privatrecht geht davon aus, dass alle Rechtsordnungen gleichwertig sind.

Welch ein Irrtum!

### Der „Ordre public" Vorbehalt

Ist aber das zu erwartende Ergebnis eines Rechtsstreits nach dem internationalen Privatrecht nicht mit den Grundsätzen des deutschen Rechts vereinbar, ist es auch nicht anwendbar. Das ist der „Ordre public Vorbehalt". Verstoßen also die fremden, hier die islamischen Regeln der Scharia gegen fundamentale Prinzipien deutscher Rechts- und Werteordnung, den Ordre public, finden sie keine Anwendung.[230]

Darüber hinaus gilt nach der Auffassung des Bundesverfassungsgerichts: Je stärker der Inlandsbezug ist, desto stärker setzt sich deutsches Recht durch. Kriterien für einen Inlandsbezug sind z. B: Aufenthaltsdauer, Lebensweise, Ausbildung, Schulbesuch.

Beispiele hierzu:

- Spricht die Scharia bei einer Scheidung dem Mann das Sorgerecht für die Kinder zu, verstößt die Regel gegen das Grundrecht der Kinder auf freie Persönlichkeitsentwicklung und ist daher nichtig.

- Nach der Scharia steht den Töchtern nur die Hälfte des Erbteils eines Sohnes zu. Diese Ungleichbehandlung verstößt gegen Artikel 3 des Grundgesetzes und ist damit nichtig.

---

[230] Artikel 6, EGBGB

- Eheschließungen von Beteiligten, die das Mindestalter von 15 Jahren noch nicht erreicht haben, werden nicht anerkannt.

- Das Verbot der Ehe zwischen Muslima und Nichtmuslim nach islamischem Recht ist im deutschen Recht nichtig.

- Nach der Scharia ist die Mehrehe mit bis zu vier Frauen erlaubt. Nach deutschem Recht ist es verboten, eine Mehrehe zu schließen. Sie ist daher nichtig. Sollte eine polygame Ehe in Deutschland nach islamischem Recht geschlossen worden sein, ist der Tatbestand nach § 172 StGB strafbar.

## Anwendung der Scharia in Deutschland

Deutsche Gerichte und Behörden müssen sich bei der Behandlung von grenzüberschreitenden Rechtsfällen mit der Scharia des Herkunftslandes der Kläger und der Kompatibilität des Rechts der Scharia des Herkunftslandes zu unserem Recht auseinandersetzen.

Alle Straftaten werden ausschließlich nach deutschem Recht behandelt. Geht es aber um die private Lebensführung von Migranten, gilt das internationale Privatrecht.

Der Islamwissenschaftler und Professor für Rechtsvergleichung an der Uni Erlangen/Nürnberg, Mathias Rohe, sagt sehr deutlich: „In Deutschland wenden wir jeden Tag die Scharia an":

Bei der Scheidung eines tunesischen Ehepaars entschied ein deutsches Gericht, dass der Frau die „Morgengabe", nach der Scharia eine finanzielle Absicherung der Braut, als nachehelicher Unterhalt ausgezahlt werden muss.

- Im Jahr 2000 lehnte das Bundessozialgericht in Kassel die Klage einer aus Marokko stammenden Witwe ab, die sich weigerte, die Rente ihres verstorbenen Mannes mit der Zweitfrau zu teilen. Das Gericht entschied mit Verweis auf die Scharia zugunsten der Zweitfrau: Beide Frauen hätten Anspruch auf den gleichen Rentenanteil.

- Das Amtsgericht München teilte in 2015 einer Deutschen nach dem Tod ihres aus dem Iran stammenden Mannes mit, dass ihr anstelle des Alleinerbes nur ein Viertel des Erbes zustünde. Die übrigen Dreiviertel gingen an Verwandte des Ehemannes in Teheran. Auch hier entschied man nach der Scharia: Stirbt ein Ehepartner, der keinen deutschen Pass besitzt, gilt das iranische Recht der Scharia.

- Reist ein Mann nach Deutschland ein, der in seinem Heimatland nach der islamischen Scharia rechtmäßig mehrere Ehefrauen geheiratet hat, wird die polygame Ehe in Deutschland akzeptiert.
Im deutschen Sozialrecht begründet eine im islamischen Land rechtmäßig geschlossene Mehrehe sogar den Anspruch auf Witwen- oder Witwerrente. Um die soziale Trägerschaft der Rentenanwartschaften wird dann allerdings gestritten.

- Wenn ein Paar mit irakischer Staatsangehörigkeit in Deutschland heiraten will, werden sie nach irakischem Recht verheiratet. Das gilt auch für den Scheidungsfall.

Teile der sehr komplexen islamischen Scharia genießen als religiöse Normen in Deutschland den Schutz der Religionsfreiheit nach Artikel 4 des Grundgesetzes. Dazu gehören islamische Regeln der Scharia über den Moscheebau und das Gebet, über Gebetsruf, Bekleidungssitten, Kopftücher, Schächten, sowie über das Fasten und das Bestattungswesen.

Hier wird die Scharia vertraute deutsche Rechtsregeln verändern! Dieser anhaltende Prozess wird von Islamkritikern, politisch oder emotional aufgeladen, auch als „schleichende Islamisierung über die Scharia" bezeichnet. Es bedarf aber immer der mit Fakten untermauerten präzisen Begründung für drohende oder bereits erfolgte Rechtsverstöße.

# Der Schutz des Grundgesetzes

Das deutsche Grundgesetz schützt in Artikel 79, Absatz 3 die fundamentalen Werte. Der Schutz umfasst: Menschenwürde, Demokratie, Rechtsstaatsprinzip und Sozialstaatsprinzip mit einer Ewigkeitsgarantie, sowie eine Reihe von grundgesetzlich garantierten Freiheiten. Dazu gehören auch die Religionsfreiheit und die religiösen Entfaltungsmöglichkeiten. Es hat sich aber ein Jeder an die deutsche Rechtsordnung zu halten, jeder Einzelne und jede Institution. Menschen, die hier leben, oder die zu uns kommen, müssen sich der geltenden Rechtsordnung unterstellen, die für alle gilt. Das bedeutet aber nicht, dass sie ihre kulturellen und religiösen Eigenheiten aufgeben müssen. Die Vereinbarkeit fremder Sitten und Gebräuche mit unseren Rechtsvorstellungen ist im konkreten Konfliktfall gerichtlich zu überprüfen.

Hier können faire Urteile das Vertrauen der Migranten in die ungewohnte, auch unbekannte, deutsche Rechtsordnung stärken, wenn man dabei und damit den Muslimen und den die Klagen oft tragenden Islamverbänden die Grundlagen europäischer Rechtsordnungen erklärt und ihren kulturellen Hintergrund angemessen berücksichtigt.

Denn nur die Religionsfreiheit steht unter der Freiheitsgarantie nach Artikel 4 Grundgesetz. Dagegen fallen kulturelle Sitten und Gebräuche nur unter den Schutz der freien Entfaltung der Persönlichkeit. Wenn also Muslime freiwillig außerhalb der islamischen Welt auf Dauer in Deutschland leben wollen, müssen sie sich auch so weitreichend integrieren wollen, dass sie ihren Glauben entsprechend der Rechtsordnung der Mehrheitsgesellschaft leben können. Des Weiteren gelten hier auch die europäischen Menschenrechtsgrundsätze – und nicht die Kairoer Erklärung.

# Woher kommt der Hass?

## Juden, Christen, Muslime

Der alte Streit unter den drei monotheistischen, „Abrahamitischen Religionen" folgt immer dem gleichen Muster: Der Kampf geht um die weltliche Macht und um die religiöse Deutungshoheit. Weltlich gegen göttlich, irdisch gegen himmlisch, Vernunft gegen Glaube, Ungläubige gegen Gläubige, Staat gegen Religion, Religion gegen Religion und innerhalb einer Religion Konfession gegen Konfession.

Christen gegen Juden in jahrhundertelanger Judenverfolgung mit der Begründung „Juden töteten Christus". In der Bibel sind Thora, Altes und Neues Testament aber wieder vereint! In neuerer Zeit sahen wir noch religionsinterne Konfessionskämpfe: Katholiken gegen Protestanten, Protestanten gegen Katholiken, Christen gegen Juden. Muslime streiten noch heute an drei Fronten: Gegen Juden, gegen Christen und gegen andere Muslime.

Im Kampf Muslime gegen Muslime stehen in den Hauptlinien Sunniten und Schiiten gegeneinander, radikale gegen liberale Muslime, oft auch innerhalb ihrer jeweiligen interkonfessionellen Gliederungen.

Der religiöse Konflikt beginnt mit Abraham. Der älteste biblische Konflikt war der Kampf der Araber gegen die Juden, schon im Alten Testament: Ismael gegen Isaac. Der Verursacher war Abram, später Abraham genannt.

## Stammvater Abraham

Der Konflikt zwischen Juden und Muslimen begann als Streit um das „Erstgeburtsrecht". Alles begann mit Abraham, dem Vater aller Stämme: Wir lesen in der Thora, den fünf Büchern Mose: Abraham hatte zwei Söhne, Ismael und Isaac. Die Juden sehen sich als Nachkommen von Isaac, die Araber als Nachkommen Ismaels. Es geht um den Konflikt: Wem gehört das Land? Das Land vom Nil bis zum Euphrat. Und um die Frage nach der „Gleichheit" der abrahamitischen Religionen. Eine blutige Geschichte von 4.000 Jahren. Gott gab Abraham eine dreifache Verheißung, ein dreifaches Versprechen, so sagt es die Thora: Land, Volk und Segen. Segen bedeutet Vermehrung. Der Vollzug geschah über Gehorsam und Nachkommen.

## Alttestamentliche Geschichte

Und Abraham wartet, auf den Sohn, Jahr um Jahr. Aber Sarai, Abrahams Frau, gebar ihm kein Kind. Da hatte Sarai die Idee, Hagar, ihre ägyptische Magd, könne als Nebenfrau das Problem lösen.

Der Konflikt: Gott hatte Abraham diesen Weg nicht gewiesen. Es war weibliche List. Mit der Ägypterin war etwas Fremdes in die heilige Familie gekommen, was Unfrieden schuf. Ismael war der erste und der uneheliche Sohn Abrahams mit der Sklavin und Magd Hagar, der Ägyptischen.[231]

Erst Jahre später gebar Sarai den Sohn Isaac. Isaac war der versprochene Sohn, der Abrahams Segen zur weiteren Mehrung erben sollte.[232]

Hier wurde im alttestamentlichen Sinne die Feindschaft zwischen Arabern und Juden gelegt: Ismael war zwar der Erstgeborene, aber der uneheliche, nicht zur Nachfolge berechtigte Sohn. Isaac war der Legitime. Der Spott Ismaels über Isaac veranlasste Sarai, ihren Ehemann Abraham zu überzeugen, dass er Hagar und Ismael fortschicken müsse. So geschah es.

Ismael wird vom gelobten Land vertrieben und erhält die Wüste als Wohnort. Dort schenkt Gott ihm eine Wasserquelle zum Überleben. Dort werden Ismaels Nachkommen ein großes Volk, dort erhalten sie ihren Segen. „Weil er dein Sohn ist..." sagt die Thora.

---

[231] 1.Buch Mose, Genesis 16:1-6

[232] Genesis 21:11-21

Ismael wird ein erfolgreicher Stammvater von Wüstenvölkern. Aber sie werden neidisch auf das Isaac verheißene Land, das gelobte Land. Hier hat der Streit um das Land Israel seine Wurzel. Bis heute sind die Nachkommen Ismaels die zahlenmäßig weit größeren Völker. Und sie haben mit dem Erdöl wirtschaftliche Vorteile. Auch sie sind gesegnet. Diese Völker nehmen später den Islam als ihre eigene Religion an, der den Streit und Kampf um Macht und Herrschaft zulässt.

Für diesen Kampf um weltliche Macht, aber auch um den Anspruch auf die alleinige göttliche Macht Allahs, erlaubt der Kampf auch Gewalt. Das wird dann der Krieg gegen die „Ungläubigen", der Dschihad!

Abraham und Isaac haben im verheißenen Land keine Wasserquellen, ihr Gott hat ihnen keine gegeben. Sie müssen mühsam Brunnen graben. Sie werden den schwereren Weg geführt. Aber Gott erweitert seine Verheißungen im „Ewigen Bund": Isaac ist jede Vermischung mit den Heidenvölkern untersagt. Aus Abram wird Abraham, der Vater vieler Völker. Aus Sarai wird Sara, die Mutter vieler Völker. In Genesis 21:13 bestärkt Gott den zweifelnden Abraham:

> *„Auch will ich der Magd Hagar Sohn Ismael zum Volk machen".*

Das wurden dann die Araber. Die Vertreibung erhöhte die Verachtung Ismaels gegenüber Isaac. Der Islam hat diesen Konflikt noch verschärft. An unterschiedlichen Stellen wird im Koran gesagt, mit Juden wie mit Brüdern umzugehen, an anderen Stellen wird aufgetragen, die Juden zu verfolgen, wenn sie nicht zum Islam übertreten.

Der Hass zwischen den zwei Völkern und den beiden Religionen folgt also aus dem Streit, wer der beiden Söhne der von Gott „Versprochene" war. Nach den hebräischen Schriften war es Isaac, nach dem Koran Ismael.

Doch ist der antike religiöse Streit nur eine Wurzel der Feindschaft zwischen Islam und Judentum. In der Geschichte des

Mittleren Ostens haben Araber und Juden jahrhundertelang in relativer Gleichgültigkeit nebeneinander gelebt. Als die UNO in 1948 die Gründung des Staates Israel ermöglichte, sahen sich die Juden wieder im eigenen Land, das Gott den Nachkommen von Abrahams Enkel, Jacob, versprochen hatte. Das Existenzrecht des Staates Israel wird nicht von allen arabischen Nachbarn akzeptiert. Im Gegenteil, es wird abgelehnt. Das ist eine weitere Basis für Konflikte zwischen den Religionen.

# Institutionen im Islam

## Umma Islamiya

„Umma" bezeichnet im Islam eine Gemeinschaft, die über den Rahmen eines Clans, Stammes oder Volkes hinausreicht. Im weiteren Sinne wird der Begriff Umma für die religiös fundierte große Gemeinschaft der Muslime als einer Weltglaubensgemeinschaft, als „al-Umma al-islamiya" verwendet. Im arabischen Nationalismus entwickelte sich daraus die „arabische Nation" als „al-umma al-islamiya al-arabiya".

Im mekkanischen Teil des Koran bezeichnet umma die meist von Propheten geführten Gemeinschaften, die aber wegen interner Streitereien oft auseinanderfielen[233]. Die islamische Umma spaltete sich dann in verschiedene politisch religiöse Parteien, in die Schiiten, Charidschiten, Sunniten und deren viele Ableger und Verzweigungen.

## Die Moschee

Die Moschee, arabisch masdschid, ist ein ritueller Ort des gemeinschaftlichen Gebets, ein sozialer Treffpunkt sowie ein Zentrum der politischen, rechtlichen und lebensorientierten Wertevermittlung des Islam. Es gilt als richtig und verdienstvoll, die islamischen Gebete in der Moschee zu verrichten, drückt man damit doch die Zugehörigkeit zur muslimischen Gemeinschaft, zur Umma, aus. Moscheen sind in der islamischen Welt die Orte des Gebets, der Kultur, der Erziehung, des sozialen Zusammenhalts, aber auch der sozialen Verantwortung für die Moscheegemeinde. Es sind multifunktionale Zentren der Muslime. Die Moschee wird zumeist als architektonisches Kunstwerk gestaltet. Sie symbolisiert die Geschichte, die Lebensauffassung und die Weltanschauung des Islam. Sie ist die physische Manifestation des Islam.

Während es in den Anfängen des Islam vorrangig um die Vermittlung von Koran, Sunna und Hadithen ging, wurden

---

[233] Suren 21:92 und 7:34

später Dichtung, Sprache und sogar Medizin Gegenstand der Unterweisungen in der Moschee. Sie diente auch der Lehre. Die älteste Form dieser Belehrung ist die Predigt, die nicht nur unmittelbar vor dem Freitagsgebet gehalten wird, sondern auch vor und nach allen Gebeten, oder zu diversen Veranstaltungen stattfinden kann. In der Freitagspredigt werden auch aktuelle soziale, politische und wirtschaftliche Themen angesprochen. Abgeleitet vom hocharabischen „masdschid", im Türkischen „Dschami", beschreibt das Wort Moschee den „Ort der Niederwerfung" vor Gott.

Die erste Moschee der Welt war die Kaaba in Mekka, nach der Sure 22:26 von Adam erbaut, zerfallen, und von Abraham zusammen mit seinem Sohn Ismael im Auftrag Gottes als Wallfahrtsstätte wiedererrichtet. So sagt die Sure 3:96:

*„Siehe, das erste für die Menschheit errichtete Haus war das in Mekka-gesegnet und eine Leitung für alle Welt"*

Das Minarett einer Moschee, der „Manara", der „Ort des Lichts", ist der Turm, von dem aus zu den fünf Tageszeiten zum Gebet gerufen wird.

In Deutschland gibt es rund 45.000 Kirchen. Viele werden nicht mehr als Kirchen genutzt. Für die etwa 5 Millionen in Deutschland lebenden Muslime wird eine offizielle Zahl von 2.500 Moscheen genannt. Realistischer dürfte sein, dass es etwa 250 Moscheen mit Minaretten und 2.500 Gebeträume gibt. Der überwiegende Teil sind sunnitisch türkische Moscheen. Die älteste Moschee Deutschlands steht in Hamburg, die „Blaue Imam-Ali Moschee", eine schiitische Moschee, gegründet von persischen Kaufleuten. Kein Amt in Deutschland führt Buch über die Zahl der Moscheen. Darüber hinaus gibt es eine unbekannte Zahl von einfachen „Hinterhofmoscheen".

## Das Kalifat

Der Begriff Kalifat[234] beschreibt das Amt, die Würde und den Herrschaftsbereich eines Kalifen, also eines Nachfolgers Mohammeds, des Gesandten Gottes. In dieser islamischen Regierungsform ist die weltliche und geistliche Führerschaft in einer Person vereint. Der Kalif ist für die Durchsetzung der Gesetze, die Verteidigung und Verwaltung des Herrschaftsgebietes, die Verteilung von Beute und Almosen verantwortlich. Er ist auch Wächter und Verteidiger des Glaubens und an die Scharia gebunden.

In Kurzform: Der Kalif war auch Stellvertreter Allahs auf Erden. Das Kalifat entsprach dem von Mohammed begründeten theokratischen Modell eines „Gottesstaates". Religiöse Lehrautorität hatte der Kalif für die Sunniten aber nicht. Die weltliche Herrschaft der Kalifen erkannten die Schiiten nicht an. Das führte dann zum Schisma, zur endgültigen Spaltung des Islam in die sunnitische und schiitische Konfession.

Der Titel wurde nach den vier vorangehenden „rechtgeleiteten" Kalifen Abu Bakr, Umar ibn Chattab, Uthman ibn Affaan und Imam Ali ab 661 auch bei den regierenden Umayyaden unter Muawiya ibn Abu Sufyan für die folgenden Herrscher eingeführt. Die ersten drei rechtgeleiteten Kalifen waren Sunniten, der vierte, Imam Ali ibn Abi Talib gehörte den Schiiten an.

1924 wurde das letzte, das osmanische Kalifat abgeschafft. Damit war eine über 1.300 Jahre bestehende Tradition der Kalifen beendet.

## Das Sultanat

Der „Sultan"[235] ist ein islamischer Herrschertitel, der ab dem 11. Jahrhundert im seldschukisch osmanischen Reich, aber auch in Indien benutzt wurde. Der Sultan war Herrscher und

---

[234] arab. chalafa, nachfolgen

[235] Arabisch: Stärke oder auch Herrscher

religiöse Autorität, aber kein religiöser Lehrer. Sein Herrschaftsgebiet ist das „Sultanat". Von 1517 bis 1924 galten die türkisch osmanischen Sultane zugleich als Kalifen.

## Der Wesir

Der „Wesir", abgeleitet aus Persisch wasir, der Lastenträger, bezeichnet seit dem 9. Jahrhundert ein Regierungsamt in muslimischen Ländern. Während des Kalifats der Abbasiden zwischen 750 und 1258, wurde der Titel für den obersten Beamten in islamischen Staaten eingeführt. Der Wesir war Helfer und Repräsentant des Kalifen.

Wesire leiteten die weltliche Verwaltung und übten Gerichtsbarkeit aus, was voraussetzte, dass sie Schriftgelehrte im Islam waren. Sie gingen aus der sich im Kalifat bildenden Schreiberkaste hervor, die vor allem aus Persern bestand. Ihnen untergeordnet waren die Paschas.

Der Großwesir war in diversen muslimischen Ländern der vom Herrscher eingesetzte Regierungschef, der zweite Mann im Staat, insbesondere bei den Seldschuken, Ghaznawiden, Safawiden, im Osmanischen Reich und im Mogulreich. Das Wort Wesir steht heute im Iran, in Ägypten und in Afghanistan für den „Minister".

Der Titel wurde in der Türkei 1922 durch Kemal Atatürk abgeschafft, wie vorher dort schon das Sultanat und später das Kalifat. Die Dame im Schachspiel heißt in muslimischen Ländern „Wesir".

## Das Emirat

Das Emirat ist eine Provinz, die durch einen Fürsten, den Emir, verwaltet wird. Es bestimmt nicht eine Erbfolge, sondern die Eroberung, den Status des Herrschers. Das Emirat kann sowohl Teil eines Landes als auch ein souveräner Staat selbst sein.

## Historische Emirate

Es waren die Emirate Cordoba, Tiflis, Granada, Kreta, Bahrein.

## Heutige Emirate:

Vereinigte Arabische Emirate (VAE), Katar, Kuweit.

Der Emir ist geistliches und staatliches Oberhaupt des Landes, der Provinz. Sie waren früher Befehlshaber oder Anführer von Soldatenverbänden. Der Emir war nur dem Kalifen verpflichtet. Heute wird der Emir meist als „Scheich, Sheik, Schaich" bezeichnet.

## Der Imam

Der Imam ist nach dem Koran im Arabischen ein Oberhaupt, Vorsteher, Anführer. Der Titel gilt für den Vorbeter eines Gemeinschaftsritualgebets, aber auch als Ehrentitel für einen hervorragenden, besonders frommen oder gelehrten Muslim, z.B. Imam Khomeini oder Imam Chamene'i im schiitischen Iran.

In der klassisch sunnitischen Staatstheorie ist er das politisch religiöse Oberhaupt der islamischen Gemeinschaft in Nachfolge des Propheten Mohammed. Das schiitische „Imamat" ist identisch mit dem Kalifat in der Nachfolge des Propheten. Der Imam als Kalif ist für die Bewahrung der Religion und die Organisation weltlicher Angelegenheiten verantwortlich. Der klassische Imam muss über sieben im Detail definierte persönliche Eigenschaften verfügen.

In der Schia bezeichnet der Titel Imam nur die zwölf Imame, die die einzigen legitimen Nachfolger Mohammeds sind, und deren oberster Imam der Prophet Muhammad ist. Der letzte der zwölf Imame, der Imam Mahdi, der von den Schiiten noch immer erwartete Erlöser, lebt im Verborgenen. Er wird vor dem Ende der Welt erscheinen.

Der Begriff Imam kommt im Koran zwölf Mal vor. In Sure 2:124 wird gesagt, dass Allah Abraham zum Imam der Menschen machte.

Sure 21:72: „*Und Wir schenkten ihm Isaak und Jacob oben-drein und machten alle rechtschaffen*".

Die Sure 21:73 erweitert die Ansprüche, indem Allah Isaak und Jacob als Imame bezeichnete, „*die ihre Gefolgschaft nach Unserem Befehl leiten*".

In der Zeit nach Mohammed verwendeten einige ummayadi-sche Kalifen den Titel Imam für sich, setzten das Imamat identisch ihrem Kalifat, und beanspruchten damit die Füh-rung der islamischen Gemeinschaft. Schon im Laufe des 8. Jahrhunderts wurde ihnen das Recht auf den Titel bestritten. Damit vertiefte sich der Konflikt um das Imamat und wurde im 12. Jahrhundert zum wichtigsten Streitpunkt zwischen den islamischen Gemeinschaften. Der Streit spaltet auch heute noch die beiden tragenden Islamrichtungen. Heute findet man den Begriff Imam auch für den Vorbeter beim Ri-tualgebet.

### Der Ayatollah

Der Ayatollah („Zeichen Gottes") ist der wichtigste religiöse Titel des zwölferschiitischen Islam. Er hat im Regelfall jahr-zehntelange theologische Studien an einer schiitischen Uni-versität hinter sich. Sunniten benutzen den Titel nicht. Be-sonders anerkannte, herausragende Ayatollahs werden „Großayatollah" genannt. Besondere Verehrung wurde dem Ayatollah Ruhollah Khomeini als Begründer und Treiber der Revolution im Iran zuteil.

### Der Mullah

Der Mullah ist der iranische Ehrentitel eines niederen isla-mischen Rechts- und Religionsgelehrten in der religiösen Hierarchie der Schiiten. Er hat den Status eines Gelehrten ohne staatliches Diplom und ist an die Anerkennung anderer Gelehrter gebunden. Früher war der Mullah in ländlichen Regionen der Einzige, der lesen und schreiben konnte. Bis zum 20 Jahrhundert wurde der Begriff nur für rangniedere Geistliche verwendet. Alle iranischen Geistlichen sind auch Mullahs.

# Konfessionelle Gesichter des Islam

## Sunniten und Schiiten

Tief zerrissen ist die muslimische Welt: In die Mehrheit der Sunniten und die Minderheit der Schiiten. Ursprung der Spaltung war der uralte politische Kampf um die Nachfolge Mohammeds. Weil Ali, der Schwiegersohn Mohammeds, um sein rechtmäßiges Erbe, die Nachfolge Mohammeds, gebracht worden sei, und feindliche Muslime ihn und seinen Sohn später ermordeten, vererbte sich der Hass zwischen den beiden Konfessionen fort bis heute. Das Schisma ist dafür die Buße.

Sind die Schiiten überhaupt „richtige Muslime", fragen sich viele Sunniten. Eine oft schmerzliche Religionsspaltung ist für viele Muslime Realität. Die bis heute anhaltenden Konflikte unter den Muslimen begannen zunächst mit dem Streit um die Nachfolge des Propheten. Die völlig unvorbereiteten Führer der muslimischen Gemeinden konnten sich nicht einigen, wer berechtigt wäre, die Glaubensgemeinschaft nach Mohammeds Tod 622 zu leiten. Mohammed hatte nichts geregelt.

Die sunnitische Mehrheit wollte einen fähigen Heerführer aus Mohammeds Stamm der Quraischiten als Nachfolger. Die schiitische „Konfession" forderte mit Ali ibn Abi Talib einen Nachfolger aus der Familie Mohammeds, denn nur der wäre mit göttlicher Segenskraft ausgestattet. Ali war der Schwiegersohn und Vetter Mohammeds. Die Partei Ali's, die spätere Schiat Ali, verlor diesen Streit. Der Begriff Schia steht verkürzt für schi' at Ali, die Partei Ali's.

Außerdem behaupteten die Schiiten unbewiesen, Mohammed habe Ali schriftlich zu seinem Nachfolger bestimmt – und die Sunniten hätten diese Würdigung aus dem Koran gestrichen. Damit war der Vorwurf der sunnitischen Koranfälschung in der Welt.

Ali konnte seinen Anspruch gegen die Mehrheit der Sunniten nicht durchsetzen. Erst 656 konnte Ali als der dann letzte und vierte gewählte Kalif für wenige Jahre die Macht erringen. Zum ersten Nachfolger Mohammeds wurde aber Abu Bakr, der Vater von Mohammeds Frau Aischa, gewählt.

Aus schiitischer Sicht waren die ersten drei sunnitischen Kalifen trotz Wahl „unrechtmäßige" Herrscher und ihre Wahl eine Sünde. Nach der Ermordung Ali's in 661 scheiterte auch der Versuch, den Enkel Mohammeds, al-Husain, als Nachfolger einzusetzen Dieser letzte männliche Nachfahre Mohammeds fiel 680 in der Schlacht von Kerbela.

Bei den Sunniten entwickelte sich das Kalifat, bei den Schiiten das Imamat zur umfassenden Herrschaftsform. Die der Tradition verpflichteten Sunniten sehen den Koran und Mohammeds Aussagen in der Sunna als die allein richtigen Glaubensgrundlagen an.

Die Schiiten folgten den Korandeutungen ihrer als „rechtmäßig" angesehenen Prophetennachfolger Ali und dessen Sohn Husain ibn Ali und damit der „wahren" Interpretation ihrer zwölf Imame. Schiiten bewerten daher auch die den Sunniten so wichtigen überlieferten Aussprüche Mohammeds in den Hadithen wesentlich kritischer.

In beiden Konfessionen zeigen sich breite und tiefe Differenzen. Wir erkennen die vielen unterschiedlichen „Gesichter" des Islam, nach dem Koran, traditionelle, rechtliche und soziologische Unterschiede. Es sind Fragen der Auslegung, der Exegese. Schaut man aber genauer hin und über die theologische Differenzierung hinaus, sieht man, dass die beiden muslimischen Hauptrichtungen sich weniger aus religiösen, sondern vor allem wegen machtpolitischer Auffassungen auseinanderentwickelt haben. Schiiten sehen sich auch heute noch als die Verlierer der Geschichte. Sunnitische Extremisten betrachten die Schiiten sogar oft als „Ungläubige" und greifen Schiiten in ihren Moscheen an. Deren Verehrung der schiitischen Imame und ihrer Gräber, die zum Teil im Irak liegen, gilt den Sunniten als „Vielgötterei" und „Götzendienst".

Dem arabischen Gebetsruf fügt der Muezzin in schiitischen Moscheen noch einen Satz hinzu: „Ich bezeuge, dass Ali der Freund Gottes ist"

Das ist für Sunniten reine Blasphemie, unzulässige Heiligenverehrung, also unislamisch. Damit gruben sich Hass und Verachtung bis hin zu blutigen Glaubenskriegen tief in das historische Gedächtnis der muslimischen Konfessionen ein. Dahinter steht natürlich der Gedanke, dass nur die Auslegung ihrer eigenen sunnitischen Rechtsgelehrten eine wahrhaft islamische Sozial- und Staatsordnung, den einen echten und wahren Gottesstaat, bestimmen kann.

Auch mussten die Schiiten erkennen, dass sie in den ersten Jahrhunderten nach Mohammeds Tod gegen die sunnitische Macht keine Chancen hatten, sie waren unterdrückt, wurden verfolgt, verstreut, und entwickelten daher auch einen tief begründeten Märtyrerkult. Aus diesen beiden Hauptrichtungen entwickelten sich in der islamischen Geschichte diverse Untergruppen mit teils sektenartigem Charakter.

## Sunniten

Die Sunniten sind die zahlenmäßig größte Glaubensrichtung oder Konfession des Islam. Geschätzt fast 90% der Muslime gehören der vereinigten „al as-sunna wal-dschama'a" an, übersetzt: dem „Volk der Tradition und der Einheit". Diese Selbstbezeichnung umschreibt die „Anhänger des Brauchs und der Gemeinschaft" („al-sunna", Tradition, Brauch, Gewohnheit), welche sich an den Gewohnheiten und Verhaltensnormen Mohammeds und seinen frühen Anhängern mit dem ersten Kalifen Abu Bakr und dessen Kalifat orientieren. Die Sunniten forderten, dass ein Nachfolger Mohammeds auch dem Stamme Mohammeds, dem Quraisch, angehören soll. Die Quraischiten herrschten in verschiedenen teils verfeindeten Familienclanen zur Zeit Mohammeds über Mekka und beanspruchten später eine führende Rolle in der arabischen Welt.

Im Gegensatz zu den Schiiten musste der Nachfolger Mohammeds bei den Sunniten aber kein Mitglied der Familie des Propheten sein. Es genügte jemand aus dem Stamm Mohammeds. Die Sunniten stellen heute in den meisten islamischen Ländern die Mehrheit der Muslime. Sunniten lassen sich auch nach den von ihnen vertretenen vier Rechtsschulen (Madhhab) und deren Normenlehren (Fiqh) gliedern:

Es sind die Hanafiten, Malikiten, Hanbaliten und die Schafiiten. Zur hanbalitischen Rechtsschule des sunnitischen Islam zählen auch die streng dogmatischen Wahhabiten. Auf die tiefgehenden theologischen Verzweigungen dieser Rechtsschulen wird in diesem Buch nicht weiter eingegangen.

Mit Mu'awiya, ehemals Sekretär Mohammeds, begann im Jahr 661 die sunnitische Dynastie der Umayyaden. Er ließ sich zum Kalifen wählen und führte die Erbfolge, das Erbkalifat, ein. Hauptstadt wurde Damaskus.

Die Umayyaden gründeten 756 das Emirat von Cordoba. Die umayyadischen Kalifen von Cordoba regierten von 929 bis 1031. Danach erlosch der für seine Kultur berühmte andalusische Dynastiezweig. Nach dem Sturz der Umayyaden, die bis 750 nur noch in Arabien regierten, übernahmen die Abbasiden bis 1258 die Herrschaft. Auch sie wurden von fast allen Sunniten anerkannt.

Die sunnitisch kurdische Herrschaft der Ayyubiden regierte von 1171 bis 1252 in Ägypten.

Ab dem 11. Jahrhundert eroberten die sunnitischen Osmanen den Orient, im 15. Jahrhundert war das osmanische Reich eine Großmacht.

Die geographische Ausdehnung des sunnitischen Islam reicht heute von der Türkei bis Westafrika. Dagegen sind u.a. der Iran, Irak und Bahrein schiitisch dominiert.

Blicken wir nun auf die verschiedenen Verzweigungen des sunnitischen Islam. Mit unserem westlichen Begriff Sektierertum oder „Sekte" wird man diese Richtungen nicht genau genug beschreiben können. Es sind sehr eigenständige Strömungen innerhalb des vielschichtigen Islam.

## Wahhabiten

Der Wahhabismus ist eine konservative und dogmatische Form des sunnitischen Glaubens, der in Saudi-Arabien Staatsreligion ist. Der Wahhabismus entstand unter der Herrschaft der Saudis und ist der Salafiyya zuzuordnen. Für ihn ist der Islam aus der Zeit Mohammeds der einzig wahre Islam. Die Wahhabiten sind auch in Katar anzutreffen. In Pakistan und Westafrika bezeichnen sie sich als Salafis.

Wahhabismus und Salafismus stehen sich sehr nahe. Viele Wahhabiten nennen sich sogar Salafisten.

Das wahhabitische Staatsverständnis wird in der Staatsflagge Saudi-Arabiens deutlich, in der das koranische Glaubensbekenntnis (Shahada) in seinen beiden Teilen mit dem Schwert waagerecht auf grünem Grund in weißer Schrift kombiniert wird: „Es gibt keinen Gott außer Allah und Mohammed ist sein Prophet".

Muhammad Ibn Abd al-Wahhab[236], verkündete seine strenge Glaubenslehre zur „Reinigung des Islam" im Jahr 1740. Bis 1786 eroberte die wahhabitische Familie Sa'ud das gesamte Hochland der arabischen Halbinsel und gründete die expansive Saud Dynastie. Die heiligen Stätten Mekka und Medina wurden 1806 erobert. Brutal unterwarfen die Kämpfer des wahhabitischen Dschihad die Nicht-Wahhabiten auf der Arabischen Halbinsel.

Die Wahhabiten beanspruchen für sich, als Einzige die islamische Lehre authentisch zu vertreten. Wahhabiten bekennen sich zum saudischen Königtum, die Salafisten tun das nicht. Die Wahhabiten nennen sich neuerdings auch Salafiten oder Salafisten, sehen sich aber eher als „puristische Salafisten".

---

[236] 1703-1791

Das Fatwa Portal in Katar definierte die Wahhabiten als Teil der salafistischen Bewegung. Sie werden auch als intolerant und fanatisch bezeichnet. Es gibt nur „richtig" und „falsch", „gut" und „böse". Historische Stätten des Islam verfallen oder werden modernen Bauprojekten geopfert. Man finanziert Terrorismus und Djihadismus. Die Taliban waren eine wahhabitische Organisation. Auch die im Ursprung saudische Al-Qaida wurde finanziell und ideologisch unterstützt.

Seit den 1940er Jahren breitet sich der Wahhabismus auch nach Westafrika bis zur Elfenbeinküste aus. Städte, in denen sich Kulturen und Religionen begegnen konnten, hat der radikale wahhabitische Islam zerstört. Auch Indonesien und Pakistan werden zunehmend salafistisch radikalisiert.

Die Wahhabiten sind heute als Untergruppe der Salafisten anzusehen. Die Vertreter der modernen Salafiyya entwickelten Mohammeds politischen Islam weiter zum Islamismus. Säkulare Intellektuelle der Salafiyya unterstützen den arabischen Nationalismus.

*Salafisten*

Als Salafisten, Salafis oder Salafiten werden häufig die nicht saudischen Wahhabiten bezeichnet.

Der Salafismus, auch Salafiyya von arabisch as-Salafiyya, Orientierung an den Altvorderen, genannt, ist ebenfalls ultrakonservativ und will eine Gesellschaft errichten, die dem „Ur Islam" des 7. und 8. Jahrhunderts entsprechen soll.[237]

Der Salafismus ist eine Unterströmung des sunnitischen Islam. Diejenigen Wahhabiten, die den Bezug auf die Einzelperson Muhammad Ibn Abd al-Wahhab vermeiden möchten, bezeichnen sich als Salafisten, als Salafis.

Die salafistische Bewegung am Ende des 19. Jahrhunderts galt angesichts des sich ausbreitenden westlichen Imperialis-

---

[237] Salaf, der Altvordere, Vorgänger

189

mus als Gegengewicht und Vorläufer der politischen Ideologie des Islamismus, der einen islamischen Staat errichten will. Das hatte die ältere Salafiyya noch nicht im Blick. Daher wird vom Islamismus auch als der Neo Salafiyya gesprochen.

Zum Salafismus gehören die Muslimbrüder in Ägypten, aber auch die arabische Wahhabiyya Bewegung und ähnliche Gruppierungen in Indien, Pakistan, Bangladesh und Afghanisten. Der Salafismus zerfällt wieder in mindestens drei Strömungen:

1. Die „Puristischen Salafisten" wollen den ursprünglichen „rechtgeleiteten" Islam leben, predigen aber weder Gewalt noch Hass.

2. Die „Politischen Salafisten" versuchen diesen fundamentalistischen Islam zur Staatsgrundlage zu machen. Dieser Mainstream Salafismus lehnt die Demokratie offen ab, sie wird als Weg des Unglaubens diffamiert. Die Politischen Salafisten gehen historisch auf die 1928 von dem ägyptischen Lehrer Hasan al-Banna[238] gegründete Muslimbruderschaft zurück.

3. Eine Minderheit unter den Salafisten, die „Djihadistischen Salafisten", entstanden während des Afghanistan Krieges gegen die Sowjetunion. Sie will den Gottesstaat auch mit Gewalt durchsetzen. Etwas formelhaft kann man sagen: Jeder Dschihadist ist auch ein Salafist, aber nicht jeder Salafist ist ein Dschihadist.

Gewalt in Form des bewaffneten Dschihad wird in der Ideologie des politischen Islam, des Islamismus, zu einem legitimen Mittel. Die Auffassung, dass der Dschihad als Angriff gegen alle Ungläubigen zu führen sei, geht auf Sayyid Qutb[239] und Abul Maudud[240] zurück.

---

[238] 1906-1949

[239] 1906-1966, gesprochen: Ku'tub

[240] 1903-1979

Der orthodoxe Islam ist hier die Quelle der Legitimation. Man folgt nur dem „Willen Allahs", der höheren Macht, gerät in die soziale Isolierung und lebt nur noch in einer eigenen abgegrenzten Gemeinschaft Gleichgesinnter. Der Salafismus gilt daher ganz generell als Vorläufer des Islamismus, jener politischen Ideologie, die einen islamischen Staat, wenn nötig auch mit Gewalt errichten will. Salafisten finden sich in vielen auch nichtmuslimischen Ländern.

Die islamistischen Terroristen des 11. September 2001 mit den Zerstörungen der Zwillingstürme in New York und dem Pentagon in Washington, USA, gehörten zur radikalen salafistischen Strömung Saudi-Arabiens. 15 der 19 Attentäter waren saudische Staatsbürger.

Bekannt sind Salafisten dafür, dass sie vor allem jüngere Muslime ganz gezielt für die dschihadistische Terrororganisation „Islamischer Staat[241]" gewinnen wollen, und zu diesem Zweck nicht nur in den Fußgängerzonen deutscher Städte, sondern auch in Flüchtlingsunterkünften aktiv sind. Hier haben sie es vor allem auf Alleinreisende oder traumatisierte Jugendliche abgesehen.

Dem deutschen Verfassungsschutz sind rund 10.000 Salafisten bekannt. Auf die rund 4½ Millionen Muslime sind das zwar nur 0,2%. Aber es entspricht einer Verdoppelung der Zahl der Salafisten gegenüber 2012.

Das gewaltbereite radikale Spektrum der Salafisten gruppiert sich in Deutschland um die Plattform „Die wahre Religion" und vertritt den Dschihadismus. In ihrer Kampagne „LIES" verteilte die Plattform seit 2011 kostenlos hunderttausende Koranexemplare in deutschen Innenstädten an Nichtmuslime. Hierbei steht die persönliche Kontaktaufnahme im Mittelpunkt. Radikalisierung ist das Ziel, der Koran ist das Mittel.

---

[241] Islamischer Staat=IS

Salafistische Prediger üben eine besondere Anziehungskraft auf ungefestigte, suchende, junge Menschen aus, geben ihnen ein einfaches, ideologisches aber elitäres Orientierungssystem und nehmen sie in ihre Gruppe der „Rechtgläubigen" auf. Der Salafismus junger Muslime könnte abwiegelnd als eine Modeerscheinung in islamisch radikalen Milieus interpretiert werden. Auch als eine junge Subkultur in eigenen Strukturen. Denn jugendliche Muslime erleben eine zunehmende Vereinsamung in Europa. Die ihnen vertrauten Traditionen der Großfamilie ihrer Heimat finden sie hier kaum mehr vor. Sie sehen vorwiegend Einpersonenhaushalte in der sie umgebenden Mehrheitsgesellschaft. Jeder „macht sein Ding".

In ihrer muslimischen Umwelt erkennen sie oft Glaubensgenossen, die nur „nominell" Muslime sind, die nur den notwendigsten Glaubensriten widerwillig folgen. Die sich isolieren, die auch „vereinsamen", die sich in geschlossenen Parallelgesellschaften abschotten und radikalisieren. Auch das enttäuscht, das frustriert junge Muslime. Oder es radikalisiert sie! Die modernen Lebensstile schaffen neue Konfliktlinien.

Damit sind Jugendliche oft überfordert. Hier wären „aufgeklärte" jugendliche Muslime als Helfer zur Prävention gefragt, die mit ihren Altersgenossen diskutieren und mit ihnen über den Sinn von westlichen Freiheiten -auch bestehender Unfreiheiten- und über den Anspruch des Islam in modernen Lebenswelten sprechen. Auch über die Toleranz der Vielfalt wäre zu reden, über die vielen „Wirklichkeiten" westlicher Lebensstile gegenüber dem ihnen oft eingeredeten strengen Islam, dem doktrinären Einheitsislam der „Altvorderen", der Salafiyya des 7. Jahrhunderts!

### Ibaditen, Charidschiten

Eine dritte, abgespaltene Gruppe sind die *Ibaditen*, die weder dem sunnitischen noch dem schiitischen Islam angehören wollen. Sie leben heute fast nur im Oman und stellen dort die Bevölkerungsmehrheit. Sie haben eine eigene Hadith Literatur, entwickelten ein umfangreiches rechtswissenschaftliches und theologisches Schrifttum und folgen einer eigenen Rechtsschule. Im 9. Jahrhundert lebten Ibaditen auch im Maghreb und in Küstenregionen Ostafrikas.

Die Ibaditen sind aus den Charidschiten hervorgegangen, die schon den dritten und vierten frühen Kalifen ablehnten und sich frühzeitig von den übrigen Muslimen abwandten. Unter den umayyadischen Kalifen wurden die Charidschiten grausam verfolgt. Sie legten besonderen Wert auf die wörtliche Auslegung des Koran und der Hadithen und vertraten das Prinzip der Gleichheit aller Rechtgläubigen. Nur sie fühlten sich als die wahren Muslime. Nach ihrer Auffassung konnte nur der beste Muslim ein Kalif werden, gleich welcher Herkunft, welchen Stammes oder welcher sozialen Schicht.

Die ursprünglichen Charidschiten sind im Mittelalter untergegangen. Ihr strenges Gedankengut wurde von den Ibadithen übernommen. Heute lebt der Begriff Charidschiten nur noch im politischen Diskurs Ägyptens zur Bezeichnung radikaler Muslime.

### Sufis

Schon vor der Entstehung des Islam gab es den Sufismus.[242] Sufismus, veraltet auch Sufitum oder Sufik genannt, ist eine Sammelbezeichnung für mystische, meditative, aber auch asketische Strömungen im orthodoxen, sunnitischen Islam. Sufismus wird auch als die mystische Dimension des Islam beschrieben. Er sucht die Wahrheit hinter dem Greifbaren.[243]

Aus dem Persischen wird der Sufi auch als Derwisch (darwisch, der Arme gegenüber Gottes Reichtum) bezeichnet. Der Begriff Sufismus wurde in der Neuzeit geprägt und in

---

[242] as-sufiyyah
[243] Mevlana Stiftung

Europa erst seit dem 19. Jahrhundert verwendet. Sufis bezeichnen sich selbst als „Suchende", „Schüler" oder „Menschen der Wahrheit", nicht als Sufis.

Die ersten Sufis lebten als Asketen im Jemen, wohl auch in Persien. Die sufische Mystik der vier Stufen verweist zur Entstehungsgeschichte auch auf den indischen Raum. Die Sufis in der islamischen Welt beziehen sich auf einen „inneren Sinn" des Koran, auf eine individuelle, unmittelbare Beziehung zu Gott, und sind weder den Sunniten noch den Schiiten eindeutig zuzuordnen. Sie sind „Solitäre". Manche Sufis sehen den Sufismus als eigene Mystik, über der Religion stehend.

Ihr Ziel ist, Gott so nahe wie möglich zu kommen und auf eigene Wünsche zu verzichten, die Wahrheit Gottes schon in diesem Leben zu erfahren, im Zustand des Einsseins mit Gott, der Einheit mit Gott (tauhid). „Sufismus bedeutet, nichts zu besitzen und von nichts besessen zu werden".[244]

Der Sufismus war historisch wichtig bei der Überzeugung von Nichtmuslimen für den Islam, also etwa für die Missionierung der Ungläubigen in eroberten Gebieten. Zu Mohammeds Zeiten lebten die Sufis als Asketen, auch als Einsiedler.

Ein wichtiger Vertreter des Sufismus war Abu Hamid Muhammad al-Ghazali[245], der das System der gemäßigten Mystik in den orthodoxen Islam eingliederte: Nur durch eine entsagende Lebensweise könne man wirklich zu Gott finden.

Der Autor von rund 500 wichtigen sufistischen Schriften war der besonders Verehrte Ibn al-Arabi, denn durch ihn wurde der Sufismus der Nachwelt in Schriftform erhalten. Er starb 1240.

Sufis sind meist unter Leitung eines Sheiks in Ordensgemeinschaften oder Bruderschaften organisiert.

---

[244] Abu Nasr as-Sarradsch

[245] 1058-1111

Über die Friedfertigkeit des Sufismus und seine Zugehörigkeit zum Islam wird heute lebhaft gestritten. Der „Sufismus könnte aber auch zwischen verfeindeten Konfessionen und religiösen Denkschulen Brücken schlagen“.[246] Bedroht sind die Sufis heute vor allem im Iran, in Pakistan, in der Türkei und vor allem von Seiten der Wahhabiten in Saudi-Arabien.

## Schiiten

Nur etwa 10-15% der Muslime sind Schiiten. Die schiitisch dominierten Staaten sind der Iran, Libanon, Irak, Bahrein, Oman, Aserbaidschan und der Jemen. Verbindet man diese Länder in einem großen Bogen, hat man den sogenannten „schiitischen Halbmond“.

Auch Aserbeidschan hat mit etwa 85% eine schiitische Mehrheit. Schiiten stellen in Bahrein etwa 70% der Gläubigen. In Syrien gibt es eine starke schiitische Minderheit. Syrien wird von einer schiitischen Elite, den Nusairiern (Alawiten) geführt. Daher wird Syrien mit einer sunnitischen Mehrheit oft auch zum schiitischen Halbmond gerechnet.

Der Hauptkonflikt zwischen Sunniten und Schiiten liegt in der Nachfolge Mohammeds. Die Sunniten meinten, dass Mohammeds Schwiegervater, Abu Bakr, der Rechtmäßige wäre, der dann auch tatsächlich die Nachfolge antrat. Die Schiiten dagegen vertraten den Standpunkt, dass nur Mohammeds Vetter und Schwiegersohn Ali ibn Abi Talib und seine Nachkommen das Oberhaupt der Muslime stellen dürfen.

Da die Schiiten keinen Verwandten Mohammeds als Nachfolger und weltlichen Führer des noch jungen Islam durchsetzen konnten, entwickelten sie das Konzept der geistlichen Führerschaft durch einen Imam. Im Koran ist der Imam der höchste Titel, mit dem ein Mensch von Allah ausgezeichnet

---

[246] Gerhard Schweizer

werden kann. So waren vor Mohammed die Propheten Abraham[247], Noah, Moses und Jesus schon Imame!

In der Logik des Koran wurden dann auch Ali ibn Abi Talib und seine Nachfolger als Imame, als „Leitbilder", bezeichnet und als solche hoch verehrt.

Ali wurde erst 656, nach der Ermordung Uthman's, in der Moschee von Medina zum Kalifen gewählt. Damit übernahm er die weltliche und geistliche Führung der noch jungen islamischen Gemeinde von 656 bis 661. Die Wahl wurde vor allem von Mu'awiya ibn Abu Sufyan und der Witwe Mohammeds, A'ischa bekämpft. Es kam zu kriegerischen Auseinandersetzungen. Drei blutige innerislamische Kriege wurden Imam Ali aufgeladen. Elf der verbliebenen Imame wurden von den herrschenden Dynastien ermordet.

Nur Imam Mahdi lebt als der zwölfte Imam nach schiitischer Auffassung noch im Verborgenen. Nach schiitischer, vor allem iranischer Auffassung, ist dieser zwölfte Imam Mahdi der einzige legitime Herrscher und Nachfahre Mohammeds. In dessen Abwesenheit muss die Rechtsprechung durch die muslimischen Rechtsgelehrten und die öffentliche Ordnung durch religiöse Führer, die Imame, aufrechterhalten werden.

Ali und sein sunnitischer Konkurrent Mu'awiya wurden formal abgesetzt. Mu'awiya errichtete in 660 ein Gegenkalifat in Damaskus. Die Partei Alis akzeptierte ihn nicht. So kam es zur nachhaltigen Spaltung, zum Schisma zwischen den Sunniten und der Partei Alis, der Schi'at'Ali. Das Wort schia wird im Koran in der Bedeutung von „Anhänger" verwendet.[248] Ein „schia" der rechtschaffenen Gläubigen ist ein „Anhänger" der Wahrheit. Ali wurde 661 ermordet. Die Partei Ali's zog sich in den Süden des Irak zurück. Die Grabstätten von Ali Ibn Abi Talib in Nadschaf und von Ali's Sohn Husain in Ker-

---

[247] Sure 2:124

[248] Suren 37:83 und 28:15

bela gehören zu den bedeutendsten Heiligtümern der Schiiten. Die Schiiten haben sich dann in verschiedene Gruppen weiter gespalten.

## Imamiten

Die Richtung in der Schia, die zwölf Imame anerkannte, deren letzter als rechtgeleiteter Imam Mahdi am Ende der Zeiten wiederkehren soll, werden als Imamiten oder „Zwölfer Schiiten" bezeichnet. Sie bilden die Mehrheit der Bevölkerung im Iran (91%), Syrien, Irak (55-60%), und im Libanon (35-40%). Sie sind in der Türkei und Afghanistan (15-20%) in der Minderheit. Ebenso in den Emiraten, in Indien und Pakistan mit etwa (10-15%) und in Saudi-Arabien (5%).

## Ismailiten

Die Ismailiten oder „Siebener Schiiten", leben vor allem in Syrien, Afghanistan, Pakistan und Indien. Die etwa 18 Millionen Ismailiten leben verstreut in mehr als 25 Staaten. Die Ismailiten waren aufgrund ihres revolutionären Verhaltens starken Verfolgungen durch die Sunniten ausgesetzt. Die Ismailiten bildeten sich zur Zeit der Abbasiden und erkannten nur sieben Imame an. Die Botschaften des Koran werden von den Ismailiten wesentlich offener, auch allegorisch, ausgelegt. Es bestehen daher auch Gemeinsamkeiten mit den Sufis und Imamiten. Geistliches Oberhaupt ist der Aga Khan.

## Zaiditen

Die kleine Gruppe der Zaiditen oder Fünfer Schiiten, leben im Norden des Jemen, wo ihre Imame bis 1962 über ein eigenes Fürstentum herrschten. In ihrer politischen Theorie ist das Imamat nur den Nachkommen Mohammeds über dessen Enkel Hasan ibn Ali und Husain ibn Ali vorbehalten. Benannt werden die Zaiditen nach dem fünften Imam Zaid ibn Ali, einem Enkel des Prophetenenkels Husain ibn Ali.

## Alawiten

Die Alawiten leben in Syrien und im Libanon, wenige in der Türkei. Sie sind eine schiitische Sekte. Die Wurzeln des alawitischen Glaubens reichen bis ins 9. Jahrhundert zurück. In Syrien, einem Land der sunnitischen Islamrichtung, leben etwa zehn Prozent Alawiten. Sie sind bei der Bevölkerungsmehrheit nicht besonders beliebt. Hafis al-Assad, ein Alawit, putschte sich 1970 in Damaskus an die Macht. Die alawitische Assad Familie mit ihrer sozialistischen Baath Partei führt die Regierung. In den frühen 1980er Jahren kam es zu Zusammenstößen mit der sunnitischen Opposition. In 2000 übernahm der Sohn Baschar al-Assad die Macht und führte das Land 2010 in einen bis heute andauernden blutigen Bürgerkrieg.

In früheren Phasen ihrer Geschichte wurden die Alawiten als Nursairier bezeichnet. Die Alawiten stehen im Ruf, einer „Geheimreligion" anzugehören, über deren Grundlagen relativ wenig bekannt ist. Wohl sehen sie im vierten Kalifen und ersten schiitischen Imam Ali ibn Abi Talib den höchsten gottähnlichen Vertreter Allahs. Auch legen sie die fünf Säulen des Islam allegorisch aus. Darüber hinaus teilen sie ihre alawitische Gemeinschaft in eine religiöse Elite von „Eingeweihten" ein, die von Mohammed in sechzehn Abschnitten direkte Offenbarungen erhalten haben will. Daneben verbleibt eine breite, unwissende Allgemeinheit von Uneingeweihten. Sie sind Hassobjekte vieler Sunniten.

## Aleviten

Die in der Türkei lebenden türkischen und kurdischen Aleviten sind nicht zu verwechseln mit den in Syrien lebenden Alawiten. Die Aleviten sind eine Glaubensrichtung aus dem 13./14. Jahrhundert, die mit dem Zuzug von turkmenischen Stämmen nach Anatolien zusammenhängt. Über Ismail I. besteht ein Bezug zum schiitischen Islam. Sie halten sich nur mit starken Einschränkungen und in Abwandlungen an die fünf Glaubenssäulen des Islam.

Die meisten Aleviten sind Türken und Turkmenen, eine Minderheit sind Kurden oder Aserbeidschaner. Unter den Osmanen wurden die Aleviten als Häretiker verfolgt. Erst mit der Gründung der modernen Türkei unter Mustafa Kemal Atatürk genießen sie im Rahmen des Laizismus Glaubensfreiheit. Zwar sind nach der türkischen Verfassung von 1924 Sunniten und Aleviten gleichberechtigt, doch erhöht sich in den letzten Jahren der Druck auf die Aleviten aus der alles Religiöse beherrschenden Mehrheitsgesellschaft der Sunniten, die knapp 80% der Bevölkerung der Türkei stellen.

Die modernen Aleviten sehen den Alevismus als eine Religion unter vielen in einer multireligiösen Gesellschaft. Eine andere Gruppierung lehnt jede Modernisierung ab.

Fragt man nach dem Grad der Zugehörigkeit der Aleviten zum Islam, muss man sich mit mindestens fünf Strömungen beschäftigen. Beherrschendes Merkmal aller alevitischen Glaubensauffassungen ist die ausgeprägte Verehrung von Imam Ali und den zwölf Imamen.

Aleviten beten nicht in Moscheen, legen den Koran nicht wörtlich aus, und leben auch nicht nach den fünf Säulen des Islam. Sie suchen nach der wahren Bedeutung hinter den Offenbarungen und lehnen damit eine dogmatische Auslegung des Koran ab. Mit den liberalen Auffassungen verbindet sich auch die Ablehnung der Scharia. Die alevitische Glaubenslehre beruht auf der Glaubens- und Entscheidungsfreiheit jedes einzelnen Menschen. Niemand muss etwas tun oder glauben. Selbstbeherrschung, Hilfsbereitschaft, Nächstenliebe und Bescheidenheit werden von den gläubigen Aleviten verlangt.

### Ahmadiyya Muslim Jamaat[249]

Die Ahmadiyya ist eine islamische Religionsgemeinschaft, die in den 1880er Jahren von Mirza Ghulam Ahmad in Britisch Indien, dem heutigen Pakistan, gegründet wurde. Die

---

[249] Ahmadiyya Muslim Jamaat=AMJ

Ahmadiyya steht zwischen Sunniten und Schiiten und sieht sich als Reformbewegung.

Die im Koran nur für die Muslime niedergelegte Glaubensfreiheit soll auch auf die Anhänger anderer Religionsgemeinschaften ausgeweitet werden, fordert die AMJ. Ein Christ dürfte danach nicht zum Islam gezwungen werden, sondern kann seinen Glauben gleichberechtigt neben dem Muslim ausüben. So die offizielle Lehre der „Ahmadis".

Von und über die AMJ kursieren sehr widersprüchliche Aussagen und Befunde. Die Ahmadiyya versucht sich einerseits einen liberalen Anstrich zu geben, und den kämpferischen Dschihad und die Apostasie abzulehnen. Andererseits will sie alle Religionen unter der Fahne des Islam vereinigen.

Das Motto ist, die „Vorherrschaft des Islam" missionarisch durchzusetzen. Dabei soll auf Gewalt verzichtet werden. Glaubensstärke und Missionseifer, „Worte und Feder", wären die eigentlichen Kräfte der Erneuerung. Die AMJ strebt Reformen innerhalb der islamischen Welt an, so tritt sie gegen den Dschihad, die Apostasie und gegen die Frauenfeindlichkeit im Islam auf. Die Ahmadiyya sieht sich zwar als Reformbewegung im Islam, hält aber an den Rechtsquellen Koran, Sunna und Hadithen fest.

Von den beiden Hauptrichtungen Sunniten und Schiiten wird die Ahmadiyya als Häresie betrachtet und daher abgelehnt. Die Ahmadiyya befolgt streng den islamischen Pflichtenkatalog mit Gebet, Fasten, Almosen und hält an der traditionellen Rollenverteilung für Mann und Frau fest. 1914 spaltete sich die Ahmadiyya in zwei mehr oder weniger strenge Gruppen auf, die AMJ[216] mit Sitz in London und die AAIIL[250] mit Sitz in Lahore, Punjab.

---

[250] AAIIL=Ahmadiyya Anjuman Ischat-i-Islam Lahore

Die AMJ wird von einem Kalifen geleitet. Daraus folgt ein ungeklärtes Verhältnis von Religion und Politik mit der Vorstellung eines weltweiten Kalifats. Die Ahmadiyya Muslim Jamaat Deutschland KdöR ist seit den 1920er Jahren in Deutschland vertreten und ist seit 2013 die einzige anerkannte Religionsgemeinschaft als Körperschaft des öffentlichen Rechts. Sie brachte die ersten von heute 48 Moscheen und auch die ersten Koranübersetzungen sowie eine professionelle Öffentlichkeitsarbeit nach Deutschland. Die älteste in Deutschland noch erhaltene „Berliner Moschee" wurde 1925 in Berlin Wilmersdorf eröffnet. Bildung hat bei der AMJ einen hohen Stellenwert. Mit ihrem Sitz in Frankfurt ist die AMJ seit 2013 Träger für den muslimischen Religionsunterricht an Grundschulen in Hessen und eröffnete 2012 das erste Institut für die Ausbildung deutschsprachiger Imame im hessischen Riedstadt. Sie zeigt in Deutschland einen hohen Organisationsgrad und eine straffe hierarchische Struktur.

Hiltrud Schröter und Lale Akgün haben sich in ihren Beiträgen sehr kritisch mit der Ahmadiyya auseinandergesetzt und festgestellt: In einer Doppelstrategie werden einerseits Anpassung und Integration, andererseits fundamentalistische Prinzipien mit dem Endziel eines Kalifats vertreten.

Neben Koran, Sunna und den Hadithen haben die Schriften des Gründers Mirza Ghulam Ahmad besondere Bedeutung. Seine Anhänger sehen in ihm einen von Gott verheißenen Erneuerer des Islam. Hier spielt eine eigenwillige Deutung der Endzeitvorstellung der Schiiten eine Rolle: Das Erscheinen eines Mahdi, der kommen wird, die Lehre des Islam zu erneuern. Dazu dient auch eine seltsame Interpretation des Begriffs „Siegel des Propheten". Danach wäre Mohammed nur der letzte „gesetzgebende" Prophet. Dagegen sagt die Sure 33: 40 sehr klar: Mohammed ist der letzte der Propheten, er ist „das Siegel der Propheten". Der letzte nach allen vorangegangenen Propheten!

# Dem Islam vorausgehende Religionen

## Jesiden

Das Jesidentum hat eine vielleicht 4.000 Jahre alte monotheistische Geschichte, aus westiranischen und altmesopotamischen Religionen, mit späteren Ideenanleihen aus Judentum, Christentum und Islam. Islamische Wurzeln (Yazidiya) gehen zurück auf den Kalifen der Umayyaden Yazid I. ibn Muawiya und auf den charidschitischen Geistlichen Yazid bin Unaisa. Im heutigen Irak liegt das für die Jesiden bedeutende Grabmal des Sufi Scheichs Adi ibn Mussafir und die Stadt Lalisch.

Man schätzt weltweit noch etwa eine Million Anhänger, die ständigen Verfolgungen und Zwangsumsiedlungen ausgesetzt waren. Die nordkurdisch sprechenden Jesiden haben kein „Heiliges Buch" und werden daher von ihren Gegnern zu einer Sekte abgewertet. Jeside wird man durch Geburt, wenn beide Elternteile Jesiden sind. Der Glaube wird mündlich überliefert. Sie glauben an Seelenwanderung und Wiedergeburt, abhängig vom Lebenswandel auf Erden. Gott habe den Menschen die Kraft gegeben, selbstverantwortlich zu denken und zu handeln.

Der durch einen Pfau symbolisierte Engel Melek Taus, der zwischen Gott und den Menschen steht, spielt in ihren Anschauungen eine besondere Rolle, weshalb die Islamisten und der Islamische Staat die Jesiden zu „Ungläubigen" und „Teufelsanbetern" und damit zu ihren Todfeinden erklärt haben. Die vom Islamischen Staat (IS) an den Jesiden verübten Massaker erklärten UNO Experten als Völkermord.

## Zoroastrier

Die auf Zarathustra zurückgehende alte Religion des Zoroastrismus erkennt einen Gott Ahura Mazda. Von ihm gehen sechs gute Geister aus, Erzengel, die den Menschen die guten Eigenschaften bringen. Denen stehen ebenso viele böse Geister gegenüber.

Der Mensch steht auch hier zwischen Gut und Böse. Nach dem Tod wird an der Brücke Cinvat Gericht über das menschliche Tun und Lassen gehalten. Die Guten kommen ins Paradies, die Bösen in die Hölle. In der Endzeitvorstellung bestehen Parallelen zum Jüngsten Gericht, zur Eschatologie im Christentum und im Islam. Neben den beiden großen Religionen Judentum und Christentum sind auch die Glaubensinhalte dieser beiden kleinen Religionen Jesiden und Zoroastrier nur Vorläufer des Islam. Und sie waren Mohammed durchaus bekannt.

## Der politische Islam: Islamismus

Politische Enttäuschung und die von den Muslimen tief empfundene Demütigung durch die Kolonialmächte führte zu unübersehbaren Folgen. Alles verschärfte sich noch mit und nach dem ersten Weltkrieg.

Am 29. Oktober 1914 trat das Osmanische Reich an der Seite der Mittelmächte Deutschland und Österreich in den Krieg ein. Der Sultan Mehmed V. Resad, der auch als Kalif aller sunnitischen Muslime auftrat, rief zum Dschihad gegen England, Frankreich und Russland auf.

Das nutzte England, um den Nationalismus der Araber aufzustacheln, der seit langem gegen die Herrschaft der Osmanen in Konstantinopel gerichtet war. England ließ den Arabern ausrichten, dass man „zur Belohnung" für ihren Einsatz, das osmanische Kalifat wieder in arabische Verantwortung geben wolle. Die Araber glaubten das.

Doch das Vereinigte Königreich plante, sich selbst in den Besitz des osmanischen Erbes zu setzen, wenn der „kranke Mann am Bosporus" besiegt wäre. Wollte England doch einen durchgängigen Weg vom Mittelmeer nach Indien schaffen. Mit der angestrebten Aufteilung des riesigen osmanischen Reichs war die Destabilisierung des gesamten Orients verbunden. Der danach zersplitterte arabische Raum wurde so zur Gefahrenzone mit den bis heute wirkenden Spätfolgen. Zum Verdruss der Engländer lag der „fruchtbare Halb-mond" auch in der Interessensphäre der Franzosen. Und die verlangten auch ihren Anteil.

Nun nahmen zwei Geostrategen die Lineale in die Hand: Colonel Mark Sykes und Francois Georges-Picot, der französische Generalkonsul in Beirut, Libanon, und zogen am 3. Januar 1916 neue Grenzlinien. Das entsprechende „Asia Minor Geheimabkommen" wurde am 16. Mai 1916 unterzeichnet. Das geschah drei Wochen bevor die nichtsahnenden Araber unter ihrem Anführer Emir Husain ibn Ali und seinen Söhnen Abdallah und Faisal, dem späteren König Faisal, im Raum Medina und Mekka mit ihrem Aufstand gegen „Die Pforte" in Istanbul, gegen die Osmanen, losschlugen, in der Hoffnung, wieder ein eigenes Kalifat zu bekommen.

Der Raum nördlich der Linie Haifa-Kirkuk sollte an die Franzosen, der südliche Teil dieser Linie von Jerusalem und Amman bis nach Kuweit an die Engländer und Armenien, sowie Teile Kurdistans an die Russen fallen. Im Vertrag von Sèvres 1920 wurde das Sykes Picot Abkommen erweitert, um Italien und Russland in die Interessensphären einzubinden. Russland sollte Armenien und Teile von Kurdistan erhalten, Italien wurden einige ägäische Inseln und Izmir in Südwest Anatolien zugewiesen. Außerdem garantierte der britische Außenminister Arthur James Balfour den Zionisten in der später so genannten „Balfour Declaration" die Errichtung einer „nationalen Heimstätte in Palästina für das jüdische Volk".

Die daraus folgenden „Nationalstaaten" Jordanien, Libanon, Syrien, Irak und Saudi-Arabien wurden Protektorate der Sieger des Ersten Weltkriegs. Sykes und Picot nahmen bei ihrer Aufteilung keine Rücksicht auf gewachsene religiöse oder ethnische Strukturen. Sie hatten nur die Ölquellen und Wasservorkommen halbwegs „gerecht" den Siegermächten zugeordnet.

1920 beschlossen die Siegermächte auf ihrer Konferenz in San Remo, Großbritannien das Mandat für Mesopotamien, den späteren Irak, und Palästina, später Israel und Jordanien, sowie Frankreich das Mandat für Syrien und den Libanon, zu übertragen.

Faisal war ausgebootet, und musste aus seinem „Königreich" in Damaskus verschwinden. Seine Träume von einem arabischen Kalifat waren ausgeträumt. Als Entschädigung wurde er 1921 mit dem Titel eines Königs für den neuen Staat Irak versorgt. Großbritannien sicherte sich aber Rechte an Ölquellen und Militärstützpunkten im Irak, der erst 1930 formal unabhängig wurde. Die ölreiche Region am Persischen Golf, das spätere Kuwait, wurde abgetrennt und direktes britisches Protektorat. Auf ethnische und kulturelle Strukturen wurde keine Rücksicht genommen.

Die Türkei, Saudi-Arabien und der Iran hatten später eigene Gründerväter. Der Libanon, Syrien, Irak, Jordanien und Israel wurden verächtlich „Kinder Englands und Frankreichs" genannt. Für die Region war das Sykes-Picot Abkommen ein Desaster, für die 200 Millionen Araber war und ist es heute noch: Verrat! Verrat des Westens!

Die so hintergangenen und düpierten Araber schworen Rache. Hier liegt auch die Wurzel des Hasses und des tiefen Misstrauens gegenüber dem „betrügerischen Westen", vor allem gegen Engländer und Franzosen. Beides wirkt bis heute nach und vergiftet das Klima zwischen dem islamischen Orient und dem christlichen Abendland nachhaltig. Darum sind vor allem London und Paris die Ziele des islamistischen Terrors des „Islamischen Staat". Das Motiv ist immer noch: Rache für den Verrat!

### Die Gründer des Islamismus

Das Fundament für den Islamismus legten zwei arabische Lehrer und ein indischer Journalist: Hasan al-Banna, Sayyid Qutb, und Abul Maududi.

Im März des Jahres 1928 gründet der arbeitslose Grund-schullehrer Hasan al-Banna in Ismailia am Suezkanal die Organisation der Muslimbrüder[251]. Sie war zunächst karitativ gedacht, entwickelte sich dann aber zu einer hierarchisch gut organisierten Partei. Al-Banna wollte soziale Verbesserungen, die Neuordnung Ägyptens nach den Gesetzen des Islam und die Vertreibung der „westlich dekadenten" britischen Kolonisatoren. Er suchte die radikale gesellschaftliche Veränderung. Sein Credo: „Den Ideologien des Westens muss widerstanden werden". Die bis heute gültigen Leitsätze der Muslimbrüder formulierte Al-Banna: „Gott ist unser Ziel. Der Prophet ist unser Führer. Der Koran ist unsere Verfassung. Der Dschihad ist unser Weg. Der Tod für Gott ist unser nobelster Wunsch".

Als zweiter Gründer ist der Journalist Sayyid Abul A'la Mau-dudi zu nennen. Dieser Theoretiker forderte Allah als alleinigen Gesetzgeber und lehnte jede menschengemachte Ordnung als gottlos ab. Der islamische Staat wird im Dschihad errichtet: Die fünf Säulen des Islam dienen der Vorbereitung auf den Dschihad.

Zusammen mit Sayyid Qutb gelten Al-Banna und Maududi als wichtigste Theoretiker des politischen Islam, des „Islamismus", der Einheit von weltlicher und religiöser Macht im islamischen Gottesstaat.

Der Lehrer Sayyid Qutb entwickelte in seinen „Wegzeichen" 1964 eine noch militantere Ideologie des „Islamismus" und forderte: Auch rückständige muslimische Gesellschaften dürfen von rechtgläubigen Muslimen gestürzt werden, um einen Gottesstaat zu errichten.

Im Zuge des im sunnitischen Islamismus bereits angelegten Panislamismus breiteten die Muslimbrüder sich auch in den Nachbarstaaten Ägyptens, in Syrien, Jordanien, Saudi-Arabien, Sudan, Algerien, Libyen und der Türkei aus.

---

[251] Jamiyat al-Ikhwan al-muslimin

In Europa wirkt die „Föderation Islamischer Organisationen in Europa"[252] als Dachverband unterschiedlicher, den Muslimbrüdern nahestehender Organisationen.

In der Türkei wurde der Ziehvater Erdogans und Gülens, der Gründer verschiedener islamistischer Parteien, Necmettin Erbakan, der eigentliche Islamistenführer. Er war auch Vordenker der Milli Görüs Bewegung[253]. Erbakan wollte die Türken unter dem gemeinsamen ideologischen Dach von Islamismus und Nationalismus vereinen und in der kemalistischen Türkei ein islamistisches Staatswesen errichten. Nach einer wechselvollen, teils umstürzlerischen Geschichte vor allem in Ägypten, stufte die ägyptische Regierung die Muslimbrüder im Dezember 2013 als Terrororganisation ein. Neben Wahhabismus und Salafiyya zählen die Muslimbrüder zu den einflussreichsten Wegbereitern des modernen Islamismus.

## Die Hinterlassenschaft: Eine Ideologie

Der „Politische Islam" ist die Chiffre für all die Untaten, die heute im Namen des Islam begangen werden. Er ist die alles überwölbende Ideologie für Macht und Gewalt, die sich mit dem Begriff „Islamismus" verbindet. Der „politische" Islam ist der Missbrauch des Islam für politische Zwecke der gewaltbereiten Islamisten.

Die islamistische Ideologie, der „Islamismus", geht von einer göttlichen Ordnung aus, der sich Staat und Gesellschaft im „Gottesstaat" unterzuordnen haben. Der Islam wird als Lebens-, Staats- und Weltordnung absolut gesetzt. Er wird fundamentalistisch, nach dem Fundament, den göttlichen Worten des Koran, ausgelegt. So verbindet der politische Islam die Fundamente der Religion mit der gewaltaffinen Aktionsform des Islamismus zu einer in sich tragfähigen Einheit. Der Islamismus vereinnahmt den Islam.

---

[252] Föderation Islamischer Organisationen in Europa"= FIOE
[253] Nationale Weltsicht, 1973

In Ägypten und Syrien verfolgte Islamisten gingen als Muslimbrüder, Studenten oder Arbeitsmigranten auch nach Europa. Hierzu die Kritik und Erklärung von Tilman Nagel: „Eine Unterscheidung von Islam und Islamismus ist ohne Erkenntniswert: Sie sind so lange nicht voneinander zu trennen, wie Koran und Sunna als absolut und für alle Zeiten wahr ausgegeben werden".

Der Islam selbst ist nach Nagel schon „fundamentalistisch".

## Der Fundamentalismus

Fundamentalismus ist ein ungenauer Begriff, da er im religiösen Kontext eine theologische Position beschreibt: Heilige Schriften müssen wörtlich verstanden werden. Sie dürfen nicht von ihren immanenten Mythologien losgelöst, oder aus ihrem zeitlichen Horizont herausgenommen, heute neu ausgelegt und schon gar nicht modern interpretiert werden.

Unter den Fundamentalisten finden wir neben den orthodoxen Sunniten auch die Wahhabiten, Salafisten und Islamisten. Unter „Fundamentalismus" verstehen wir heute die oft fanatische religiöse Überzeugung, im alleinigen Besitz der einzigen und ursprünglichen Wahrheit über das Wesen und den Willen Gottes zu sein. Und mit dieser Begründung auch radikale Herrschaft ausüben zu können. Eine Herrschaft im Namen Gottes.

Die heute erkennbare Radikalisierung unter Muslimen ist dann auch immer eine Rückwendung, eine Rückbesinnung auf den Ursprung der eigenen Religion! Radikalisierung ist nicht modern, sondern immer rückwärtsgewandt! Der Anspruch des „göttlichen Rechts" verträgt sich nicht mit den Prinzipien „Freiheit", „Demokratie" und „Rechtsstaat".

Der Berliner Soziologe und Migrationsforscher Prof. Ruud Koopmans vom Wissenschaftszentrum Berlin definiert in einer Studie aus sechs europäischen Ländern den „Religiösen Fundamentalismus" unter Muslimen und Christen mit einer Kombination aus drei Bedingungen: Befürwortung einer Rückkehr zu den Wurzeln des Glaubens. Befürwortung, dass nur eine Interpretation der heiligen Schrift möglich ist. Befürwortung, dass diese Interpretation wichtiger sei als die weltlichen Gesetze.

Diese drei Bedingungen definieren nach Koopmans den religiösen Fundamentalismus. Da wir diese drei Elemente schon in den Traditionen des Judentums und des Christentums finden, ist der „Fundamentalismus" älter als der Islam. Damit ist der Fundamentalismus auch wesentlich älter als der „Islamismus", dessen Wurzeln in der ersten Hälfte des 20. Jahrhunderts liegen.

Nur wer alle drei Bedingungen bejaht, wird nach Koopmans als „religiöser Fundamentalist" definiert. Das waren in Deutschland 30% der von Koopmans befragten Muslime. Die Studie des Wissenschaftszentrums Berlin sagt auch: Siebzig Prozent der Muslime in Deutschland haben keine fundamentalistische Einstellung. Mit dreißig Prozent Fundamentalisten in der muslimischen Bevölkerung ist der Anteil aber wesentlich größer, als er in öffentlichen Debatten dargestellt wird. Er wird hier nur politisch klein geredet.

Auch stellte Koopmans fest, „dass die Religion für den ökonomischen Misserfolg eingewanderter Muslime auf dem Arbeitsmarkt eine entscheidende Rolle spielt. In allen europäischen Ländern liegen muslimische Immigranten bei allen Merkmalen der Integration hinter allen anderen Einwanderergruppen. Das gilt für den Arbeitsmarkt, aber auch für Bildungsergebnisse, für interethnische Kontakte mit der einheimischen Bevölkerung, und für die Identifikation mit dem Wohnland". Soweit Koopmans.

Koran und Sunna, die „Tradition", sind den Islamisten der Steinbruch, aus dem sie sich für ihre islamistischen Gedankengebäude die Bausteine holen. Sie bauen sich ihr Konstrukt, „Islamismus" genannt, aus den Versatzstücken einer ihnen im Kern fremden Religion, dem Islam.

Mohammeds kleiner Stadtstaat in Medina, die kleine Urgemeinde des Islam, der die Bilder und Vorstellungen des Koran trägt, wird von den Islamisten als Modell für heutige islamische Staaten betrachtet. Nur muss man dazu wissen: Der Koran kennt rechtliche Handhabungen und Regeln, aber keine „staatsrechtlichen" Vorstellungen. Es gab ja auch keine „Idee" eines „Staatsgebildes" im Arabien des 7. Jahrhunderts, in der Welt der Stämme, Stammesherrscher und der Stammeskriege mit ihren eigenen Regeln. Erst in der Person Mohammeds fanden weltliche und religiöse Macht zur Einheit, zum politischen Islam. Bei ihm lag diesseitige und jenseitige Macht in einer Hand, in seiner Hand: Der „Staat" durch und unter Gott war erfunden, der Gottesstaat, im Islam.

Gottes Wort und die Worte des Propheten bilden die Grundlage für das islamische heilige Recht, die Scharia, ein Recht, dessen Ausformung bis zum Ende des achten Jahrhunderts dauerte. Im „fundamentalen" Islam des 7. Jahrhunderts ist der Koran wörtlich und unabänderlich zu verstehen und zu leben. Manche Kritiker nennen diese Vorstellungen auch relativierend und verschleiernd einen „Steinzeitislam". Die Ziele der Errichtung eines Gottesstaates auf Grundlage des islamischen Rechtes, der Scharia, werden im „heiligen Krieg", dem „kleinen" Dschihad, gegen die Feinde des Islam auch mit Gewalt durchgesetzt. Die aus dem Dschihad abgeleitete Ideologie nennt man heute „Dschihadismus". Ausgeblendet ist beim Dschihadismus, dass der koranische Dschihad auch das zu den muslimischen Grundpflichten gehörende Streben, nach den islamischen Sittengeboten zu leben, einfordert. Dieses Streben wird der „Große Dschihad" genannt, der sich auf die ethische und religiöse Pflicht zur Selbstbeherrschung und Selbstvervollkommnung bezieht.

Auf das Verhältnis von Religion zu Gewalt bezog sich Papst Benedikt XVI. in seiner sehr komplexen Regensburger Vorlesung über „Glaube und Vernunft" am 12. September 2006, als er den byzantinischen Kaiser Manuel II. Palaiologos[254] mit der Frage an seinen persischen Gesprächspartner zitierte: „Zeig mir doch, was Mohammed Neues gebracht hat, und da wirst du nur Schlechtes und Inhumanes finden wie dies, dass er vorgeschrieben hat, den Glauben, den er predigte, durch das Schwert zu verbreiten".

Für dieses „zitierte Zitat" wurde Papst Benedikt von der islamischen Umma massiv angegriffen, obwohl er in seiner Rede gleich anschließend auf die Klärung durch Kaiser Manuel II. verweist, „warum Glaubensverbreitung durch Gewalt widersinnig ist, steht Gewalt doch im Widerspruch zum Wesen Gottes und zum Sinn des Glaubens".

In der islamischen Welt verbanden sich Protest und Unverstand zu einem Sturm der Entrüstung über die Papstrede. Papst Benedikt musste seine Regensburger Vorlesung für die muslimische Welt noch einmal mit 13 Fußnoten und einigen Textänderungen präzisieren.

So kann man festhalten: Islamisten formen aus dem klassischen, theologisch begründeten Fundamentalismus die Ideologie einer modernen, politischen Herrschaftstheorie, die erst spät in der Auseinandersetzung mit europäischen Weltanschauungen entwickelt wurde. Diese Ideologie ist der moderne „Politische Islam" mit seinen drei Komponenten: Fundamentalismus, Islamismus, Dschihadismus.

## Fundamentalismus, Islamismus, Dschihadismus

Der Weg zum Terrorismus geht über drei ideologische Vorläufer in ihrer gewaltaffinen Steigerung, über den Fundamentalismus und Islamismus bis zum Dschihadismus. Der letzte Schritt zum heutigen Terrorismus ist dann nicht mehr weit.

---

[254] Von 1350 bis 1425

Die terroraffinen, national gebundenen Organisationen wie die Hamas und die Hisbollah[255] gehören ebenso zum Dschihadismus, wie die abwiegelnd „Dschihadisten" genannten international verzweigten und digital vernetzten Terroristen, die in Europa Attentate in öffentlichen Einrichtungen und Morde an Zivilpersonen verüben. Ferner sind das selbsternannte Kalifat des Abu Bakr al Baghdadi „Islamischer Staat" in Syrien, im Irak und in Libyen sowie die regionalen Ableger der international agierenden „al-Qaida" Vertreter der gleichen Gewaltideologie des radikalen Islamismus. Der IS strebt eine lokale Herrschaft mit absoluter Macht in streng hierarchischen Herrschaftsstrukturen an.

Im radikal islamischen Umfeld gelten Selbstmordattentäter als Märtyrer, denen der unmittelbare Weg ins Paradies mit seinen Wonnen, den „72 Jungfrauen", sicher sein soll. Diese Verheißung ist sicher ein Motiv für junge Islamisten, im Dschihad, dem „Heiligen Krieg", das Leben für „die Sache Allahs" zu geben. Im Dschihadismus wirken die Endzeitvorstellungen des Islam besonders stark.

**Perversion des Dschihadismus: Terrorismus**

Dazu Tahar Djaout, algerischer Schriftsteller:

„Wenn du redest, stirbst du. Wenn du nicht redest, stirbst du auch. Also sprich und stirb!"

Eine Woche nach diesem Interview, am 26. Mai 1993, wurde Tahar Djaout von der „Groupe Islamique Armé" ermordet. Er wurde 39 Jahre alt.

Die letzte und brutalste Steigerungsform der gegenwärtigen, aber rückwärtsgewandten Radikalisierung des Islam, ist der Schritt vom Dschihadismus zum Terrorismus. Geht es um Morde und Attentate im Namen des Islam, um den Terror in der Welt, fallen die Begriffe Fundamentalismus, Islamismus,

---

[255] Hizb' Allah

Dschihadismus und Terrorismus meist undifferenziert, aber medial verstärkt, zusammen.

Die Akteure des Terrors finden und binden sich in gewaltbereiten Organisationen und werden dann vereinfachend Fundamentalisten und Islamisten, oder weit zutreffender Dschihadisten und Terroristen genannt. Islamistischer Terror ist keine spontane Erscheinung, sondern er bereitet sich lange vor, kann eine ganze Generation dauern oder überdauern. Das Ziel dieses Terrors ist, die westlichen Gesellschaften selbst zu radikalisieren, sie zu polarisieren und damit ein friedliches Zusammenleben zwischen Menschen verschiedener Ethnien und Religionen zu zerstören. Diese Form des islamistischen Terrors provoziert demokratische Länder bewusst zum Hass auf Muslime, will den Bürgerkrieg, will die Bürger zum offenen Krieg der „Ungläubigen" gegen die Muslime treiben. Der Terror mit blutigen Anschlägen ist dafür das Instrument!

Die ungelöste Frage ist dann: Wie lange halten Gesellschaften Terror aus? In den drei breiten und wichtigen Aktionsfeldern jedes Staates, in Wirtschaft, Politik und Religion, setzt der Terrorismus auf den beiden letzten Feldern an und versucht dort die schleichende Radikalisierung der Zivilgesellschaft, den inneren Konflikt, zu legen und zu schüren.

Träger und Ausführende des Terrors sind dann die im „Kalifat" des IS oder in den islamistischen Szenen Europas für die Selbstmordanschläge indoktrinierten Dschihadisten. Sie suchen mit dem Sinn ihres neuen Lebens als Krieger des Dschihad nach Orientierung, nach Anerkennung, und nach ideologischer Gemeinschaft in dem von ihrem neuen Islamverständnis versprochenen Paradies. Dabei greifen Sie nach der Formel: Ihr liebt das Leben, wir lieben den Tod! Im heiligen Krieg für Allah als Märtyrer sterben! Und rufen Allahu akbar!

Die Zahl der Terrororganisationen wächst stetig durch konfessionelle, regionale und ethnische Abspaltungen. Wollen wir den damit verbundenen Gewaltbegriff im alles überwölbenden „Politischen Islam", mit seiner Steigerung zum Dschihadismus klären, müssen wir uns mit dem Dschihad etwas ausführlicher beschäftigen.

## Der Dschihad

Was bedeutet eigentlich das Wort „Dschihad"? Ist es ein „Heiliger Krieg", wie der koranische Begriff häufig, aber ungenau, übersetzt wird? Wörtlich heißt Dschihad[256] „sich anstrengen, sich abmühen, streben nach etwas" oder wie es in der Sure 22:78 heißt: *„...und müht euch um Allahs Willen ab, wie es sich gehört"*. Etwas freier übersetzt: Und setze dich mit aller Kraft dafür ein, dass Allah Gefallen an dir findet: „dschihad", strebe danach. Das heißt dann substantivisch gewendet Anstrengung, Kampf, Mühe, Einsatz.

Die zugefügte Eigenschaft „heilig" ist eine spätere Überhöhung des Begriffs und findet sich nicht im Koran. Gemeint ist wohl eher ein „gerechter" Krieg. Der Dschihad sollte zuerst ein Kampf des einzelnen Muslims gegen seine Selbstsucht sein, gegen die eigenen schlechten Eigenschaften, das ist der „große Dschihad".

Dann gibt es aber auch den anderen, den „kleinen Dschihad", der „Kampf und Anstrengung auf dem Wege Gottes" fordert[257], oder nach Sure 9:20:

*„Diejenigen, welche in Allahs Weg eiferten mit Gut und Blut"*

ermutigen soll. Mit den sich im Koran wiederholenden Beschreibungen „auf dem Wege Allahs, mit Gut und Blut", ist immer auch ein bewaffneter Kampf gemeint. Dieser „kleine Dschihad" ist eine religiöse, aber auch eine zur Gewalt aufrufende Pflicht.

---

[256] Oder „jihad" von „dschahada"

[257] Sure 2:190

Nur waren Mohammeds Anhänger in Mekka noch zu schwach für einen offenen Kampf. Die kriegerischen Koranverse wurden erst während der Auseinandersetzungen Mohammeds mit seinen arabischen, jüdischen und christlichen Gegnern in Medina offenbart.

In der mekkanischen, in der friedlichen Zeit Mohammeds, gibt es noch keinen Dschihad. Allah befiehlt ihm Geduld. Dann aber kommt die medinische Zeit. Erst nach der Hidschra, im Jahre 622, der Flucht aus Mekka nach Medina, erhält Mohammed die Erlaubnis zum bewaffneten Kampf in der medinischen Sure „Die Pilgerfahrt".[258]

In der Übersetzung von Rudolf Paret:

> „Denjenigen, die (gegen die Ungläubigen) kämpfen, ist die Erlaubnis (zum Kämpfen) erteilt worden, weil ihnen (vorher) Unrecht geschehen ist, die zu Unrecht aus ihren Wohnstätten vertrieben wurden, nur weil sie sagten: Unser Herr ist Allah. Allah hat die Macht, ihnen zu helfen"

Hier wird ganz eindeutig der Verteidigungskrieg als Vergeltung zugelassen. In der dritten Phase erhält Mohammed den göttlichen Auftrag zum Kampf gegen die Ungläubigen und deren Vertreter[259].

> „Und kämpft um Allahs Willen gegen diejenigen, die gegen euch kämpfen. Aber begeht keine Übertretung (indem ihr den Kampf auf unrechtmäßige Weise führt)! Allah liebt die nicht, die Übertretungen begehen" (Sure 2:190).

> „Und tötet sie, wo ihr sie trefft, und vertreibt sie, von wo sie euch vertrieben haben".[260]

Krieg ja, aber mit Auflagen!

---

[258] Sure 22:39-40

[259] Suren 2:190-193, 47:4-6

[260] Sure 2:191

*„Wenn sie jedoch (mit ihrem gottlosen Treiben) aufhören (und sich bekehren), so ist Allah barmherzig und bereit zu vergeben"* [261]

*„Und kämpft gegen sie, bis nur noch Allah verehrt wird"* [262]

Die Steigerung der Kriegsziele folgt dann in den sogenannten „Schwertversen". In den „Schwertversen" der Sure 9 „Die Reue" erhalten die Muslime den Befehl, den Kampf gegen die Götzendiener [263] fortzusetzen [264] und den Kampf gegen die „Buchbesitzer" (Juden, Christen) aufzunehmen [265], bis diese den Tribut, das Kopfgeld, zahlen und ihre Unterwerfung akzeptieren. Der in diesen Suren beschriebene und geforderte Kampf richtet sich gegen definierte, bekannte Gegner, nicht gegen Zivilpersonen. Auch war -zumindest bis zum Ende des Kalifats der Abbasiden im Jahre 1258- der Kampf im Namen des Islam an die Befehlsgewalt des jeweiligen Herrschers, Kalifen oder Imam, gebunden, der die Zustimmung der religiösen Gelehrten gebrauchte.

In der klassischen islamischen Rechtsprechung gilt der Dschihad als der einzig zulässige Krieg gegen Nichtmuslime. Auch der Kampf gegen die vom Islam Abgefallenen, die Apostaten, gegen Aufrührer und Fahnenflüchtlinge ist erlaubt. Den Dschihad als religiöse Pflicht gibt es nur als Krieg gegen Nichtmuslime und Apostaten. Zu diesen Themen liegt die umfangreiche Siyar Literatur vor, das islamische Kriegs- und Völkerrecht.

Das Ziel des Dschihad ist ganz eindeutig die Stärkung des Islam, der Schutz der Muslime in aller Welt und die Beseitigung des Unglaubens. Der tiefere Sinn des Dschihad, oft nur

---

[261] Sure 2:192

[262] Sure 2:193

[263] Heiden, Ungläubige

[264] Sure 9:5

[265] Sure 9:29

zögernd eingeräumt, ist die Vormachtstellung des Islam auf dem Globus.

*„Allah ist es, der seinen Gesandten mit der Rechtleitung und der wahren Religion geschickt hat, um ihr zum Sieg zu verhelfen über alles, was es (sonst) an Religionen gibt.*[266]

Die Terroristen, die heute den Islam als Rechtfertigung ihrer Gewalttaten missbrauchen, beanspruchen die salafiyya, die klassische Haltung der „Wegbereiter, Vorgänger, Altvorderen" als Begründung ihres Terrors: Der Koran sei wörtlich zu verstehen, so wie die „Altvorderen" ihn in ihrer islamischen Urgemeinschaft verstanden haben. Gemeint ist damit, der Haltung der „rechtschaffenen Altvorderen" (salaf), der Muslime der drei ersten (sunnitischen) Generationen des Islam und ihren Kalifen, zu folgen. Dabei war diese Zeit von Hass und Gewalt geprägt. Nur der erste der vier rechtgeleiteten Kalifen, Abu Bakr, starb eines natürlichen Todes. Die drei folgenden Rechtgeleiteten Kalifen wurden ermordet. Mohammeds Familie wurde praktisch ausgelöscht. Die Konsequenz dieser Verherrlichung der Frühzeit des Islam ist dann die Salafiyya: Nur die Worte des Koran sind verbindlich! So erklärte schon im 9. Jahrhundert Ahmad Ibn Hanbal nur den Korantext zur alleinigen Glaubensgrundlage. Denn so hätten schon die Altvorderen den Koran verstanden! Und wer den Lehrern der Salafiyya nicht folgt, ist kein wahrer Muslim! Das ist der Inhalt der Salafiyya. Sie ist im Kern vernunftfeindlich. Und sie ist machtpolitisch extrem, denn sie verherrlicht die Vitalität der ersten islamischen Generationen von Eroberern.

Sie schafft damit auch eine rückwärtsstrebende Utopie, einen Ur-Islam der Zukunft! Die Salafiyya grenzt sich selbst aus, sie verlässt die Glaubenswelt der muslimischen Mehrheit. Das Sakrale wird politisiert. Das salafistische Herrschaftskonzept sieht die wörtliche Koranauslegung auch als

---

[266] Sure 9:33 und auch 2:193 nach Übersetzung Paret

die alleinige Lösung für alle Probleme der realen Welt. Machtausübung und Unterordnung sind nach der Salafiyya religiöse Pflichten: „Gehorcht Gott und dem Propheten und denjenigen von euch, welche die Macht, die Befehlsgewalt, besitzen".[267]

Die Anhänger der Salafiyya glauben auch, den Weg ins Paradies zu kennen: Über den Dschihad. Diese Textgläubigkeit hat sich in der Ideologie des Salafismus bis heute erhalten.

Ibn Hanbal trat vor allem gegen die herrschenden Eliten am Kalifenhof in Bagdad auf, die sich durch Philosophie, allegorische Deutung und offene Interpretation des Korantextes, in ihrer Mu'tazila, zu weit von Allah entfernt hätten. Die traditionalistische Haltung Ibn Hanbals ging später in die hanbalitische Rechtsschule der Sunniten ein. Die Gegenposition in der Mutazila gab der Textauslegung durch Verstand und Logik den Vorrang vor einer rein wörtlichen Interpretation von Koran und Sunna. Die Mutazila, arabisch „die sich Absetzenden"[268], hatte ihre Blütezeit zwischen dem 9. und 11. Jahrhundert, war stark von der griechischen Philosophie beeinflusst und stellte die Willensfreiheit des Menschen in den Mittelpunkt ihrer Lehre.

Doch die Salafiyya setzte sich gegen die Mutazila durch. Es kam dann der Rückgriff auf den hanbalitischen Rechtsgelehrten Ibn Taymiyya[269] hinzu. Von ihm wird im 13. Jahrhundert aus dem Korantext der Dschihad ausdrücklich als Krieg gegen die Ungläubigen proklamiert. Begründet aus der Zeit der mongolischen Einfälle in die muslimische Welt mit der Zerstörung Bagdads.

Im 18. Jahrhundert folgte dann noch die Rechtfertigung des Dschihad durch den Begründer der wahhabitischen Lehre,

---

[267] Sure 4:59

[268] i' tizal, sich Absondern

[269] *22.1.1263 in Harran, † 1327 in Damaskus

den hanbalitischen Rechtsgelehrten Muhammad ibn Abd al-Wahhab[270] Auch er ein Anhänger der Salafiyya.

Die strenge Textgläubigkeit der Salafisten wurde zur religiösen Vorgabe, zur Grundhaltung für den „reinen" Muslim. Das unkritische Festhalten am Text des Koran und an der Tradition (Sunna) ohne exegetische Kenntnis prägen heute salafistisches Denken, die religiöse Praxis der Salafiyya, den Islamismus und den Dschihadismus.

Anhänger der Salafiyya sind Muslime, die behaupten, den Weg ins Paradies zu kennen. Muslimen, die dieser Auffassung nicht folgen, wird das Muslimsein abgesprochen. Die Salafisten des 20. und 21 Jahrhunderts behaupten, der Westen führe Krieg gegen die Muslime und erklären ihre Aggressionen damit, den Islam zu verteidigen. Sie beanspruchen in ihrer radikalen Ausprägung die Gewaltausübung für sich selbst und distanzieren sich damit von einer im Westen üblichen legitimierten Staatsgewalt. Zur Rechtfertigung ihrer sich selbst angemaßten Gewaltausübung gründete die radikal sunnitische Terrormiliz des Islamischen Staates ihren eigenen „Islamischen Staat in Irak und Syrien" (ISIS) mit dem selbsternannten Kalifen Abu Bakr al-Baghdadi.

Als unmittelbares Ziel des Dschihad galt in der klassischen Zeit die Stärkung der islamischen Religion, der Schutz der Muslime und die Beseitigung des Unglaubens in der Welt mit dem Ziel einer umfassenden islamischen Vormachtstellung auf dem Globus.

Viele Koranverse fordern die Muslime zum Kampf gegen Ungläubige auf und versprechen den im Kampf Gefallenen Belohnungen im Jenseits, im Paradies.[271] Wer nicht am Kampf teilnimmt, wird mit Strafen bedroht.[272]

---

[270] *1703, † 1792

[271] Suren 3:169, 3:157-158, 170-172

[272] Suren 9:81- 82, 48:16

Nach klassisch islamischem Verständnis von Völkerrecht wird die Welt eingeteilt in ein „Haus des Islam", Dar al-Islam, und ein „Haus des Krieges", Dar al-Harb. „Haus des Islam" bezeichnet alle Gebiete unter islamischer Herrschaft. Die Gebiete außerhalb des Dar al-Islam gelten als zum Haus des Krieges gehörig. Es ist die Pflicht der islamischen Gemeinschaft, möglichst große Teile des Dar al-Harb auch auf militärischem Wege dem Haus des Islam einzuverleiben.[273]

Der hier begründete Gegensatz „Freund oder Feind", „Frieden oder Krieg" wird von den Islamisten und Dschihadisten missbraucht: Die Welt ist für oder gegen den Islam. Die westliche Welt bekämpfe den Islam und muss deshalb bekämpft werden. Ein Komplex fortwährender Verfolgung des Islam wird gepflegt. Unbewiesene Behauptungen und fehlende Koranexegese dienen dann den gewaltbereiten Dschihadisten zur Rechtfertigung ihres Terrors.

Wieder zurück in die klassische Zeit des Islam:

Im Koran und in der Sunna bedeutet Dschihad also auch militärischer Kampf. Das Nomen Dschihad kommt im Koran viermal vor, mit seinen Verbformen aber fünfunddreißig Mal, meist mit dem Zusatz „auf dem Wege Gottes" oder „mit Gut und Blut". Der Dschihad beschreibt sowohl den Kampf gegen Andersgläubige als auch die bewaffnete Verteidigung des Islam. Nach klassischer islamischer Rechtslehre (Fiqh) dient dieser Kampf der Erweiterung aber auch der Verteidigung islamischen Territoriums, bis der Islam die herrschende Religion ist. Manche sunnitische Rechtsgelehrte rechnen den Dschihad als sechste Säule zu den fünf Säulen des Islam hinzu. Die Übersetzung als „Heiliger Krieg" ist wohl eher etwas überhöht und wie erwähnt auch nicht zutreffend.

Einzelne schiitische Theologen der klassischen Zeit unterschieden ebenfalls zwischen dem größeren Dschihad im Sinne eines spirituellen Kampfes gegen innere Gelüste und

---

[273] Suren 9:20-22, 33 und 2:193

dem kleineren Dschihad im Sinne einer militärischen Konfrontation gegen einen äußeren Feind. Postklassische Islam-Juristen gliederten vier Arten des Dschihad:

- Den Dschihad des Herzens, Befolgen der Gebote
- den verbalen Dschihad durch Worte der Wahrheit,
- den Dschihad durch Taten,
- und den Dschihad des Schwertes.

Also Dschihad als:

1. Den inneren Kampf gegen Unglauben und Selbstsucht in sich selbst, die Verinnerlichung der Scharia

2. Die öffentliche „Bekundung der allgültigen Wahrheit" des Islam

3. Kampf durch richtiges moralisches Verhalten gegenüber Dritten

4. Militärischen Kampf auf dem Wege Gottes

Der Dschihad in heutiger Zeit als bewaffneter Kampf auf dem Wege Gottes gegen Ungläubige, Unbewaffnete, gegen Zivilisten, mit Frauen und Kindern als einkalkulierten Opfern, überschreitet die Grenzen des Dschihadismus und führt in den Terrorismus. Zellen des Dschihad in Europa verbreiten hier vor allem mit ihren Anschlägen auf unbeteiligte Zivilisten Schrecken, Angst und Panik. Dabei nehmen sie auch den Tod von Muslimen in Kauf. Sie töten wahllos! Diese Dschihadisten, wegen Ziel und Ausführung Terroristen genannt, wissen, dass sie einen Krieg gegen den Westen und gegen westliche Zivilisation militärisch nicht gewinnen können. Daher greifen sie zu Terrorakten.

Diese Anschläge aus dem Hinterhalt vor allem auf „weiche Ziele" wird Terror genannt, sie sollen Angst und Schrecken erzeugen, zur Spaltung der angegriffenen Gemeinschaften, ziviler Einrichtungen und Staaten beitragen, und am Ende zur Unterwerfung unter den Islam führen.

In den ersten Jahrhunderten nach Mohammeds Tod entwickelte die klassische islamische Rechtslehre (Fiqh) den Dschihad Begriff als Kampf zur Erweiterung und Verteidigung des islamischen Territoriums, bis der sunnitische Islam dort und überall als die herrschende Religion angenommen wird. Er ist die einzig zulässige Form eines Krieges gegen Nichtmuslime und gegen die vom Islam Abgefallenen, also gegen die Apostaten.

Die Schiiten warten mit dem Dschihad noch, bis der verborgene Imam Muhammad ibn al-Hasan al-Mahdi, der Erlöser, erscheint und den Dschihad gegen die Ungläubigen anführt. Zur Verteidigung des Islam ist der Dschihad aber auch im schiitischen Glaubensverständnis verpflichtend.

Mit der Gründung der Muslimbruderschaft 1928 in Ägypten diente der kriegerische Dschihad auch als Legitimation für den Widerstand gegen die europäischen Kolonisatoren. Seit den 1980er Jahren sehen sich gewaltbereite Islamisten im globalen Dschihad gegen alles Unislamische in der Welt.

Der Übergang vom Dschihadisten zum Terroristen ist nur abhängig vom Grad der Radikalisierung und dem akuten Status der Indoktrination.

# Die Terrorakte

## 22. März 2017: London

Der britische Muslim Khalid Masood rast mit einem Auto über die Westminster Bridge, und tötet fünf Menschen. 40 weitere Passanten werden zum Teil schwer verletzt. Die Terrormiliz IS reklamiert die Morde für sich und „ihren Soldaten" Masood.

## 1. Januar 2017: Istanbul

Die Silvesterparty im Nachtklub „Reina" am Bosporus endet in einem Blutbad mit 39 Toten und 65 Verletzten. Die Morde reklamierte der IS[274] für sich, der Täter wäre ein „Soldat des Islamischen Staates". Ein Usbeke. Damit hatte die Türkei im Jahr 2016 einundzwanzig Anschläge mit islamistischem Hintergrund zu beklagen.

## 19. Dezember 2016: Berlin

Mit einem gekaperten polnischen Sattelschlepper rast der Tunesier Anis Amri in den Weihnachtsmarkt an der Berliner Gedächtniskirche und tötet 12 Menschen. 55 Menschen werden zum Teil lebensgefährlich verletzt. Der Täter flüchtet über die Niederlande und Frankreich nach Italien und wird am 23. Dezember nahe Mailand von der Polizei erschossen. Der Islamische Staat reklamiert Tat und Täter für sich. Amri stammt aus dem tunesischen Queslatia und kam über Lampedusa nach Italien, wo er Asyl suchte und auch erhielt. Im Juli 2015 kam er nach Deutschland und ließ sich unter 14 verschiedenen Identitäten registrieren. Queslatia gilt als Hochburg des Salafismus.

---

[274] IS=Islamischer Staat

## 10. Oktober 2016: Leipzig

Der syrische Flüchtling Jaber Al-Bakr, der der Polizei in Chemnitz entwischte, wird von zwei Syrern in Leipzig überwältigt und der Polizei übergeben. Al-Bakr soll einen Sprengstoffanschlag auf einen deutschen Flughafen vorbereitet haben.

## 26. Juli 2016: Saint-Etienne-du-Rouvray

Der 86-jährige französische Priester Jacques Hamel wird von zwei französischen Muslimen während der Morgenmesse in seiner Kirche ermordet. Die beiden 19-jährigen Islamisten Adel Kemiche und Malik Nabil Petitjean hatten Geiseln genommen und den Priester mit dem Messer getötet. Sie hatten ihre Tat auch noch gefilmt. Beide Täter wurden von der Polizei vor der Kirche erschossen. Die IS Agentur Amaq veröffentlichte ein Video, das zeigt, wie die beiden Franzosen dem IS[238] die Treue schwören. Die IS Botschaft: Selbst Christen sind nirgendwo mehr sicher! Nicht einmal in einer kleinen nordfranzösischen Kirche. Kirchen und Synagogen sind symbolische Ziele. Der IS[238] will den Religionskrieg!

## 24. Juli 2016: Ansbach

Der syrische Flüchtling, 27, Mohammad Daleel, sprengt sich im Eingangsbereich des Musikfestivals in die Luft. Der muslimische Syrer stirbt, 15 Menschen verletzt, 4 schwer. Die IS Agentur Amaq hat den Anschlag als Tat des IS reklamiert, veröffentlicht ein Foto und berichtet stolz: Dies ist die „erste Märtyreroperation in Deutschland". auf Video: „Ein Racheakt im Namen Allahs". Auf dem Bekennervideo Mohammad Daleel's, das der IS[238] nach seinem Tod veröffentlicht, hört man den Satz: „Ich erneuere meinen Treueeid auf Abu Bakr al-Baghdadi, möge Allah ihn beschützen".

## 24. Juli 2016: Reutlingen

Ein 21 Jahre alter muslimischer syrischer Flüchtling Mohamad H. tötet in einem Döner Imbiss eine 45 alte polnische Kollegin mit einem Messer und verletzt auf der Flucht fünf weitere Passanten. Wird von einem Auto überfahren.

## 22. Juli 2016: München

Ein 18 Jahre alter Deutsch Iraner Ali David Sonboly erschießt vor einem Schnellrestaurant des Olympia Einkaufszentrum neun Menschen, 13 bis 20 Jahre alt. Auf der Flucht tötete sich der junge Muslim. Diese Amok Tat könnte einen rechtsextremen Hintergrund haben. Vorlage für die Tat war wohl der Massenmord des Norwegers Anders Breivik, der 77 Menschen am 22. Juli 2011 umgebracht hatte.

## 18. Juli 2016: Würzburg

Der 17-jährige registrierte pakistanische, muslimische Flüchtling Riaz Khan Ahmadzai schlägt mit einem Beil in einem Regionalzug auf eine Touristenfamilie aus Hongkong ein: Fünf Menschen wurden zum Teil schwer verletzt. Eine „heilige Operation" nannte der Täter das Verbrechen auf einem Bekennervideo. Zwei Menschen schweben in Lebensgefahr. Der muslimische Täter wird auf der Flucht erschossen. Die IS[238] Agentur Amaq beansprucht die Tat für den IS: „Er ist ein Soldat des IS".

## 14. Juli 2016: Nizza

Der in Nizza lebende 31-jährige tunesische Staatsbürger Mohamed Lahouaiej Bouhlel fährt am französischen Nationalfeiertag um 22,30 Uhr mit einem gemieteten 19 Tonnen Laster durch eine riesige Menschenmenge, die sich zum Feuerwerk auf dem Strandboulevard Promenade Anglais versammelt hatte. 84 Tote und mehr als 300 Verletzte sind zu beklagen. Der Mörder ist Muslim und wurde in der Vorbereitung von tunesischen IS Aktivisten und zwei Albanern unterstützt. Der IS erklärte sich zum Veranlasser der Tat nach dem bekannten Muster: „Sei ein Märtyrer, du bist ein Held, du kommst in das Paradies, wenn du möglichst viele Ungläubige mit in den Tod reißt". 36 Stunden nach dem Attentat und Tod des Täters reklamierte die Nachrichtenagentur Amaq Agency des IS die Tat für sich: „Derjenige, der die tödliche Operation in Nizza ausgeführt hat, war ein Soldat des Islamischen Staates". Ob er das wirklich war, bleibt offen. Der Mörder war der Polizei als Kleinkrimineller bekannt, nicht aber als Islamist oder potentieller Terrorist. Vor Jahren rief die jemenitische al-Qaida Organisation die im Westen lebenden Muslime in ihrem online Magazin „Inspire" auf, mit Autos in größere Menschenmengen zu fahren. Gleiche Aktionen befahl der IS seinen Anhängern.

## 2. Juli 2016: Dhaka

Terrorakt des IS in Dhaka, Bangladesh, mit 26 Toten.

## 28. Juni 2016: Istanbul

Terrorakte des IS[238] auf dem Istanbuler Flughafen mit 46 Toten und über 200 Verletzten.

## 12. Juni 2016: Orlando, Florida, USA

Der Einzeltäter Omar Mateen, 29, tötete im Nachtclub „Pulse" 49 Menschen. 53 Menschen verletzt. Die Tat beging er im Namen des „Islamischen Staates". Der Täter ist Muslim und US Amerikaner mit afghanischen Wurzeln. Er soll den Treueschwur auf den IS geleistet haben. Er besuchte regelmäßig die Moschee und war zweimal auf Wallfahrt in Saudi-Arabien. In einer der größten Moscheen in Orlando predigte zuvor der Islamgelehrte Farrokh Sekaleshfat: „Der Tod ist das Urteil für Homosexualität, dafür muss man sich nicht schämen, lasst sie uns jetzt ausrotten". Der Prediger ist iranischer Abstammung und wurde in Großbritannien geboren.

## 16. April 2016: Essen

Drei jugendliche deutsche Muslime zünden vor einem Gebetshaus der indischen Sikh Gemeinde einen Sprengsatz. Hass auf Andersgläubige war das Motiv. Drei Menschen wurden verletzt. Der verletzte Sikh Priester kann seinen Beruf nicht mehr ausüben.

## 22. März 2016: Brüssel

Angriff auf Europa! Brüssel wird von zwei Attacken am Flughafen und in der U-Bahn erschüttert: Über 30 Tote und über 200 Verletzte.

## 26. Februar 2016: Hannover

Die 15-jährige Safia S. sticht einem Bundespolizisten vor dem Hauptbahnhof ein Messer in den Hals. Der Polizist wird lebensgefährlich verletzt. Sie hätte den Auftrag dazu vom IS erhalten, sagt Safia. Das Gericht verurteilt die Deutsch Marokkanerin zu sechs Jahren Gefängnis wegen Mordes und Unterstützung einer terroristischen Vereinigung. Safia wurde seit ihrem siebten Lebensjahr von ihrer Mutter und dem Islamisten Pierre Vogel radikalisiert.

## 12. Januar 2016: Istanbul

Angriff auf eine deutsche Reisegruppe vor der Blauen Moschee mit 12 Toten und 14 Verletzten. Der Täter war syrischer Muslim, in Saudi-Arabien geboren.

## 13. November 2015: Paris

Koordinierte Selbstmordattentate des IS an sechs verschiedenen Orten. 130 Tote und 352 Verletzte. Die Täter waren französische Muslime. Bars, Restaurants und das Konzerthaus Bataclan waren die Ziele. Während des Fußballspiels Deutschland: Frankreich sprengten sich am Stade de France drei Selbstmordattentäter in die Luft. Sie schafften nicht den Zutritt zum Stadion.

## 10. Oktober 2015: Ankara

Zwei Explosionen vor dem Hauptbahnhof während einer Friedensdemonstration: 102 Tote.

## 9. Januar 2015: Paris

Überfall auf einen jüdischen Supermarkt im Pariser Osten, das Ergebnis waren 4 Tote. Am 8. Januar hatte der gleiche Täter, Amedy Coulibaly, eine Polizistin erschossen. Der in Paris geborene Islamist radikalisierte sich in einer französischen Haftanstalt.

### 7. Januar 2015: Paris

10 Redakteure des Satiremagazins „Charlie Hebdo" werden von zwei maskierten muslimischen Tätern, den Brüdern Said und Cherif Kouachi, Söhne algerischer Einwanderer, erschossen. Ein Polizist wurde getötet. Beide Täter bekannten sich zur Al-Qaida im Jemen. Sie wurden am 9. Januar von der Polizei erschossen. Die Satirezeitschrift „Charlie Hebdo" hatte 2006 die Mohammed Karikaturen von Kurt Westergaard, Jyllands Posten, nachgedruckt.

### 24. Mai 2014: Brüssel

In einem jüdischen Museum erschießt ein Dschihadist vier Personen.

### 19. März 2012: Toulouse

In einer jüdischen Schule werden drei Schüler und ein Lehrer von einem muslimischen Serientäter erschossen. Der gleiche Mann tötete vorher drei Soldaten nordafrikanischer Herkunft. Hier fielen Antisemitismus und Dschihadismus zusammen.

### 2. März 2011: Frankfurt

Ein Kosovare erschießt am Flughafen zwei amerikanische Soldaten. 2 Schwerverletzte.

Weitere Terrorakte gab es vor 2011 in Mumbai, Djerba, Bali, Mombasa und Toronto sowie:

### 29. März 2010: Moskau

Ein Anschlag mit 40 Toten und 100 Verletzten.

### 7. Juli 2005: London

Ein Anschlag mit 56 Toten und 700 Verletzten.

### 11. März 2004: Madrid

Bei zehn gezündeten Sprengsätzen starben 191 Menschen. 2.000 werden verletzt.

### 11. September 2001: New York, Washington

Der Beginn des islamistischen Terrors gegen den Westen!

## Motive und Ziele der Terroristen

Die Terrorakte wurden von Muslimen ausgeführt. Das Ziel der Terroristen ist immer das gleiche: Angst und Schrecken zu verbreiten und die Menschen gegeneinander aufzuhetzen: Muslime gegen Muslime, Ungläubige gegen Gläubige, Gläubige gegen Ungläubige, Andersgläubige gegen Nichtgläubige, Mehrheitsgesellschaften gegen Minderheiten. Und am Ende: Jeder gegen Jeden.

Der Hass soll die Herzen vergiften und den Verstand vernebeln. Immer den falschen Gegner im Visier. Freiheit, Demokratie und die westliche Art zu leben, sollen zerstört werden. Das ist das teuflische, islamistische Konzept der Dschihadisten, ihre perfide Strategie des Terrors. Da die Terroristen jederzeit und überall zuschlagen können, als Einzeltäter und in Gruppen, findet die freie Welt gegen diese Terrorakte bisher kein durchsetzbares Konzept.

Auch ist die Motivlage der Täter häufig sehr undurchsichtig. Oft ist es eine Mixtur an Motiven aus Psychopathien, Enttäuschungen, Protesten, Drogen und Alkohol, Kleinkriminalität, Narzismus, Fanatismen, Mobbingerfahrungen, Minderwertigkeitsgefühlen, Rachegelüsten, sowie der verbreiteten Indoktrination durch radikale Islamisten, die dann bei simplen Gemütern zu religiösen, zwanghaften Wahnvorstellungen und terroristischen Taten führen. Endlich einmal Held und Märtyrer sein! Unverstandene Zitate aus dem Koran liefern die moralische Überhöhung der schändlichen Taten. Die Motive der Täter interessieren den IS nicht. Nur die Tat entscheidet.

Ist der mordsüchtige Tätertyp ein überzeugter Dschihadist, ein psychisch kranker Amokläufer, oder ein von seiner Religion Irregeleiteter? Die Motivlage der Täter interessiert nur uns, die zur Aufklärung verpflichteten Behörden, und die Hinterbliebenen der Opfer, aber nicht den „Islamischen

Staat". Der verunsicherte Bürger fragt nach dem „Warum" der Tat und erhält keine Antwort.

16 Jahre nach „Nine Eleven", dem 11. September 2001, mit dem Angriff auf die Twin Tower in New York und das Pentagon in Washington, sind wir hinsichtlich der Motive der islamistischen Terroristen nicht viel klüger geworden. Damals waren die Täter in Deutschland bestens ausgebildete Technokraten, Muslime, die im Auftrag der Al-Qaida, der Terrororganisation des reichen Saudi Osama Bin Laden, mordeten. Finanziert wurden sie von Saudi-Arabien. In der Zwischenzeit wurde das Arsenal der IS Propaganda Maschine breiter und variabler: Über die vielen Kanäle der sozialen Medien, Facebook, YouTube Videos, über Twitter und Whatsapp verbreiten sie ihre Hassaufrufe: Ziele sind alle und jeder! Der Tunesier auf der Promenade in Nizza brauchte für seine mörderische Tat nur einen Führerschein, und einen gemieteten Lastkraftwagen.

Die Parole des IS lautet: „Werde durch deine Taten einer von uns, mache deinem sündigen, verpfuschten Leben ein Ende, werde ein einsamer Held und Märtyrer als Lohn für Mord und Selbstmord. Gehe ein ins Paradies"! Eine kurze Bekenner SMS des „IS Soldaten" genügt.

Nach den vielen Terrorakten müssen nun auch die europäischen Sicherheitsbehörden endlich lernen, noch enger zusammen zu arbeiten.

Vor allem aber müssen sie ihre Erfahrungen austauschen, die nationalen Informationssysteme untereinander kompatibel gestalten, gesicherten Netzverbund herstellen, und sich gegenseitig ihre Systeme samt Daten und Erkenntnissen öffnen.

Über eine bei den fundamentalistischen Muslimen direkt ansetzende wirksame Prävention -vor allem vor der Radikalisierung Jugendlicher zum Dschihadisten- und insbesondere durch die muslimischen Gemeinschaften ist bisher nichts Überzeugendes bekannt geworden. Hier gäbe es ein breites

Arbeitsfeld für die Muslim- und Moscheenverbände. Sie sind neben den Familien die ersten Instanzen, die eine beginnende Radikalisierung bei Jugendlichen erkennen können. Wenn sie es denn wollen, und nicht etwa aus eigener religiöser Rückständigkeit noch aktiv befördern.

Gegen den islamistischen Terror hilft wohl nur, dass sich die liberalen, weltoffenen Muslime mit der Mehrheit der friedliebenden nichtmuslimischen Menschen im jeweiligen Land zusammenschließen, die gewaltbereiten Glaubensgenossen in ihre Obhut nehmen und so nötig, der Justiz zuführen. Mit der bisher üblichen, nachträglichen, oft reflexhaften „Distanzierung" oder einer schnellen „Verurteilung" dschihadistischer Aktionen werden die islamischen Gemeinden und Verbände bei ihren Gläubigen wohl nicht viel erreichen und bei den terroraffinen Dschihadisten gar nichts. Nicht die wohlfeile und verspätete Klagewelle samt sichtbarer, öffentlicher Betroffenheit! Das verhöhnt die Opfer und irritiert die Mehrheitsgesellschaft. Konsequente Präventionsarbeit ist gefragt!

Erschwerend kommt sowohl für eine frühe Prävention als auch für die wirksame Verhinderung der Radikalisierung hinzu, dass beim Dschihad auch immer eine Paradiesvorstellung, ein auserwähltes Leben nach dem Tod, mitschwingt.

Warum werden Muslime zu Dschihadisten, zu Terroristen? Es sind oft Ohnmachtsgefühle, wirtschaftliche, soziale oder kulturelle Benachteiligung. Ebenso wird die Suche nach Identität und Anerkennung zur Triebfeder auf dem Weg zum Dschihadisten. Auch eine echte oder vermutete Ausgrenzung aus der Mehrheitsgesellschaft und der Rückzug in vertrautere gleichsprachliche Parallelgesellschaften, sind Gründe für eine zunehmende Radikalisierung. Dazu gehört die fundamentalistische Auslegung des Koran, besonders die Ungläubigen unerbittlich zu verfolgen und gegen sie in den „Heiligen Krieg" zu ziehen.

Im Westen lebende Muslime haben oft auch zu wenig politische Unterstützung, um sich gegen den Druck einer fundamentalistisch geprägten Umgebung zu behaupten. Die Islamverbände und Moscheevereine bestärken sie eher in einer konservativen Haltung und rufen sie auf, die Verbindungen zu ihrer Herkunftskultur zu erhalten.

Sie finden dann anweisende Textstellen in den unveränderbaren islamischen Primärquellen, können Gewalt aus der islamischen Tradition, aus patriarchalen Strukturen, aus Geboten der Scharia, vor allem in islamistischer Interpretation, ableiten. Viele halten das Recht der Scharia für verpflichtender als die europäische Rechtsordnung. Steht doch in ihrer Sicht die Scharia über den „bürgerlichen" Gesetzen.

Und immer wieder geht es um streitige Machtansprüche zwischen weltlicher und religiöser Macht, die erst im islamischen Gottesstaat aufgehoben werden können. Denn erst dann herrscht nach ihrer Auffassung unangefochten die religiöse Macht des Islam auch auf Erden. Kriege durchziehen daher die Geschichte des Islam. Man wollte den so verstandenen Auftrag des Islam, die Unterwerfung, die Submission, der Ungläubigen, mit allen Mitteln durchsetzen. Hier verläuft auch der sich selbst rechtfertigende Weg zur Gewalt:

Im 7. Jahrhundert, also zu Mohammeds Zeiten, war Krieg auf der arabischen Halbinsel der gängige Normalzustand. In Mekka hatte Mohammed eher Geduld und Frieden gepredigt. Dafür wurde er verspottet. Als er dann auch noch die geldbringende Götzendienerei seines Stammes, der Quraisch, kritisierte, wurde er aus Mekka vertrieben. In Medina haben die Anhänger Mohammeds sich zunächst verteidigt, dann aber gezielt Präventivkriege geführt.

Die erlittene Vertreibung drückt sich auch im aggressiven Gehalt der medinischen Suren aus. Die notwendige Interpretation der Koranverse in ihrem zeitlichen Kontext wurde in den letzten Jahrzehnten auch im Westen vernachlässigt oder abgelehnt. Die strenge Textgläubigkeit nimmt zu, vor allem im fundamental salafistischen Umfeld.

Für die Teilnehmer am Dschihad sollen die im Koran niedergeschriebenen paradiesischen Verheißungen die Dschihadisten nach ihrem zu erwartenden Märtyrertod zu übermensch-
lichen Leistungen im „heiligen" Kampf anspornen.

## Der Selbstsmordattentäter

Eine besonders perfide Instrumentalisierung des Dschihadismus und seiner Krieger ist der Selbstmordattentäter. Er
hat den allgemein menschlichen Überlebensinstinkt in sich
abgetötet. Sein Kriegsschauplatz ist überall dort, wo sich
Menschen ansammeln. In Paris, in Brüssel, London, Madrid
oder New York, überall. Dort tötet er im Namen Allahs. Der
ideologische Vordenker der Al-Qaida, Ayman al-Zawahiri,
lieferte dazu im Jahr 2001 die Begründung in seinem Buch
„Knights under the Prophet's Banner": „Selbstmordattentate
bringen dem Feind das größtmögliche Grauen, die maximale
Angst, bei relativ geringen Verlusten für die islamistische Bewegung. Das verbreitet bei den Völkern des Westens den
größten Schrecken". Der Westen soll seine Freiheit opfern
und in Unsicherheit und Angst leben, auf die kommende
„Unterwerfung" vorbereitet werden.

Der Islam verbietet zwar das Menschenopfer für Gott, untersagt die Selbsttötung und die Tötung Unschuldiger, aber für
einen guten Zweck, für den Kampf gegen die Ungläubigen
und für das Ziel, das „jenseitige" Leben und den Tod zu lieben, wird auch die Sure 4 in den Versen 29 und 30 uminter-
pretiert. Dort hieß es noch:

> *„Begeht nicht Selbstmord. Wer dieses tut, den werden wir*
> *brennen lassen im Feuer"*

Mord und Selbstmord werden im Koran als schwere Sünde
angesehen und werden im Diesseits und im Jenseits bestraft.
Das Tötungsverbot der Sure 4, Vers 92 *„Ein Gläubiger darf*
*keinen Gläubigen töten"* bezieht sich aber nur auf Muslime.
Zu den Ausnahmen vom Tötungsverbot zählt neben vielen
anderen Übeltätern und Übeltaten die Tötung Ungläubiger
im Dschihad. Vor allem die 1928 in Ägypten gegründeten

Muslimbrüder entwickelten den Märtyrerkult: Den Tod des Selbstmörders für die Sache Allahs.

Der iranische Revolutionsführer, der Schiit Ayatolla

Khomeini, schickte während des iranisch irakischen Krieges in 1982 Kindersoldaten an die irakische Front und Kinder in die Minenfelder. Für die Minenräumung versprach er ihnen den Zugang zum Paradies. Er ließ ihnen die in Taiwan billig produzierten „Paradiesschlüssel" um den Hals hängen.

Der junge Schiit, Ahmad Qusayr, sprengte 1982 sich und einige Israelis in Tyros in die Luft. Khomeini beförderte Qusayr zum „Helden des Islam". Er war einer der ersten Selbstmordattentäter. Danach verbreitete sich der Selbstmord als Instrument des Dschihad zuerst in der islamischen Welt, dann auch in Europa. In 2014 soll es weltweit 592 Selbstmordattentate gegeben haben.

**Woher kommt der Selbstmord?**

Zur Ausbreitung der Selbstmordattentate in Europa gibt es unterschiedliche Erklärungsversuche. Manche sehen die von radikalisierten Salafisten ausgehenden Terrorakte als eine Jugendrevolte gegen die im Westen herrschende Kultur[275]: Die meisten Täter seien Angehörige der zweiten Generation von Einwanderern, oder aber Konvertiten aus europäischen Familien der Mittel- und Unterschichten. Zwar spielt die religiöse Symbolsprache für das Selbstbild dieser Kleinkriminellen eine Rolle, aber das Religiöse dient den Gescheiterten und frustrierten Verlierern eher dazu, ihrem Leben und Tun eine islamische Überhöhung, einen Sinn zu geben. Und der Islam bietet sich als Instrument gerade in Europa an.

Der Sozialwissenschaftler Giles Kepel hält dagegen: Die in der westlichen Welt Ausgeschlossenen schaffen sich eine gegen den laizistischen Staat gerichtete kollektive Glaubensidentität als Muslime, die die westlichen Werte nur als Hohn

---

[275] Olivier Roy

auf ihre miserable soziale Situation, als Kränkung empfinden können.

Hier ist zu bedenken: Wenn eine Identität sich über die Feindschaft zum anderen definiert, sind Begegnungen, ist Verstehen und Verständnis unmöglich. Auch darüber wäre mit den Muslimen zu diskutieren.

Eine verstörende Gemeinsamkeit der Selbstmordattentäter fällt auf: Sie haben fast alle eine tolerierte Desintegration. Zwar wurden sie in der westlichen Zivilgesellschaft sozialisiert, haben sich aber als ausgegrenzt empfunden, weil es ihnen in ihrer alten Umgebung nicht gelang, zu ihrem imaginierten Selbstbild aufzusteigen. Vielleicht waren sie zu faul für Bildung und zu desinteressiert an der Gemeinschaft, sie wollten gar keine Integration. Dafür schieben sie die Schuld dem Staat und der sie umgebenden Gesellschaft zu.

Den letzten „Kick" für die Radikalisierung zum Selbstmörder bot der Islam, wie sie ihn verstanden, oder wie die Salafisten und die radikalen Vorbeter ihnen einen gewaltbereiten Islam erklärten. Den Tod für Allah im heiligen Krieg! Das war es! Damit waren sie für Vernunft und Umkehr nicht mehr erreichbar.

Unbeantwortet bleibt die Frage nach der Prävention. Wo muss eine Gesellschaft welche Mittel investieren, um die Bedrohung durch religiös inszenierten Terror zu minimieren? Wie erreicht man die bereits Radikalisierten? Was kann ein Rechtsstaat unter Wahrung seines Selbsterhalts und seiner Rechtsnormen konkret tun? Ihm fehlen Mittel und Methoden einer überzeugenden Auseinandersetzung. Es fehlt auch der Gesprächszugang. Dabei hat man es bei der Selbstrechtfertigung der Terroristen und Selbstmörder mit individualisierten, religiösen Symbolsprachen zu tun, in denen Begriffe wie Gott, Prophet, Heilige, Glaubenszeugen, Tod und Paradies eine besondere, muslimische Gemüter inspirierende Rolle spielen, und für deren kritische Auslegung man keine westlichen Autoritäten hat. Für eine friedliche Auslegung schon gar nicht. Und die islamischen Gelehrten verweigern sich.

Dabei gibt es auf dem globalen Religionsmarkt auch noch eine dichte, sich teils heftig bekämpfende Konkurrenz der verschiedenen Richtungen des Islam. Hinzu kommt: Gewalt hat eine besondere Attraktion, eine magische Anziehungskraft, gerade für junge Menschen. Gewalt bewegt nicht mehr steuerbare Emotionen! Und sie ist keine Besonderheit des Islam. Sie beflügelte Hindus und Kreuzzügler. Und all die vielen Eroberer im Namen einer Religion. „Heilige Kriege" hatten überall und zu allen Zeiten ihren Reiz.

Die Frage bleibt: Wie verhindert man religiöse Radikalisierungsprozesse? Wer kann und will einen fanatisierenden, instrumentalisierten Glauben zivilisieren? Seine Kräfte domestizieren? Das können nur die Muslime selbst, sei es in ihren Familien, sei es in ihren Moscheegemeinden, oder auch im Studium der zum Frieden aufrufenden Passagen des Koran.

Wenn in den Moscheen aber Hassprediger zugelassen werden, werden die friedlichen Mühen der Prävention, aktiv und sehr bewusst hintertrieben.

Jeder kann sich in der Moderne seine Glaubenswelt selbst konstruieren. Es gibt nicht „den" Islam, wie es nicht „das" Christentum gibt. Es gibt kodifizierte Rechtsnormen und moralische Verbindlichkeiten. Daran kann man sich halten. Für alle gilt das Recht. Mit subjektiv guten Motiven die Rechtsnormen zu überschreiten, führt ins Chaos.

**Terrororganisationen**

Die islamische Religion sollte eigentlich die Menschen zu Gott führen, nicht einen anderen Staat und seine Bewohner durch Kampf islamisieren. Das sehen die zu Terroristen mutierten Dschihadisten aber ganz anders.

*Taliban*

Die Terrororganisation der Taliban stammt ursprünglich aus Afghanistan und Pakistan. Ihr Anführer war der inzwischen getötete Mullah Mohammed Omar. 1996 errichteten die Taliban das Islamische Emirat Afghanistan, Hauptstadt Kabul. Als Schreckensherrschaft und „Steinzeitislam" bezeichnet, beherrschten sie bis 2001 große Teile Afghanistans. Anerkannt wurden sie von Pakistan, Saudi-Arabien und den Emiraten. Jede Freiheit wurde verboten. Frauen werden unterdrückt, alte Kulturgüter wurden als „nicht islamisch" zerstört. Die vorislamischen Buddhas von Bamiyan wurden 2001 Opfer der Taliban. Sie hinterlassen „verbrannte Erde". Sie kommen aus dem fundamentalistischen, extremistischen, sunnitischen Islam. Ihre Führer stammten aus der Koranschule[276] in Peschawar, Pakistan. Seit 16 Jahren herrscht Krieg in Afghanistan: „Krieg gegen den Terror".

## Al-Qaida

Der ideologische Überbau fast aller islamistischer Terrororganisationen stammt aus dem weltweiten Netzwerk der Al-Qaida[277]. Al-Qaida basiert auf dem sunnitischen Islam und kämpft für eine sunnitisch islamische Weltordnung. Seine „Glaubenskrieger" agieren in rund 100 Ländern gegen die USA und gegen Europa. Gegründet wurde al-Qaida Ende der 1980er Jahre im afghanisch pakistanischen Grenzgebiet durch den Saudi-Araber Osama bin Laden. Nach dessen Tod 2011 übernahm der Ägypter Aiman al-Sawahiri die Nachfolge. Die Terroranschläge werden von regionalen Ablegern, aus lokalen Zellen, von den zwischen ihnen digital gut vernetzten Terroristen ausgeführt.

## Der Islamische Staat

So gründeten die Extremsten unter den Terroristen den „Islamischen Staat"[278] in Syrien und im Irak, auch in Teilen Libyens. Sie besetzten weite Teile Syriens und des Irak. Der IS ist eine seit 2003 brutal agierende sunnitische Miliz. Er wird

---

[276] Eine Madrasa, deutsch: Medresse / Medrese
[277] Al-Qaida = „Die Basis"
[278] IS=Islamischer Staat

von der UNO als terroristische Vereinigung eingestuft. Ihr Anführer, Abu Bakr al-Baghdadi, rief 2014 das Kalifat und sich selbst in sunnitischer Tradition zum Kalifen aus. Sein Titel lautet: „Kalif Ibrahim Befehlshaber der Gläubigen". Er sieht sich und seine Organisation als „Staat" ohne feste Grenzen. Der IS herrscht in den von ihm besetzten Gebieten nach eigenen Regeln und wirbt weltweit um Mitglieder für seine Eroberungs- und Bürgerkriege. Der IS ist kein Staat, sondern eine Wahnidee mit Tötungsabsicht. Sein Gegner ist die Zivilisation. Starke Stützen seiner Terrormiliz sind ehemalige Offiziere und Geheimdienstler der überwiegend sunnitisch geprägten, von den USA aufgelösten irakischen Armee des ehemaligen irakischen Herrschers Saddam Hussein.

Die Selbstbezeichnung „Islamischer Staat" taucht unter verschiedenen Abkürzungen auf: IS[279], ISIS, ISIL und „Da'esh". Da'esh ist die abwertende arabische Abkürzung für die Miliz IS. Das Schimpfwort Da'esh bezeichnet jemanden, „der etwas mit dem Fuß zertritt, der Zwietracht sät". Das Kürzel ist innerhalb des IS streng verboten. Der IS stellt gern folgende Behauptungen auf: [280]

1. Ein guter Muslim soll nicht in Europa leben,
2. Lebt er dort, soll er die „Ungläubigen" bekämpfen,
3. Da Europa die Muslime diskriminiert, sollen die europäischen Muslime ins IS Kalifat auswandern.

Die Terrorakte des IS werden auch die gemäßigten Muslime dazu nicht gerade anregen. Es kommen aber zum IS auch die Kriminellen, die Radikalen, die Frustrierten, die Ausgegrenzten und die Gescheiterten. Es sind vor allem junge Leute aus der islamischen Unterschicht Europas, die im IS ihr neues „Weltbild", ihre neue „maskuline" Identität erhalten. Zwei Drittel der IS Kämpfer haben einen kriminellen Hintergrund. Die oberen Kader sind aber bestens ausgebildete,

---

[279] IS im Irak und in der Levante
[280] Nach Nicolas Hénin

netzaffine Strategen. Zur Zahl der IS Kämpfer gibt es nur Schätzungen von einigen Zehntausend.

Zahlreiche antike Kulturgüter in der Stadt Palmyra wurden vom IS zerstört, gesprengt. Sie gelten als vorislamisch und damit wertlos. Seit 2016 verlor der IS zunehmend bisher von ihm besetzte Gebiete im Irak und in Syrien. Dafür versucht er, sich in Libyen auszubreiten, hat aber auch angeschlossene Organisationen in weiteren islamischen Ländern Nordafrikas und der Sahelzone. Wird der IS militärisch zerrieben, werden die „heimatlosen Krieger" des IS zu terrorbereiten Rückkehrern in Europa: Als unbekannter, unerkannter, vielleicht als unauffälliger „Gefährder", „Schläfer", oder zu allem bereiter Selbstmörder.

Am 17. Oktober 2016 wurde die nordsyrische Ortschaft Dabiq, al-A'muq, durch syrische Rebellen vom IS befreit. Dabiq wurde vom IS während der Besetzung zum Ort des symbolischen Endkampfs hochstilisiert. Nach islamischer Eschatologie[281] werden in Dabiq muslimische Armeen am Ende der Zeit in einer apokalyptischen Schlacht zwischen Moslems und Ungläubigen ihre Feinde vernichten.

Das international verbreitete monatlich erscheinende Online Magazin des IS betreibt Propaganda und Rekrutierung für den IS. Es nennt sich „Dabiq". In diesem oft brutal bebilderten Magazin werden die Erfolge des IS als Teil eines göttlichen Plans verkauft.

Die Rückeroberung der vom IS besetzten Stadt Mossul, der zweitgrößten Stadt des Irak, durch die irakische Armee sowie der kurdischen Peschmerga und der mit ihnen verbündeten Rebellen, begann am 17. Oktober 2016. Militärische Gegner des IS sind syrische Truppen von Baschar al-Assad, kurdische Milizen, irakische Regierungstruppen mit schiitischen Milizen und eine internationale Allianz.

---

[281] Sanih Muslim, Buch 41, Hadith 6924

*Al-Nusra*

Kaum beachtet, weil sich alles auf den IS konzentrierte, entstand in 2014/15 die Dschabhat al-Nusra oder Nusra Front, in Syrien als zentraler Knotenpunkt der Al-Qaida. Die al-Nusra will in Syrien ebenfalls ein sunnitisches Kalifat errichten. Sie betreibt keine medienwirksamen Steinigungen, Enthauptungen und Auspeitschungen wie der IS. „Ungläubige" werden im Stillen beseitigt. Sie betreiben vor allem Kidnapping als Geschäftsmodell. Dabei geht es um Millionen Dollar von Lösegeldern in Geheimverhandlungen.

Auch von Katar und Saudi-Arabien wird die al-Nusra finanziert. Korruption stellen sie unter Strafe und gewinnen damit das Zutrauen der Bevölkerung. Ihr Führer nennt sich Abu Mohammed al-Dscholani. Sie nennt sich auch Teil der „Armee der Eroberer" im globalen Dschihad und firmiert seit Juli 2016 als „Eroberungsfront der Levante".[282] Sobald die Herrschaft islamischen Rechts der Scharia in Syrien gesichert ist, soll der „Krieg gegen die Ungläubigen" beginnen. Die Al-Nusra und der IS sind extrem verfeindete Terrororganisationen.

*Boko Haram*[283]

Es ist eine brutale islamistische Terrororganisation im Norden Nigerias. Sie ermordet Christen und Muslime, entführt und vergewaltigt Frauen, schickt Kindersoldaten in den Kampf. Sie will die Scharia einführen und westliche Bildung verbieten. Sie sieht sich als Vereinigung der Sunniten für den Islam und den Dschihad und steht den Taliban nahe.

*Hizbollah*[284]

Die Hizbollah ist eine schiitische Terrororganisation, die vor allem vom Iran finanziert wird und im Libanon als Partei und

---

[282] Dschabhat Fatah al-Scham

[283] Boko haram=Bücher sind Sünde

[284] Hizbolla=Die Partei Gottes

Miliz aktiv ist. Sie kämpft auch gegen Israel. Hassan Nasrallah ist Generalsekretär und Oberbefehlshaber der Milizen. Im März 2016 erklärte die Arabische Liga die „Hizb Allah" zu einer Terrororganisation. Die Hizbollah kämpft auf Seiten des syrischen Regimes mit den syrischen Regierungstruppen Assads gegen die oppositionellen Verbände. Sie will einen islamischen Staat im Libanon errichten und unterstützt auch islamistische Gruppierungen in Europa.

## Der Krieg um den wahren Islam

Mindestens zwei Staaten, die sich als Todfeinde begegnen, wollen die Hüter des wahren Islam sein: Das sunnitisch wahhabitische Saudi-Arabien und der schiitische Iran.

Dazwischen gedrängelt hatte sich die Türkei, die einen moderneren, sunnitischen Islam vertreten wollte, unter Staatspräsident Erdogan aber dem politischen Islam näher rückte.

Die Dynastie der Sa'ud gründet ihr absolutistisches System auf den Wahhabismus, einer fundamentalistisch salafistischen Variante des Islam.

Der Iran vertritt das reine Gesetz Allahs in Form einer Theokratie, einer Gottesherrschaft in einem irdischen Gottesstaat.

Der kriegerische Konflikt über die Jahrhunderte zwischen der arabischen und der persisch iranischen Welt liegt in den ungelösten Herrschaftsansprüchen nach Mohammeds Tod im Jahre 632: Liegt die Herrschaft bei den durch Wahl zu bestimmenden Kalifen oder bei den Mitgliedern aus der Familie des Propheten, bei den Sunniten oder Schiiten? Die strenggläubigen Sunniten sahen das ganz eindeutig und entschieden sich für das Prinzip der Wahl, und sie wählten die ersten drei Kalifen zu ihren Führern. Sie waren die Mehrheit der Gläubigen und meinten, den fähigsten Heerführer des Stammes von Mohammed zum Kalifen küren zu müssen: Abu Bakr.

Die arabische Halbinsel mit den heiligen Städten Mekka und Medina wurde zum Zentrum der Sunniten.

Der Iran wurde mit dem Irak, dem Libanon, Bahrein, Aserbeidschan und Teilen Zentralasiens das Kernland der Schia, der spätere „schiitische Halbmond". Der Iran erhob im 16. Jahrhundert in einem eigenen persischen Reich die Schia zur Staatsreligion.

## Rache für „Kerbela"

Der schiitische Gottesstaat Iran versucht immer noch, späte Revanche für die Niederlage der Schiiten im Jahr 680 bei Kerbela zu nehmen. Ein langes historisches Gedächtnis und die tradierte Unversöhnlichkeit helfen dabei. Was war Kerbela für die Schiiten? Ein Drama und ein bleibendes, ewig schmerzendes, fast 1.400 Jahre altes Trauma: Nachdem der Mohammed Enkel Hasan, nach der Ermordung Ali's im Jahre 661, die Herrschaft übernommen hatte, und Hasan 670 starb, übernahm dessen Bruder al-Husain ibn Ali die Führung der Schiiten, der Schi'at Ali, der Partei Ali's. Husain war der Sohn Ali's und der jüngere Enkel Mohammeds.

Im Jahr 680 hatte der sunnitische Gegenkalif Muawiya seinen Sohn, Yazid I. zu seinem Nachfolger und Gegenkalifen bestimmt, und damit die Dynastie der Umayyaden begründet. Als Yazid die Macht dann auch ergriff, nahm Husain den Kampf um das Kalifenamt wieder auf. Im Oktober 680 marschierte Husain, eine bis heute zentrale Figur der Schiiten, mit einem kleinen Heer von Mekka in Richtung Kufa im Zentralirak. Auch Yazid setzte sein Heer von Damaskus aus in Marsch. Husain hoffte darauf, dass die Mesopotamier ihn, wie zugesagt, unterstützen werden. In Briefen hatten seine Anhänger in Mesopotamien ihre Bereitschaft erklärt, sich unter Husains Führung gegen Yazid zu erheben.

Der dortige Herrscher der Umayyaden, Ubaid Allah ibn Ziyad, konnte Husain den Weg nach Kufa abschneiden und ließ die gegen ihn Revoltierenden hinrichten. Zusammen mit Yazid umzingelte er Husain mit seinem kleinen Heer bei Kerbela. Die zugesagte Unterstützung blieb aus. Als Husain seine Niederlage am Abend zuvor erkannte, wollte er seine Getreuen nach Hause schicken. Die aber blieben in Treue bei ihm. Husain und alle seine Anhänger wurden in der Schlacht getötet. Mit dieser Schlacht war die schiitische Hoffnung, ihren dritten Imam als Oberhaupt der islamischen Gemeinde einzusetzen, gescheitert. Es folgte die Spaltung, das Schisma.

Die Trennung von Sunniten und Schiiten war 680 für die Geschichte des Islam und für alle Zukunft besiegelt. Da viele Anhänger Husains aus Angst vor den Truppen Yazids von ihm abfielen, ihn damit dem Untergang preisgaben, stand und steht die Schlacht und das Gemetzel in Kerbela bei den Schiiten symbolisch für den Kampf zwischen Gut und Böse. Für den Verrat der Glaubensbrüder. Und Verrat fordert Rache. Die Schiiten sahen sich fortan als die Guten, die Sunniten waren die Bösen. Schiiten und ihre konfessionellen Ableger gedenken dieser Schlacht während des alljährlichen Tages des Aschura in Trauer.

In der schiitischen Ideologie hat sich das Konzept der religiösen Märtyrer im Dschihad Verständnis verklärt. Der Tod im Namen der Religion, im Kampf gegen einen mächtigen Feind wird zu einem religionspolitischen Begriff, der den Kampf auch gegen einen muslimischen Herrscher fordert, wenn dieser als „ungerecht" angesehen wird.

Die Internationalisierung dieser Auffassung und damit ihre Anwendung auch auf nichtmuslimische Feinde, fand Ende des 20. Jahrhunderts durch Abdallah Yusuf Azzam, dem Mentor Osama bin Laden's und Vordenker von al-Qaida, Anerkennung und Verbreitung. Abdallah Yusuf Azzam gilt als der Erfinder des islamistischen Dschihad.

Sunna und Schia, die beiden islamischen Richtungen spalteten sich später in viele unterschiedliche Sekten auf. Die sunnitischen und schiitischen Regionen und damit auch beide Hauptvarianten des Islam fielen in den Herrschaftsbereich der türkischen Osmanen. Die Region Iran versuchte im 18. Jahrhundert den Rückstand auf den Westen, gegenüber England, Russland, und Frankreich, mit Hilfe der türkischen „Pforte" aufzuholen.

Auf der arabischen Halbinsel wurde der Konflikt zwischen Tradition und Moderne zunächst durch die Religion überbrückt. Dann trat der Schriftgelehrte Muhammad Bin Abd al-Wahhab (1702-1792) auf den Plan und forderte die wörtliche Auslegung des Koran und der muslimischen Überlieferungen. Damit wurde alles „Moderne", was nicht im Koran stand, als Gotteslästerung definiert. Als der Osmane Sultan Selim III. eine umfangreiche Modernisierungsreform versuchte, besetzten die Saudis 1804/06 Mekka und Medina, verloren die Städte aber wieder an die Haschimiten. 1924 griffen die Saudis die Haschimiten an und vertrieben sie aus Mekka und Medina. Die Wahhabiten herrschten wieder auf der arabischen Halbinsel und beseitigten in ihrer Radikalität alle schiitischen Reste auf der Halbinsel. Heute leben nur noch etwa 15% Schiiten in Saudi-Arabien in der ölreichen Ostprovinz und gelten als ständiges Sicherheitsrisiko.

**1979 und die Folgen des Schismas**

Drei Ereignisse prägen das Schicksalsjahr 1979: Die Rückkehr des Ayatollah Khomeini 1979 nach Teheran, das erste politische Großattentat auf das größte Heiligtum des Islam, die Kaaba in Mekka, und der Einmarsch der Russen in Afghanistan.

Mit Khomeinis Rückkehr enden die Modernisierungsversuche des Schahs Reza Pahlevi im Iran. Der schiitische Gottesstaat wurde ausgerufen. Die neuen Islamisten im Iran wollen weder den USA noch der Sowjetunion folgen: Demokratie und Marxismus werden abgelehnt, der Gottesstaat wird ausgerufen. Mit Khomeini triumphiert der Islamismus, der Terror bestimmt zehn Jahre lang nicht nur das tägliche Leben. Der schiitische Islam wird zum Feind der westlichen Welt.

Doch auch die Sunniten folgen dem Islamismus: Im November 1979 wird die Große Moschee von Mekka von fanatischen sunnitischen Revolutionären angegriffen. Sie fordern den Gottesstaat und die Abdankung des Königshauses. Zwei Wochen dauert der ungleiche Kampf zwischen den Islamisten und dem saudischen Militär. Mindestens 1000 Tote fordert der Aufstand. Saudi-Arabien kehrt zum fundamentalistischen Islam zurück.

Zur Unterstützung des kommunistischen Statthalters lässt die Sowjetunion im Dezember 1979 ihre Armee in Afghanistan einmarschieren. Sie löst damit in diesem unkontrollierbaren islamischen Territorium den landesweiten Aufstand der nationalen Stammesführer aus. Der Widerstand wird religiös aufgeladen. Zehn Jahre kämpfen die von ihren Mullahs gestützten Mudschaheddin gegen die Besatzer. Dann ziehen die Russen geschlagen ab. Die Krieger des Dschihad haben gesiegt. Eine neue islamistische Terrororganisation entsteht und erfindet den globalen Dschihad: al-Qaida!

Der Krieg der Islamisten gegen die neuen Besatzer aus dem Westen bleibt: Auch im 16. Jahr nach „Nine Eleven" 2001!

Saudi-Arabien und der Iran streiten weiter unerbittlich darum, wer nun das wahre Paradies des Islam auf Erden sei oder werden soll. Heute stehen sich beide Regionalmächte in Stellvertreterkriegen im Jemen, in Syrien und im Irak gegenüber.

Der schiitische Iran hofft, mit der Hilfe Assads, der Syrien seit sechs Jahren in ein Trümmerfeld verwandelt, ein weiteres schiitisches Vorfeld errichten zu können. Mit knapp zwei Dritteln Schiiten im Irak, gilt dieser umkämpfte Staat dem Iran bereits als religiös verbunden. Geht es doch vor allem darum, den Stellvertreterkrieg in Syrien gegen die überwiegend sunnitische Bevölkerung Syriens zu gewinnen. Fällt Syrien mit seiner sunnitischen Bevölkerungsmehrheit unter den Einflussbereich der Saudis, schwächt das die Position des Iran, der deshalb den Herrscher Baschar al-Assad weiterhin mit Geld und Truppen unterstützt.

Nach der vertraglich formalen Beilegung des Streits um den Bau der Atombombe und der weitgehenden Aufhebung der westlichen Sanktionen in 2016, ist der Iran wieder auf dem Weg zu alter Größe, und sieht sich als Schutzmacht aller Schiiten.

Das der Schia des Iran entfernt verwandte Alawitentum ist eine eigenständige Religion, die sich aus der Schia entwickelt hat, aber auch noch vorislamische Religionen Mesopotamiens und Elemente des Sufismus in sich vereint. Der heutige Glaube der Alawiten ist liberaler, und stärker vom Humanismus beeinflusst. Herr Assad sieht das wohl anders.

Auf der von den Saudis geführten Seite stehen eher die traditionellen Monarchien, auf der schiitischen eher die revolutionär militaristischen Regime. Saudi-Arabien stützt sich auf die sunnitischen Staaten der Golfregion, die Vereinigten Arabischen Emirate, auf Katar, auf Kuweit und die Regierung im Jemen. Diese wird von den schiitischen Huthi Rebellen angegriffen, die wiederum vom Iran ausgerüstet und unterstützt werden.

Mit Mord und Totschlag stehen sich auch noch im Jahre 2017 die beiden größten Konfessionen des Islam in Syrien, im Irak und im Jemen unversöhnlich gegenüber. Unter dem Vorwand, gegen den IS zu kämpfen, haben sich Moskau, Damaskus und Teheran als „Schutzmächte" der Schiiten verbündet. Sie bezeichnen sich als Stabilitätsachse. Ihre Stellvertreterkriege führen sie in Syrien, im Irak und gegen die sunnitische Regierung im Jemen. Sie betreiben einen „schiitischen Dschihad", mit dem Ziel, die Sunniten zu verfolgen und zu vertreiben. Dabei stützen sich die syrische und die irakische Armee auf die schiitischen Hilfstruppen der islamischen Republik Iran, auf deren Milizen, vor allem auf die Hisbollah, aber auch auf reguläre iranische Verbände.

Das mit dem schiitischen Iran tief verfeindete wahhabitisch sunnitische Saudi-Arabien kämpft gegen die proiranischen, schiitischen Huthi Rebellen im Jemen. Darüber hinaus stehen die Saudis mit ihren Hilfstruppen auch im Kampf gegen die Schiiten im Irak und in Syrien, also gegen die dortige schiitische bzw. alawitische Regierung und deren Armeen.

## Mossul, Provinz Ninive

So ist das islamistische, schiitische Mullah Regime im Iran der wahre Gewinner der Kriege im Jemen, in Syrien und im Irak: In Syrien bombt Russland den Weg frei für die erneute Herrschaft des mit dem Iran verbündeten Baschar al-Assad.

Im Irak helfen die USA der schiitisch dominierten irakischen Armee, die sunnitische Stadt Mossul in der Ninive- Ebene zurück zu erobern. In der Ninive Provinz, Ninawa, im Nordirak mit seinem Zentrum Mossul leben die verschiedenen Ethnien neben-, mit- und gegeneinander: Sunniten, schiitische Turkmenen, assyrische und armenische Jesiden und Christen, sowie auch verschiedene arabische Stämme, wie die Schabak. Als „Assyrer" wird die im Irak Sadam Husseins von der Baath Partei besonders verfolgte Volksgruppe der syrischen Christen bezeichnet, im weiteren Sinne die Christen altsyrischer Tradition. Zusammengenommen werden die syrischen Christen, die Assyrer und Ostchristen, auch „Aramäer" genannt, deren traditionelle Gottessprache das alte Aramäisch ist.

Zwischen den Ethnien und Konfessionen in der Ninive Provinz gibt es sowohl alte Eintracht als auch neuen Hass.

Wie es den Sunniten in Mossul nach der Rückeroberung durch die schiitisch irakische Armee ergehen wird, ist noch unklar. Damit könnte der IS, der sich zum Beschützer der Sunniten aufgeschwungen hat, noch eine längere Zeit überleben. Als militärisches Zentrum bleibt dem IS nach dem Verlust Mossuls nur die syrische Stadt Rakka.

# Der Krieg des Islam gegen Europa

Mehrfach wurde Europa vor dem Islam gerettet:

1. Im Oktober 732 besiegten die Franken unter Karl Martell die nach Gallien vorgerückten muslimischen Berber- und Araberheere und beendeten die islamische Expansion im Westen. Im Arabischen heißt diese Schlacht von Tours und Poitiers die „Schlacht an der Straße der Märtyrer". Karl, der „Hammer", wurde von langobardischen, sächsischen und friesischen Truppen unterstützt. Der Heerführer der vereinigten Mauren und Araber, Abd el-Rahman, der Feldherr des Kalifen von Damaskus, fiel während des Kampfes und die Reste seines Heeres zogen sich über die Pyrenäen auf die iberische Halbinsel zurück. Dort blieben sie dann bis zum Ende des Mittelalters. In der Wahrnehmung der Muslime wurde die Schlacht später zur „Schlacht der Millionen Tränen" überhöht. Strittig ist unter Historikern, ob die Araber das Frankenreich ihrem Kalifat tatsächlich unterwerfen wollten, oder ob sie nur eine ihrer gängigen Strafexpeditionen mit ausplündernden Raubzügen durchführten.

2. Wichtiger wohl für die Rettung des Abendlandes sind die Abwehrkämpfe von Byzanz, dem damaligen Ostrom, Bollwerk der Christenheit im Osten, die zeitgleich in Kleinasien und am Mittelmeer stattfanden.
   Der Mittelmeerraum, die Wiege der europäischen Zivilisation, war immer eine Welt der Kriege und der Gewalt, „das Hoheitsgebiet der erzürnten und wütenden Götter" (Mathias Enard). Das Mittelmeer verband Rom, Karthago, Athen, Troja, Konstantinopel, Jerusalem und Damaskus.
   Hier ist der arabische Eroberungsversuch der Jahre 717 und 718 zu nennen. Die Belagerung von Konstantinopel war der zweite Angriff der Araber auf die byzantinische Hauptstadt. Karthago war bereits verloren und das Westgotenreich erobert.

Das von Arabern ständig bedrohte Byzanz musste jahrhundertelang die koordinierten Angriffe zu Land und zur See abwehren, hinter denen die Kräfte der islamischen Kalifate standen. Jährliche Militäroperationen der Muslime galten als religiöse Pflicht im Kampf gegen die Ungläubigen.

3. 1453 wird die Hauptstadt, das alte Byzanz, von den Christen nach Kaiser Constantin Konstantinopel genannt, von den Osmanen erobert und in Istanbul, ihrer neuen Hauptstadt, umbenannt. In Europa galt der Fall Konstantinopels als geschichtliche Zäsur, als Ende des byzantinischen Reichs und Übergang vom Mittelalter zur frühen Neuzeit. Die damals größte Kirche der Christenheit, die Hagia Sophia, wurde zur Moschee umgewidmet. Sultan Mehmed II. nahm den Titel Kayser-i Rum, Kaiser der Römer, an, und stellte sich damit in die Nachfolge des Oströmischen Reiches.
Zuvor hatten die Osmanen nach den Schlachten auf dem Amselfeld 1389 weite Teile der Balkanhalbinsel erobert, sich als Militärmacht quasi „im Rücken" Konstantinopels etabliert.
1521 gelang Sultan Süleyman I. die Eroberung Belgrads, der stärksten Festung auf dem Balkan, und 1526 der Sieg über die Ungarn.

4. Im Westen waren mit dem Verlust Granadas 1492 die Araber aus Andalusien vertrieben. Die in Nordafrika lebenden Berberstämme, Mauren oder „Mauri"[285] genannt, waren im 7. Jahrhundert von den Arabern islamisiert worden. Sie setzten 711 zusammen mit muslimischen Arabern über die Straße von Gibraltar in das Westgotenreich auf der iberischen Halbinsel über. Unter ihrem Anführer Tariq ibn Ziyad errangen sie in einem achtjährigen Feldzug die islamische Herrschaft, die sich über Jahrhunderte hielt. Die katholischen Könige

---

[285] Daher auch: „Mohren"

Ferdinand von Aragon und Isabella von Kastilien hatten 1478 Thron und Herrschaft in Spanien übernommen. 1492 wurde das kleine muslimische „Vasallenreich" Granada liquidiert. Die iberische Halbinsel war wieder christlich. Die letzten zwangsgetauften Muslime und Juden wurden 1614 von König Philipp III. aus Andalusien vertrieben. Das maurische „Al-Andalus" war Geschichte.

5. Die erste Türkenbelagerung Wiens fand im September/Oktober 1529 statt. Sie war der erste Höhepunkt der Türkenkriege zwischen dem Osmanischen Reich und den christlichen Staaten Europas.
Das Kommando über die islamischen Truppen führte Sultan Süleyman I., mit den Beinamen der Prächtige, der Gesetzgeber. Die Regierungszeit Süleymans wird oft als Höhepunkt der Macht des Osmanischen Reichs betrachtet. Süleyman I. (1520-1566) regierte als der zehnte Sultan der Osmanen das Reich in seiner damals größten Ausdehnung. Süleyman I. führte 10 Feldzüge gegen Europa und 3 auf asiatischem Territorium selbst als Heerführer an. Er beschließt auch die Blütezeit der osmanischen Herrschaft in Europa.
Nach vergeblichen Eroberungsversuchen zog sich das Heer Süleymans I. „wegen des hinderlichen Winters" vom belagerten Wien zurück. Beim zweiten Eroberungsversuch 1532 wurden Süleymans Truppen im Fahrawald vernichtend geschlagen. Der Nimbus der unbesiegbaren Türken war gebrochen.

6. Die zweite Türkenbelagerung Wiens im Jahre 1683, Juli/September, verlief dramatischer. Erstmalig setzten die Türken mit Sultan Mehmed IV. unter ihrem Anführer Großwesir Kara Mustafa Pascha 5.000 Mineure ein, die die Festungsmauern Wiens unterminieren und dann sprengen sollten. Die Orte um Wien wurden zerstört, die Bevölkerung ermordet. Die Stadt Wien war eingeschlossen. Wochenlang tobten die Kämpfe.
Am 12. September griff das starke christliche Entsatzheer unter dem polnischen König Johann III. Sobieski

in der Schlacht am Kahlenberg das türkische Heer an. Das Türkenheer flüchtete. Wien und das christliche Abendland waren gerettet. Die Eroberungsversuche der Osmanen in Europa waren nach dieser Niederlage beendet.

Die vier wichtigsten Daten zur Rettung des christlichen Abendlands sind:

1. Jahr 732: Bei Tours und Poitiers siegt Karl Martell über Berber und Araber.

2. Jahr 1492: Mit dem Verlust Granadas waren die Muslime aus Spanien vertrieben.

3. Jahr 1529: Erste osmanische Belagerung Wiens abgewehrt.

4. Jahr 1683: Vergebliche Belagerung Wiens beendet die osmanischen Eroberungsversuche.

Die ständigen Kriege des Mittelalters hatten kaum religiöse Hintergründe, wurden aber oft und gern als europäische Abwehrkämpfe gegen arabisch osmanische Eroberungszüge interpretiert. Es waren vor allem Raubzüge um Macht- und Landgewinne, die später sowohl von der Christenheit wie vom Islam zu Kriegen um die jeweilige Gottesherrschaft, also zu Religionskriegen, überhöht wurden. Natürlich wehte dabei auch die Fahne des Propheten Mohammed.

In der Praxis bedeutete das: Ein Christ, der Muslim wurde, konnte seinen sozialen Status verbessern. Er konnte aber, wenn er nicht zum Islam konvertiert, als „Schriftbesitzer", ein „Dhimmi", ein zum Tribut verpflichteter Schutzbefohlener sein, und damit in einen niedrigeren Stand versetzt werden. Nach der islamischen Eroberung wurden Kirchen, Kapellen, Glocken und Gottesdienste in der Öffentlichkeit verboten.

Ein Moslem konnte als Apostat beim Übertritt zum Christentum sein Leben verlieren. Geschlossene Friedensverträge wurden sofort gebrochen, wenn neue Beute, Sklaven oder Landgewinne in Aussicht standen. Rechtfertigungen aus dem jeweiligen Glauben waren üblich und auch schnell gefunden.

## Vom Mittelalter in die Moderne

In ihren Kriegen entlang der chinesischen Seidenstraße hatten die Araber im 7. Jahrhundert die Herstellung und Verwendung des Papiers kennengelernt, und unter dem Kalifat in Bagdad schon im Jahre 794 eingeführt. Sie brachten das Papier mit ihren Eroberungszügen auch nach Europa.

Die Europäer blieben im Mittelalter auf die arabischen Experten angewiesen, die nicht nur ihr Wissen in Medizin, Astronomie, klassischen und orientalischen Sprachen gerne geheim gehalten hätten. Durch die Verwendung des Papiers multiplizierte sich das Wissen über Recht, Wissenschaft und Kulturgeschichte auch im christlichen Europa und ermöglichte den Wandel von einer mündlichen in eine „schriftliche Kultur". Durch die Eroberungen byzantinischer Städte und Klöster erhielten die Araber den Zugang zur antiken Naturwissenschaft und zur Philosophie der Griechen.

Auch floss das gelehrte mathematische Wissen aus Indien und die Astronomie aus Persien zusammen mit den medizinischen Kenntnissen des Orients nach Andalusien und Italien, wurde in kastilischen und katalanischen Übersetzerkreisen der Araber am Kalifenhof in Cordoba adaptiert und von dort weiter in die Hände der Kopisten der christlichen Welt gereicht. Die Leistung der Araber lag vor allem in der vergleichenden Übersetzerarbeit. Aus dem Griechischen über das Arabische gelang das Wissen ins Latein der klösterlichen Schreibstuben Spaniens und Italiens.

Da die Araber auf Übersetzungen aus dem Griechischen ins Syrische zurückgreifen konnten, verfügten sie – mit der Nähe des Arabischen zum Syrischen – schon im 10. Jahrhundert über eine komplette Übersetzung des Aristoteles und einiger Dialoge Platons in Arabisch.

„Al-Andalus" blühte. Sevilla war im 12. Jahrhundert das Zentrum der aristotelischen Philosophie, Latein wurde die

252

Sprache der Philosophie und Theologie und entwickelte sich im 12. Jahrhundert zur Wissenschaftssprache Europas.

So wurde durch Griechen, Araber und Lateiner unbeabsichtigt auch die „Renaissance" im Norden Europas vorbereitet. Arabische Sprachen und Kulturen halfen bei der Geburt der europäischen Kultur. Das alte Arabien hatte Europa auch sein Bestes gegeben, die Kultur seiner größten historischen Epoche.

Zu schnell vergessen wurden dann die historiographischen Schriften von Muhammad Ibn Khald[286], einem arabischen Politiker, Richter und Wissenschaftler, der sich schon im 14. Jahrhundert in seiner „Einleitung", der „Muqaddima", mit Recht, Steuern und Wirtschaft in den großen Wüsten und kleinen Städten Nordafrikas beschäftigte. Gegen die üblichen engstirnigen Koranschulen führte er ins Feld:

„Auch die rationalen Wissenschaften, wie Logik, Mathematik, Naturphilosophie und Metaphysik gehören mit zur Ausbildung, außerdem die grundlegenden linguistischen, biographischen und historischen Kenntnisse und die Kunst, wissenschaftliche Werke zu schreiben".

Berichte von Zeitzeugen zu prüfen, Fakten von Meinungen zu trennen, historische Quellen zu erforschen und Erkenntnisse aus ihrer Zeit heraus zu verstehen, und die soziale Kraft von Gruppensolidarität zu erkennen, beschäftigte diesen außergewöhnlichen arabischen Universalgelehrten. Ein Höhepunkt der arabisch islamischen Wissenschaft. Alles vergessen, missachtet von rückständigen Fundamentalisten.

Es kam die Umbruchzeit: Die Zeitspanne nach Süleyman I. von etwa 1550 bis 1700 war eine Zeit schleichender Veränderungen, vielleicht sogar des langsamen, aber unaufhaltsamen Niedergangs der arabisch osmanischen Welt.

Schwere wirtschaftliche, finanzielle und politische Rückschläge führten zur Krise des 17. Jahrhunderts. Trotz der

---

[286] *1332 in Tunis, † 1406 in Kairo

Zersplitterungen des osmanischen Machtgefüges sah man sich in Istanbul immer noch als die „Bastion des sunnitischen Islam".[287]

Aber auch die religiöse Bastion verkümmerte. Die kulturellen Kräfte des Islam waren erschöpft. Die religiöse Kraft des Islam erstarrte im Traditionalismus. Der rückwärtsgewandte Blick in die Zeit und das Leben Mohammeds endete im Fundamentalismus, der wörtlichen Auslegung des Koran. Traditionalistische Islamgelehrte stellten das Primat der Offenbarung über die Kraft des Verstandes. Da waren kritische Islamgelehrte des 18. Jahrhunderts in ihrer Exegese schon wieder moderner. Leider ist umfangreiches Quellenmaterial noch immer unveröffentlicht und wissenschaftlich nicht ausgewertet. Islamische Länder fielen auch ökonomisch immer weiter zurück.

Westliche Staaten übernahmen die politische und wirtschaftliche Führung in der Welt. Die Kriege des 19. und 20. Jahrhunderts verschlangen die in Teilen noch vorhandenen osmanischen Ressourcen. Der Untergang des Osmanischen Reichs im ersten Weltkrieg traumatisierte die islamischen Länder. Die reiche islamische Geschichte schrumpfte zur verhassten Kolonialgeschichte. Neue Feindbilder entstanden: Die Mandatsmächte als Besatzer.

Der weitere Weg des Islam in die Moderne wurde ein Weg in zunehmende Abhängigkeiten. Islamische Länder wurden abhängig von europäischer Pharmazie, Medizintechnik und wissenschaftlichen Erkenntnissen des Westens. Vergessen war der hohe Stand der orientalischen Heilkunst im Mittelalter, als noch muslimische Heilkundige den medizinischen Standard bestimmten. Muslime empfanden die neuen Abhängigkeiten als Unterordnung unter den christlichen, den ungläubigen Westen. Aus der Unterordnung entwickelte sich ein Gefühl der Unterlegenheit und diese Erfahrung machte unversöhnlich. Der Einfluss westlicher Gesellschafts- und

---

[287] Hathaway, Barbir

Lebensformen wurde als wachsende Bedrohung empfunden. Nichtmuslime wurden zu Feinden der islamischen Welt.

Für die eigene Misere tragen immer andere die Verantwortung, der Westen, die USA, Israel und alle anderen. Zaghafte Entwicklungen zu Demokratie und Säkularisierung, wie im Iran, in Syrien und Ägypten, wurden unterbrochen. Der säkulare Kemalismus in der Türkei weicht einer fortschreitenden Re-Islamisierung.

Nur der eigene destruktive Anteil am Zustand der islamischen Welt wird nicht gesehen: Dass Frauen und Männer, die nicht den oberen Schichten angehören, ausgegrenzt werden, dass intellektuelle Ressourcen nicht genutzt werden, und damit auch der Wohlstand zerfällt. Dass eine innovationsfeindliche Kultur, eine rapide wachsende arme Bevölkerung, die hohe Jugendarbeitslosigkeit und eine damit verbundene Perspektivlosigkeit und Kriminalisierung ein hochexplosives Gemisch bilden.

Ein interkulturell akzeptierter, ein in Zerrissenheit versöhnender Weg in die Zukunft ist in den meisten islamischen Ländern nicht erkennbar. „Der Islam ist nicht reformierbar" konstatierte Hamed Abdel-Samad. Aber die Geisteshaltung und Einstellung der Muslime zum Islam wäre wohl reformierbar, das ist die bleibende Hoffnung. Die Unantastbarkeit der Religion, die Akzeptanz von Herrschaft, sei es der Imame, der Männer, der Familienclans, der Stammesführer, der Tradition, sie verhindern Veränderungen. Zumindest aber behindern sie mögliche Reformanstrengungen. Wie lange noch?

**Was wird aus Multikulti?**

Die muslimische Diaspora wächst durch zunehmende Migration. Ihre Aufnahme und Integration in westliche Gesellschafts- und Lebensformen stellt die Migranten, aber auch die Mehrheitsgesellschaften, vor wachsende Probleme.

Deutschland versuchte, die Integrationsschwierigkeiten durch das politische Konzept „Multikulti" zu lösen. Die Akzeptanz der ethnischen und kulturellen Vielfalt der Zugewanderten, selbst die damit verbundene Absonderung in Parallelgesellschaften wurde begrüßt, da sie ja die mitgeführte Identität festigte.

Im Gefolge der „Multikulti" Euphorie haben sich auch kriminelle arabische Familienclans in Deutschland breitgemacht, und nicht nur hier. Zentren sind Berlin, Bremen, Frankfurt und Essen. Doch nicht nur in den Städten, auch auf dem Land ist für die Clans noch viel zu holen. Geschätzt sind mindestens 30.000 Kriminelle in etwa zwölf Familienclans organisiert.[288] Die Clanfamilien kamen mit der ersten Welle als Flüchtlinge nach Deutschland. Dieses Clan Muster kannten sie aus ihrer Heimat, denn dort waren alle Familien in Clans organisiert. Im Libanon, in der Türkei, bei den Kurden und den Palästinensern.

Eine Ganovenbande kann man subversiv unterwandern, den Clan einer Großfamilie nicht. Der islamische Clan der Miri's in Bremen gilt als besonders aggressiv. Die Integration ist auch hier gescheitert. Hätte man sie bei ihrer Ankunft nicht in Parallelgesellschaften und von da in ihre eigenen Clans abdriften lassen, wären sie vielleicht nicht kriminell geworden. Aber die politische Ideologie des „Multikulti" hat sich nicht darum gekümmert, fand das sogar noch exotisch, schick, bunt, hip und einfach toll. Multikulti war „in" und wurde hier zur politischen Ideologie der Linken. Es war eine in Toleranz verkleidete Gleichgültigkeit[289] der Mehrheitsgesellschaft.

Die libanesischen Bürgerkriegsflüchtlinge, die Mitte der siebziger Jahre nach Deutschland kamen, waren nicht individuell verfolgt, also auch nicht asylberechtigt. Sie blieben wegen der Genfer Flüchtlingskonvention einfach hier, sie waren geduldet und wurzellos. Sie „bereicherten" aber im

---

[288] Ralph Ghadban
[289] Seyran Ates

Mainstream des Multikulti das Lokalkolorit. Anstatt von der Politik aktiv integriert zu werden, fielen sie auf ihre vertrauten Familienstrukturen zurück. Multikulti ist gescheitert. Es hat noch nirgendwo funktioniert. Multikulti konserviert die Unterschiede und verhindert Integration.

Niklas Luhmann meinte: Je größer die Partizipation an einer Gesellschaft, desto stärker, intensiver ist die Integration. Und aus der Integration wird Assimilation und eine allmähliche Aufhebung der bestehenden Unterschiede. Aber die Isolation der Einwanderer in ihren jeweiligen Kulturen führte zur Entdeckung, Ausformung und Verstärkung der islamischen Identität. Der Islam gab den Einwanderern den notwendigen Halt. Aus ethnischen Kulturen wurde so eine religiöse Kultur, vereinzelt auch eine neue politische Identität – bis hin zum heutigen Islamismus.

Das Integrationshindernis: Nach 1945 gab es nur einen Scharia Staat: Saudi-Arabien. Heute haben von den 57 islamischen Staaten 50 Staaten die Scharia als Rechtssystem eingeführt. Und die Scharia lehnt die Integration ab. Man geht nicht in Richtung Reform, sondern in die Tradition, spaltet sich weiter ab, separiert und isoliert sich.

Die Konsequenz: Lässt man Fremde ins Land, muss man sie auch integrieren und kein diffuses Multikulti erhoffen oder gar fördern. „Der Ansatz für Multikulti ist gescheitert, absolut gescheitert", sagte die deutsche Kanzlerin 2010 auf dem Deutschlandtag der Jungen Union.

# Strukturen der Islamverbände

Muslimische Flüchtlinge und Arbeitsmigranten gründeten die ersten religiösen Moscheenvereine in Deutschland. Grundlage war das deutsche Vereinsrecht. Orientierung gaben die Strukturen der Herkunftsländer und die verschiedenen muslimischen Glaubensrichtungen.

Nach fünf Jahren Dialog schloss Hamburg für die etwa 200.000 Muslime in Hamburg im Jahr 2012 einen Staatsvertrag mit den Islamverbänden DITIB, Schura e.V., VIKZ, sowie mit der Alevitischen Gemeinde. Vereinfachend hat Hamburg die Vertragspartner zunächst zu „Religionsgemeinschaften" aufgewertet, die nur eine Option auf den Status einer Körperschaft des öffentlichen Rechts -KdöR- haben, aber keine KdöR sind. Diese Aufwertung war erforderlich, um einen islamischen Religionsunterricht, erteilt von muslimischen Religionslehrern, anbieten zu können.

Nach Hamburg hat auch Bremen 2013 mit den gleichen Verbänden einen Staatsvertrag geschlossen.

In Niedersachsen und Schleswig-Holstein wurden die Verhandlungen mit den Islamverbänden in 2016 wegen der demokratiefeindlichen Entwicklungen in der Türkei ausgesetzt. Diese Staatsverträge der einzelnen Landesregierungen regeln für die Verbände das Recht auf Moscheenbauten, auf drei islamische Feiertage, auf freien Zugang zu öffentlichen Einrichtungen sowie die gleichberechtigte Teilnahme an Bildung, Erwerbstätigkeit und am gesellschaftlichen Leben.

Die Islamverbände unterstützten bisher die Isolierung der Muslime. Versucht doch jeder Verband, Muslime in seine jeweilige Vertretung einzubinden. Es sind bisher aber nur etwa 15 bis 20 Prozent der etwa 4½ Millionen Muslime in Deutschland über diese Verbände organisiert.

Da es „den Islam" nicht gibt, fehlt auch der für „den Islam" verantwortliche Ansprechpartner, der für die Muslime in Deutschland verhandeln und entscheiden könnte.

Der Islam hat, wie wir gesehen haben, viele Konfessionen, er hat viele sich gegenseitig ablehnende Richtungen und Vertreter. Er ist auch nicht „die eine" Religion, die mit einer klar erkennbaren Organisationsstruktur auf Bundesebene verhandeln könnte. Einzelne Versuche der Vertretung auf Vereinsebene hat es in der Vergangenheit gegeben, die sich aber kaum auf religiöse Aspekte, sondern viel stärker auf politische, sprachliche und ethnische Unterschiede bezogen: 1984 wurden der Islamrat und die DITIB[290] gegründet, in 1994 folgte der „Zentralrat der Muslime", Verbände, die nicht unbedingt integrativ ausgerichtet waren, sondern ihre ethnische Identität, auch ihre jeweils abweichende konfessionelle Identität betonten, und damit die Abgrenzung verfestigten. Als weitere und übergreifende Gesprächsbasis wurde dann im Geist des vorherrschenden „Multikulti Mainstreams" im Jahr 2006 die „Deutsche Islamkonferenz" gegründet, die wiederum die separatistischen Tendenzen der abgedrängten und ausgegrenzten Muslime, die in diesem Gremium nicht vertreten waren, verstärkte.

Wir unterscheiden bei den Islamverbänden vor allem „Körperschaften des öffentlichen Rechts"[291] und Organisationen nach dem „Vereinsrecht".

### Die „Körperschaft des öffentlichen Rechts"

*Ahmadiyya Muslim Jamaat Deuschland*

Die Ahmadiyya ist seit den 1920er Jahren in Deutschland vertreten und ist seit 2013 als Religionsgemeinschaft, und damit als einzige KdöR[263] anerkannt. Sie brachte die ersten von heute 40 Moscheen und auch die ersten Koranübersetzungen sowie eine professionellere Öffentlichkeitsarbeit nach Deutschland. Mit ihrem Sitz in Frankfurt ist sie seit 2013 Träger für muslimischen Religionsunterricht an

---

[290] Diyanet İşleri Türk İslam Birliği=Türk. Islam. Union
[291] KdöR=Körperschaft des öffentlichen Rechts

Grundschulen in Hessen und eröffnete 2012 das erste Institut für die Ausbildung deutschsprachiger Imame. Die AMJ[292] hat ihren Ursprung in Indien und wird von einem Kalifen geleitet. Neben Koran, Hadith und Sunna haben die Schriften des Gründers Mirza Ghulam Ahmad besondere Bedeutung.

**Nach Vereinsrecht**

*Sunnitischer Islam*

*Türkisch sunnitische Dachverbände*

Die „Türkisch Islamische Union der Anstalt für Religion e.V. (*DITIB*)" [293]

Die DITIB mit Sitz in Köln Ehrenfeld ist ein bundesweiter Dachverband der türkisch islamischen Moscheengemeinden und der mitgliederstärkste Verein in Deutschland. Etwa 150.000 Muslime sollen über die DITIB organisiert sein.

Die rund 970 Imame predigen einen orthodox sunnitischen Islam und werden als Beamte aus der Türkei entsandt, von dort bezahlt und gehen nach drei bis fünf Jahren wieder in die Türkei zurück. Gepredigt wird in der Moschee auf Türkisch. Die Freitagsgebete werden von der DITIB in Köln nach Vorgaben des Diyanet verfasst, sind bundeseinheitlich getextet, und werden von den Imamen nur noch verlesen.

Die DITIB untersteht der Kontrolle und Leitung des Diyanet, des Amtes für religiöse Angelegenheiten in Ankara, das dem türkischen Ministerpräsidenten zugeordnet ist. Der Jahresetat des Diyanet beträgt 1,8 Milliarden Euro.

Die DITIB Imame sind über den Verein DITIB e.V. an den türkischen Botschaftsrat in Berlin gebunden. Der Botschaftsrat untersteht dem Präsidenten des Diyanet[294]. Die genaue Zahl der Mitglieder ist nicht bekannt. Die DITIB lehnte lange

---

[292] AMJ= Ahmadiyya Muslim Jamaat
[293] Diyanet İşleri Türk İslam Birliği=Türk. Islam. Union
[294] Studie Aysun Yasar

einen Religionsunterricht in deutscher Sprache ab. Sie vertritt, unterhält und kontrolliert mehr als 900 Moscheegemeinden in Deutschland. Die DITIB ist Trägerin von Integrationskursen und macht ihren Mitgliedern Bildungs-, Sport- und Kulturangebote. Die Zentralmoschee der DITIB wird derzeit in Köln Ehrenfeld gebaut. „Seit der Regierung der AKP, gibt es zudem eine engere Zusammenarbeit mit der Milli Görüs".[295] Die DITIB vertritt, in Abweichung von arabischen Ländern, einen gemäßigten türkischen Islam, aber die türkische Politik sieht das wohl doch etwas anders: Am 15. Mai 2015 fragte Recep Tayyip Erdogan 14.000 seiner türkischen Anhänger in Karlsruhe:

„Fangen wir von Deutschland aus an, die neue Türkei aufzubauen"? Die Menge rief: „Ja"! Er forderte die türkischen Gemeinden auf, „Eintracht" zu wahren, um die neue Türkei mit globaler Macht aufzubauen. Fünfzehn Mal dankte Erdogan und lobte Allah für die Hilfe. Das nennt man politischen Islam.

Immer noch steht zu befürchten, dass die staatliche türkische Religionsbehörde Diyanet versucht, über ihren deutschen Arm, die DITIB, Einfluss auf die Gesellschaft zu nehmen und ihren politischen Islam zu fördern. In einigen DITIB Gemeinden zerfließen die Grenzen zwischen AKP Ideen und Salafismus. Bestärkt wird diese Annahme durch „Spitzelaktionen" einzelner Imame im Hinblick auf hier lebende türkische Muslime und deren eventueller Sympathie für den zum türkischen Staatsfeind erhobenen Prediger Fethullah Gülen. Gülen lebt in den USA. Es gab im September 2016 einen Email Aufruf der Diyanet an die Botschaften, Konsulate und Religionsämter, Anhänger von Gülen zu melden. Der DITIB Generalsekretär Bekir Alboga nannte das Ganze „eine bedauerliche Panne". Die Namen von 28 Personen und 11 Institutionen sollen in den Dossiers enthalten und gemeldet worden

---

[295] Lale Akgün, SPD

sein. Die Bundesanwaltschaft hat dazu Ermittlungen eingeleitet.

### Islamische Gemeinschaft Milli Görüs

Die Gemeinschaft IGMG[296] wurde 1976 in Köln gegründet und heißt seit 1995 Milli Görüs. Milli Görüs ist wegen islamistischer Tendenzen umstritten. Einige Innenminister sehen in der IGMG antisemitische Züge. Der Verfassungsschutz hält Milli Görüs für antidemokratisch. Milli Görüs heißt „Nationale Sicht" und war eng mit dem türkischen Politiker Necmettin Erbakan verbunden. Die Organisationsstruktur ist schwer durchschaubar.

### Union Türkisch Islamischer Kulturvereine

ATIB[297] ist ein nationalistischer Dachverband von Kulturvereinen, die sich 1987 zusammenschlossen, um von der türkischen Tagespolitik Abstand zu nehmen. Die ATIB gibt sich dialogorientiert. Sie bekennt sich zum deutschsprachigen Religionsunterricht und steht zu den freiheitlich demokratischen Grundrechten.

### Verband der Islamischen Kulturzentren

Der VIKZ[298] Verband wurde 1973 als älteste dauerhaft bestehende türkisch islamische Vereinigung in Deutschland gegründet. Sie ist nicht politisch aktiv.

### Verband der Islam. Vereine und Gemeinden e.V.

Die Organisation ICCB[299] wurde 2002 vom Bundesinnenministerium verboten.

---

[296] IGMG= Islamische Gemeinschaft Milli Görüs,

[297] ATIB=Union Türk. Islam. Kulturvereine in Europa e.V.

[298] VIKZ=Verband der Islamischen Kulturzentren

[299] ICCB=Verband der Islam. Vereine und Gemeinden e.V.

### Islamische Gemeinschaft in Deutschland

Die IGD[300] wurde 1958 in München als Moscheebaukommission gegründet. Sie gehört zur fundamentalistischen Muslimbruderschaft. Sie denkt an einen deutschsprachigen Islam.

### Schiitischer Islam

### Islamisches Zentrum Hamburg

Das ist die bedeutendste schiitische Institution in Europa. Zu ihr gehört die „Blaue Moschee" an der Außenalster.

### Islamischer Rat der Ahl-ul-Bayt Gemeinschaften[301]

IGS ist der in 2009 gegründete Dachverband mit mehr als 100 schiitischen Gemeinden. Sitz ist Berlin.

### Konvertiten zum Islam

### Deutsche Muslim Liga e.V.

Zusammen mit der Abspaltung „Deutsche Muslim Liga Bonn e.V". ist sie vom Sufismus geprägt. Die beiden Organisationen vertreten seit 1952 bzw. 1983 die zum Islam konvertierten deutschen Muslime. Nur deutsche Staatsangehörige können Funktionsträger der DML sein. Die Deutsche Muslim Liga hat ihren Sitz in Hamburg.

### Naqschbandi

Der Naqschbandi Haqqani Orden ist die wohl größte Gruppe sufisch geprägter deutscher Muslime mit Sitz in der Eifel.[302] Sie vertreten eine mystische Form des Islam.

---

[300] IGD=Islamische Gemeinschaft in Deutschland

[301] IGS=Islam. Gemeinsch. der schiit. Gemeinden Deutschl.

[302] Kall-Sötenich

## Sondergruppen

### *Alevitische Gemeinde Deutschland*

Neben den türkischen Sunniten haben sich die türkischen Aleviten seit 1992 im AABF[303] zusammengefunden. Für sie gilt die Scharia nicht. Es handelt sich eher um eine liberale Glaubensgemeinschaft. In Deutschland leben mehr als 500.000 Aleviten, die zu 95% aus der Türkei stammen. Sie fordern die Trennung von Staat und Religion.

Die Aleviten sind nach den Sunniten die zweitgrößte Gruppe in Deutschland lebender Muslime. Die AABF unterhält etwa 125 Moscheenvereine mit mehr als 20.000 Mitgliedern.

### *Liberal Islamischer Bund*

Der 2010 gegründete Verein unter Vorsitz von Lamya Kaddor vertritt liberale Positionen, akzeptiert Homosexualität und lehnt eine religiöse Verpflichtung zum Tragen eines Kopftuchs ab. Ebenfalls wird die Diskriminierung anderer Religionen abgelehnt. Der Bund vertritt eine zeitgemäße Koranauslegung.

### *Türkische Gemeinde in Deutschland (TGD)*

Die Dachorganisation TGD mit Sitz in Berlin Kreuzberg wurde 1995 gegründet und vertritt etwa 250 Einzelvereine in Deutschland. Sie versteht sich als rechtliche Interessenvertretung türkischstämmiger deutscher Muslime und in Deutschland lebender Türken. Sie setzt sich für deren Gleichstellung ein. Sie ist keine ausgeprägt religiöse Organisation, sondern eine Selbstorganisation der Migranten.

---

[303] AABF=Alevitische Gemeinde Deutschland

*Zentralrat der Marokkaner in Deutschaland*

Etwa 180.000 Muslime stammen aus Marokko oder haben marokkanische Wurzeln. Gegründet 2008 mit Sitz in Offenbach. Der ZRMD[304] soll nach eigenen Angaben 100 Moscheengemeinden vertreten.

*Sonstige Organisationen*

Über die hier genannten Islamverbände hinaus gibt es noch eine größere Zahl von islamischen Jugend- und Studentenorganisationen, sowie Frauennetzwerke, Schulträger, Institute und Akademien.

**Dachverbände**

Islamische Organisationen haben sich in der Vergangenheit zu Dachverbänden zusammengeschlossen, um Ansprechpartner politischer Institutionen werden zu können. Hierzu zählen:

*Milli Görüs (IGMG)*

Es ist das größte Mitglied des Islamrates für die Bundesrepublik Deutschland.

*Zentralrat der Muslime in Deutschland*

Der ZMD[305] wird in der Öffentlichkeit wegen seiner breiten medialen Präsenz sehr stark wahrgenommen, vertritt jedoch nur etwa zwei Prozent der Muslime. Einige der 24 Mitgliedsverbände des ZMD stehen der Muslimbruderschaft und damit dem islamistischen Spektrum nahe. Der ZMD vertritt etwa 300 Moscheengemeinden mit rund 20.000 Mitgliedern. Das Gesicht des Zentralrats ist Aiman Mazyek, der den ZMD seit langem öffentlichkeitswirksam vertritt.

---

[304] ZRMD=Zentralrat der Marokkaner in Deutschaland e.V.
[305] ZMD= Zentralrat der Muslime in Deutschland e.V.

## *Islamrat für die Bundesrepublik Deutschland*

Der IRD[306] mit Sitz in Köln vertritt als Dachverband etwa 400 Moscheegemeinden mit rund 50.000 Mitgliedern. Vorsitzer des 1986 gegründeten Verbandes ist Ali Kizilkaya.

## *Koordinierungsrat der Muslime[307]*

Im März 2007 haben sich vier islamische Religionsgemeinschaften, die selbst Dachverbände sind, zum KRM zusammengeschlossen. Das geschah im Zuge der 2006 eingerichteten „Deutschen Islamkonferenz". Die folgenden vier Islamverbände vertreten maximal 20% der in Deutschland lebenden Muslime. Der KRM hat bisher keine Rechtsform und versteht sich als Arbeitsplattform der vier Islamverbände:

1.  Türkisch Islamische Union (DITIB),
2.  Islamrat für die Bundesrepublik Deutschland (IRD)
3.  Zentralrat der Muslime (ZMD)
4.  Verband der Islamischen Kulturzentren (VIKZ).

Von den etwa 2.350 Moscheegemeinden in Deutschland ordnen sich etwa 45% der DITIB zu, 19% der IGMG und 17% dem VIKZ. Daneben gibt es noch AMC, IGBD, IGS und ZRMD sowie den TGD, die als eigene Dachverbände gelegentlich gemeinsam mit dem KRM auftreten.

Nach den Anschlägen in Paris gaben diese neun Verbände am 16.11.2015 eine Erklärung der „Betroffenheit, des Mitgefühls und der Trauer" ab:

„Wir stehen entschlossen gegen Terror und jede Form von Gewalt. Unsere Antwort auf Terroranschläge muss lauten: Wir rücken noch stärker zusammen und halten unbeirrt an dem fest, was uns stark macht: unsere Religion, die Vielfalt als Segen begreift und an den freiheitlichen Werten dieser Gesellschaft, die diese Vielfalt zum Erblühen bringt. Es ist

---

[306] IRD=Islamrat für die Bundesrepublik Deutschland e.V.

[307] KRM=Koordinierungsrat der Muslime

wichtiger denn je, den gesellschaftlichen Frieden zu stützen und zu stärken. Jetzt werden wir unseren Kreis erweitern und die Reihen der Friedliebenden und Freiheitsliebenden verstärken"

Sprecher des KRM ist Aiman Mazyek, der Sprecher des Zentralrats der Muslime (ZMD).

## Deutsche Islamkonferenz[308]

Die DIK wurde 2006 unter dem damaligen Innenminister Wolfgang Schäuble zusammengerufen. Sie wird als Dialoginstrument zwischen Staat und Muslimen gesehen. Da der Islam in Deutschland keine anerkannte Religion im Sinne einer Körperschaft öffentlichen Rechts ist, ist auch die DIK „keine Vertretung der Muslime im religionsgemeinschaftlichen Sinne".

Das Plenum der DIK tagt jährlich unter dem Vorsitz des Bundesinnenministers und berät die Ergebnisse und Vorschläge der Projekt- und Arbeitsgruppen. Das Plenum setzt sich paritätisch zusammen aus je 15 Vertretern der staatlichen Seite und 15 Vertretern der muslimischen Gemeinschaft Deutschlands.

Schwerpunkte liegen auf der Einführung des islamischen Religionsunterrichts, der Fortbildung deutschsprachiger Imame, der islamischen Wohlfahrtspflege und der Seelsorge. Derzeit sind zehn islamische Dachverbände Mitglieder der DIK. Verbandsfreie Muslime sind im Gegensatz zu den vorherigen Legislaturen nicht mehr im DIK vertreten. Stattdessen werden ad hoc Experten zu praxisnahen Themen eingeladen. Die Bundesregierung wird durch die jeweiligen Fachminister vertreten.

Sinn und Zweck der DIK sind umstritten.

---

[308] DIK=Deutsche Islamkonferenz

Lediglich die drei großen Studien über Muslime (2007), das muslimische Leben (2009) und das islamische Gemeindeleben in Deutschland (2012) sind von besonderer Relevanz. Doch diese Umfragen wurden nicht von der DIK, sondern von deutschen Universitäten und Meinungsforschungsinstituten realisiert und ausgewertet. Die DIK hat nach Untersuchungen von Felix Strüning dazu wenig beigetragen. Die Islamverbände selbst betrachten die DIK als Forum für ihre Forderungen nach einer Sonderbehandlung des Islam und ihrer Deutungshoheit über die Rolle ihrer Religion in Deutschland. Sie wollen festlegen, wer etwas über die Muslime und den Islam sagen darf, und wie sich die Deutschen zum Islam verhalten sollen.

### Sonderfall: Zentralrat der Ex Muslime[309]

Der „Zentralrat der ehemaligen Muslime und sonstiger nichtreligiöser Menschen e.V". wurde 2007 in Köln nach dem deutschen Vereinsrecht gegründet. Er ist eine Vereinigung religionsfreier, säkular denkender Menschen, die entweder muslimischen Glaubens waren oder aus einem muslimisch geprägten Land stammen. Menschen ohne Verbindungen zum Islam können nur außerordentliche Mitglieder des Vereins werden.

Die Vereinsgründung war insofern ein Tabubruch, als im Islam eine Abkehr vom Glauben[310] nicht möglich ist, und mit der Todesstrafe geahndet werden kann. Auch der Name provoziert, da er auf den „Zentralrat der Muslime" anspielt, der medial zwar sehr wirksam ist, aber nur etwa 20.000 der rund 4½ Millionen Muslime in Deutschland repräsentiert. Innenpolitisch fordert der ZdE „die konsequente Trennung von Staat und Religion sowie die entschiedene Durchsetzung der

---

[309] ZdE=Zentralrat der Ex-Muslime

[310] Apostasie

aufklärerisch humanistischen Leitideen, auf denen der moderne Rechtsstaat gründet".[311] Ähnliche Organisationen finden sich in Skandinavien, Großbritannien und Österreich.

Auch diese knapp 30 Organisationen, Vereine und offiziellen Vertretungen der Muslime in Deutschland sind die „Gesichter des Islam". Die kurze Darstellung der Islamverbände in diesem Kapitel zeigt, wie zersplittert die Gesamtheit der Muslime in Deutschland ist. Und nicht nur hier. „Der Islam" ist weder erkennbar noch ist er als die eine ansprechbare Instanz vertreten. Das erschwert auch die Suche des Gesetzgebers nach einem für die muslimische Gemeinschaft in Deutschland zuständigen und verantwortlichen Gesprächspartner.

## Kann es einen „Euro Islam" geben?

Nach Meinung Benjamin Idriz, Imam aus Penzberg, gibt es keinen „Euro Islam", denn für gläubige Muslime kann es nur einen Islam geben. „Doch dieser müsse anders aussehen, als der Islam des 7. Jahrhunderts auf der arabischen Halbinsel. Muslime in Europa müssten sich vom Islam ihrer Heimatländer und damit von ihrer mitgebrachten Kultur lösen. Das ginge aber nur mit Hilfe von Imamen, die die europäische Weltsicht, den Rechtsstaat, die Demokratie, die staatliche Gewaltenteilung, und das Prinzip der Gleichberechtigung verstehen und vertreten".

Gesucht werden Islamvertreter, die bereit sind, die Säkularisierung eines Staates anzuerkennen. Idriz sieht einerseits Sinn und Inhalt eines modernen Islam, andererseits bleibt er bei seinem ablehnenden Standpunkt und fährt fort:

„Wir haben die Pflicht, unseren Glauben und unsere Quellen vor der Zersetzung zu bewahren, so wie es viele Brüder und Schwestern unter schwersten Bedingungen vor uns getan haben, so dass unsere Chance gewahrt blieb, unseren Glauben zu leben".

---

[311] Satzung VdE

Diese Doppelgesichtigkeit im eigenen Urteil ist für viele in Europa lebende Islamtheologen typisch. Es ist dieses zugleich „Nein und Ja", die dem Islam innewohnende Widersprüchlichkeit, die es auch aufgeschlossenen Muslimen schwermacht, sich für einen anderen, moderneren, einen Euro Islam zu entscheiden.

Der Begriff „Euro Islam" wurde 1991 von Prof. Bassam Tibi, früher Universität Göttingen, in die wissenschaftliche Diskussion eingeführt. Der Euro Islam sollte sich durch eine Kombination der Pflichten und Prinzipien des Islam mit den Werten der europäischen Kultur herausbilden. Muslime, die in Europa leben, sollten europäische Bürger werden, nicht mit dem Pass, sondern mit dem Herzen! Bassam Tibi forderte die uneingeschränkte „Bejahung der säkularen Demokratie" und den Pluralismus der Religionen.

Nur steht dem Islam als Religion der Islamismus als einer global vernetzten politischen Bewegung entgegen, die zudem immer stärker wird.

Voraussetzung für einen Euro Islam ist die klare Trennung von Politik und Religion, von Staat und Islam. Bedingung dafür ist die Anerkennung der säkularen Demokratie und der individuellen Menschenrechte. Die Würde und die Individualität jedes Menschen und die Freiheit nicht nur der Gedanken, sondern die Freiheit seines Denkens, wäre dafür die alleinige Basis. Diesen optimistischen Ansatz vertrat auch der Islamwissenschaftler Carl Heinrich Becker, als er schon 1909 in einem Aufsatz schrieb: „Im Grunde ist der Islam nur ein Feind des Christentums, aber nicht der Zivilisation". Man müßte noch dazu setzen: „...und ein Feind des Judentums".

In der Synthese sollten Scharia und Dschihad durch den Euro Islam verdrängt werden. Es sollte ein Euro Islam ohne Vorrang des Islam gegenüber anderen Religionen werden. In Europa lebende Muslime sollten auch die Trennung von Religion und Staat akzeptieren. Das Credo hieße dann: Religion ist Privatsache!

Seit 25 Jahren ist von einem Euro Islam nichts zu sehen. Wollen die hier lebenden „demokratisch toleranten pluralistischen" Muslime diesen modernen Islam nicht? Ist er zu lau, zu unentschieden, zu uninspiriert, zu konsensfähig? Vertreter des Euro Islam stehen auf dem Boden der deutschen Rechtsordnung, des Grundgesetzes, des Europäischen Rechts und lehnen die Scharia und den heiligen Krieg, den Dschihad, konsequent ab. Das säkulare Recht des Staates steht über dem religiösen Recht der Scharia.

Noch einmal Bassam Tibi: „Nach dem islamischen Glauben ist die einzig richtige Religion der Islam. Es gibt zwei unvollständige Religionen: Christentum und Judentum. Und alles andere ist Kufr. Kufr heißt Unglauben. Das kann ich nicht mehr akzeptieren".[312]

Nicht nur den Islamverbänden wirft Bassam Tibi vor, den Euro Islam zu verhindern. Auch von deutschen Politikern ist er enttäuscht: „Die Bundesregierung habe kein sinnvolles Konzept, um Islam und Muslime in die deutsche Gesellschaft zu integrieren. Parallelgesellschaften sind der Beweis für eine gescheiterte Integration".

[312] Deutschlandfunk Interview vom 1. August 2016

# Das deutsche Grundgesetz

Artikel 4 des Grundgesetzes sichert die „Glaubens- und Gewissensfreiheit":

1. Die Freiheit des Glaubens, des Gewissens und die Freiheit des religiösen und weltanschaulichen Bekenntnisses sind unverletzlich.
2. Ungestörte Religionsausübung wird gewährleistet.

Artikel 4 ist ein individuelles Grundrecht. Das schützt auch die negative Religionsfreiheit, nichts zu glauben. Dieses Grundrecht gilt in der Rechtsprechung des Bundesverfassungsgerichts für alle Religions- und Weltanschauungsgemeinschaften. Der Staat darf sich daher nicht mit einem bestimmten Bekenntnis identifizieren, sondern muss allen im Land aktiven Religionsgemeinschaften neutral und tolerant gegenüberstehen. Der Regierungssprecher interpretierte den Artikel 4 im April 2016 wie folgt: „In Artikel 4 ist die Freiheit des Glaubens, des Gewissens, des religiösen und weltanschaulichen Bekenntnisses und die ungestörte Religionsausübung festgeschrieben".

Damit ist auch klar, dass jeder Muslim seine individuelle Form des islamischen Bekenntnisses frei ausüben kann. Das nennt man Glaubensfreiheit. Dass „der Islam zu Deutschland gehört", steht nicht im Grundgesetz.

Artikel 4 beschreibt ein jedem einzelnen Menschen zustehendes individuelles Grundrecht, es ist die individuelle Religionsfreiheit, sich zu einer Religion bekennen zu können, oder es zu lassen. Es ist keine Bestandsgarantie für eine bestimmte Religion.

Nahezu schreckhaft reagieren Islamvertreter, wenn wieder ein Anschlag im Namen des Islam geschieht. Der Exkulpationssatz lautet dann: „Das hat nichts mit dem Islam zu tun!" Ja, womit denn sonst, könnte man fragen, wenn fast alle Terroranschläge von „Islamisten" verübt werden. Und dass auch

272

Islamisten mit dem Islam verbunden sind, haben wir diskutiert. Der Islamismus ist der Politische Islam!

Lebenslügen verstellen den offenen Blick und den realistischen Befund. Es werden dann für alle Übeltaten auch schnell die verunsicherten Geschlechterrollen, soziale Ausgrenzung, Familiengewalt, falsche Freunde, salafistische Werber, gruppenspezifischer Anpassungsdruck usw. mit einem Wort „die üblichen Verdächtigen", herangezogen. Nur vom Islam darf nicht geredet werden. Kritik will man nicht hören. Nur keine Einsicht zeigen.

Dazu sagt Daniele Dell'Agli: „Wenn andere Kulturen nicht kritisiert werden dürfen, kann man die eigene nicht verteidigen. Der Glaube, die „politische Korrektheit" garantiere das harmonische Zusammenleben unterschiedlicher Kulturen, hat sich als Illusion entpuppt. Kein Mensch kann authentisch respektieren, was er in Wahrheit für unmoralisch, irrational oder ganz einfach dumm hält".

Es sind nicht nur gescheiterte Existenzen in den Dschihad des „Islamischen Staats" gezogen, sondern viele abenteuerlustige, in Europa gut ausgebildete junge Leute aus dem Mittelstandsmilieu, narzisstische Typen, Egomanen, überwiegend fanatisierte Anhänger des Salafismus, einem mäandernden Teil des sunnitischen, im Kern aber wahhabitischen Islam.

Hirsi Ali fand bei ihrer Arbeit in niederländischen Frauenhäusern muslimische Frauen, die der Meinung waren, ihre Herren und Besitzer -Männer, Väter, Brüder- hätten das Recht, sie zu schlagen, zu verschleiern, zu vergewaltigen oder einzusperren. Ist das Recht, dann hat es mit dem Islam zu tun, mit der Scharia.

## Kein Ort für Islamkritik?

Islamkritische Wissenschaftler und Publizisten, die mit der Anerkennung absoluter und letzter Wahrheiten ihre Probleme haben, laufen permanent Gefahr, in die „islamophobe" Ecke gestellt, als fremdenfeindlich abgestempelt und dann als islamfeindlich abgewertet zu werden.[313] Neben vielen anderen haben das auch Salman Rushdie, Bassam Tibi, Ralph Giordano und Thilo Sarazin erfahren müssen.

Und nicht nur der Islamwissenschaftler Prof. Mouhanad Khorchide, Universität Münster, steht unter Polizeischutz. Ähnliches erfährt der ägyptische Muslim, Publizist und Politologe Hamed Abdel-Samad, der sich nach der historisch kritischen Methode mit Mohammed und dem Koran auseinandergesetzt hat.

„Islamkritik sucht in Deutschland immer noch ihren Ort", schreibt die „Welt". Wird Kritik an den Erscheinungsformen des Islam geäussert, oder gibt es ein neues Attentat, kommt unverzüglich der sich selbst von allem freizeichnende gleiche Standardsatz: „Das hat nichts mit dem Islam zu tun". [314]

Es genügt auch nicht, wenn Vertreter des Islam in Deutschland, vor allem die islamischen Dachverbände, sich reflexartig von den Gräueltaten der Islamisten distanzieren. „Distanzieren" ist zu wenig und wohlfeil. Selbst die eilfertige „Verurteilung" des Islamischen Staats durch den fundamentalistischen Großmufti von Saudi-Arabien ist zu wenig. Hier wären sichtbare Anstrengungen zur Veränderung der Aktionsbasis notwendig.

Viele Muslime meinen, der Islam sei perfekt, nur einzelne Muslime sind es nicht. Wenn aber die „Vereinzelten" Verbrechen begehen, wenn hunderte Terroranschläge in aller Welt

---

[313] Ayatollah Khomeini: zed-e-eslam, „islamophob", persisch/ Farsi: gegen den Islam gerichtet
[314] Aiman Mazyek

geschehen, wenn Ehrenmorde, Zwangsehen, Genitalverstümmelungen, sich häufen, wenn Frauen verschleppt, vergewaltigt oder als Sklavinnen verkauft werden, und wenn in Syrien ein brutales Kalifat entsteht, hätte das alles nichts mit dem Islam zu tun, dann verspielen die geübten Verharmloser ihre Glaubwürdigkeit.

## Fatwen, Rechtsgutachten, Verhaltensregeln

Dann hätte auch Khomeini's fast vergessene, aber jetzt von höchster schiitischer Instanz erneut bestätigte Todesfatwa gegen Salman Rushdie wegen seines Buches „Die satanischen Verse"[315], nichts mit dem Islam zu tun. Die literarische, nicht religiöse Auslegung der „satanischen Verse" durch Salman Rushdie wurde von Ayatollah Khomeini als „Gotteslästerung" verurteilt und in einer Fatwa 1989 mit Todesfolge für Rushdie belegt. Ähnliche Fatwen waren gegen andere Künstler, Literaten und Journalisten gerichtet.

Im Koran lesen wir: Hatte Mohammed zunächst noch die Verehrung der drei vorislamischen Göttinnen der Quraisch, al-Lat, al-Uzza und Manat erlaubt, rückte er davon wieder ab, als er den Widerspruch zu seiner eigenen Verkündigung bemerkte. Sicher ist wohl, dass Mohammed seine Aussage in Sure 53:21-23 selbst korrigiert hat, suchte er in Mekka doch anfangs noch nach einem Mittelweg zwischen seinem strengen Monotheismus und der einträglichen Vielgötterei der Mekkaner, die von dem jährlichen Pilgerstrom zu den Götterstatuen in und vor der Kaaba sehr gut lebten. Mohammed wollte anfangs sicher nicht das ertragreiche Geschäftsmodell seines Stammes, der Quraisch, zerstören. Doch die Duldung der alten mekkanischen Gottheiten verwässerte sein Konzept des „Einen Gottes". Um diese Wendung vor seinen Anhängern und den Mekkanern zu rechtfertigen, behauptete Mohammed, die früheren Verse seien ihm von Satan eingeflüstert worden. Sie werden deshalb durch seine späteren Verse wieder aufgehoben.

---

[315] Sure 53:19 ff

Die Fatwa ist eine auf Anfrage erstellte und nach dem Recht der Scharia begründete Rechtsauskunft, die dazu dient, ein religiöses oder rechtliches Problem zu lösen, oder Verhaltensregeln festzulegen. Sie wird von einer muslimischen Autorität erteilt, die in der Regel ein Spezialist der islamischen Jurisprudenz ist. Der Experte wird auch als Mufti bezeichnet. Ein Großmufti ist eine Zentralinstitution und leitet mehrere regionale Muftis. Im osmanischen Reich setzte die Regierung für jede Provinz einen Mufti ein.

Die Fatwa ist nur für diejenigen Muslime bindend, die die Rechtsautorität auch anerkennen. Im sunnitischen Islam ist strittig, wer eine Fatwa ausstellen darf. Viele fühlen sich dazu berufen.

Im schiitischen Islam war Ayatollah Khomeini als höchste Autorität mit Sicherheit berufen und befugt, die Fatwa gegen Salman Rushdie zu stellen. Deswegen wagt auch niemand, sie aufzuheben. Die Motivation Khomeinis für diese Fatwa war eindeutig: Es galt mit der höchsten Strafe, verhängt von der höchsten religiösen Autorität, eine freie literarische Auslegung der göttlichen Offenbarungen Allahs und seines Propheten zu unterbinden. Kritik eines Schriftstellers am Islam und seinem Verkünder ist nicht zulässig, muß im Keim erstickt, und mit dem Tod bestraft werden.

Jede islamische Rechtsschule[316] folgt ihrem eigenen konfessionellen Rechtssystem, und die Muslime unterliegen ihren jeweils unterschiedlichen Rechtsschulen. So entstehen häufig sich widersprechende Fatwen zum gleichen Sachverhalt. Sunniten werden daher einer ihrer vier Rechtsschulen und nicht der Fatwa eines schiitischen Rechtsgelehrten oder Geistlichen folgen.

---

[316] Madhhab=Lehrrichtung der Rechtsnormenlehre=Fiqh

Ein Beispiel: Im September 2000 wurde vom sunnitischen Großmufti von Ägypten, Sheikh Nasr Farid Wassal, zur Unterstützung der nationalen Antiraucherkampagne eine Tabak Fatwa erlassen. Nun gibt es in den vier orthodoxen Rechtsschulen drei widersprüchliche Lehrmeinungen über das Rauchen. Einige halten es für erlaubt, andere für verwerflich oder sogar für verboten.

Ein anderes Beispiel: Nach dem Terroranschlag vom 7. Juli 2005 in London erklärte der Londoner Rat der Sunniten in einer Fatwa: Keine Form von Terroranschlägen sei mit dem Islam vereinbar. Aus Frankreich hatte man das von den dortigen sunnitischen Islamgelehrten noch nicht gehört.

Das Kopfgeld auf Salman Rushdie wurde im Februar 2016 mit Billigung der höchsten iranischen Autoritäten auf 4 Millionen US Dollar erhöht.

Die Ironie: Wenn alles Schlechte, das im Namen des Islam geschieht, nichts mit dem Islam zu tun hat, kann auch das Gute nichts mit dem Islam zu tun haben. Dann müsste wohl ein neuer Koran geschrieben werden.

### Der lange Weg zur Demokratie?

Die „Organisation für islamische Zusammenarbeit"[317] in Dschidda vereinigt in sich 57 Staaten, in denen der Islam Staatsreligion, die Religion der Bevölkerungsmehrheit oder Religion einer großen Minderheit ist. Die OIC beansprucht für sich, die islamische Welt zu repräsentieren.

In der „Arabischen Liga" (LAS) mit Sitz in Kairo vereinen sich zur Zusammenarbeit und Interessenvertretung 22 Staaten aus Vorderasien und Nordafrika. Sie vertreten rund 370 Millionen Muslime. Beide Organisationen OIC und LAS überschneiden sich. Muslimisch geprägte Länder in Europa sind: Albanien, Bosnien-Herzegowina, Kosovo, Türkei.[318]

---

[317] Organisation für islamische Zusammenarbeit=OIC

[318] Liegt mit nur 10% ihrer Landfläche in Europa

Nennenswerte Aufnahme von Kriegsflüchtlingen aus islamischen Ländern nach 2010, vor allem aus Syrien, gab es nur im Libanon, in Jordanien und der Türkei. Alle anderen islamischen Staaten zeichneten sich durch Hilfsverweigerung gegenüber ihren Glaubensbrüdern aus und ließen die Flüchtlingsströme nach Europa ziehen.

Wir kennen 30 islamische Staaten mit dem Islam als alleiniger oder anerkannter Staatsreligion. Die meisten Araber sind Muslime, aber nicht alle Muslime sind Araber.

## Kairoer Erklärung der Menschenrechte

Ist Demokratie und Islam vereinbar? Diese Frage wurde schon 1990 beantwortet.

In der „Kairoer Erklärung der Menschenrechte[319] im Islam", beschlossen von den 57 Mitgliedstaaten der Organisation der Islamischen Konferenz, wird ein islamisches Gegenstück zur „Allgemeinen Erklärung der Menschenrechte der UNO" vorgelegt. Die Kairoer Erklärung widerspricht in weiten Teilen der UNO Menschenrechtscharta von 1948. Seit der Gründung der Organisation für Islamische Zusammenarbeit im Jahre 1969 wurde die Ablehnung der UNO Charta immer deutlicher, weil die in der UNO Charta formulierten Menschenrechte von einem westlichen und christlich jüdischen Menschenbild ausgehen, das mit dem Islam unvereinbar ist.

In der Kairoer Erklärung heißt es in Artikel 2:

„Das Leben ist ein Geschenk Gottes, und das Recht auf Leben wird jedem Menschen garantiert. Es ist verboten, einem anderen das Leben zu nehmen, außer wenn die Schari'a es verlangt. Solange Gott dem Menschen das Leben gewährt, muss es nach der Schari'a geschützt werden. Jeder Staat ist verpflichtet, das Recht auf körperliche Unversehrtheit zu schützen, außer wenn ein von der Schari'a vorgeschriebener Grund vorliegt".

---

[319] KEMR=„Kairoer Erklärung d. Menschenrechte im Islam"

In dieser Erklärung stehen auch alle anderen Rechte unter dem Vorbehalt der Schari'a.

## Artikel 19
„Es gibt keine Verbrechen und Strafen außer den in der Scharia festgelegten".

## Artikel 22
Abschnitt a) garantiert das Recht auf freie Meinungsäusserung, solange diese nicht die Grundsätze der Scharia verletzt.

## Artikel 22
Abschnitt b) gibt jedem Menschen in Einklang mit den Normen der Scharia das Recht auf Selbstjustiz.

## Artikel 22
Abschnitt c): So darf das Recht auf freie Meinungsäusserung nicht dazu genutzt werden, „...die Heiligkeit und Würde des Propheten zu verletzen, die moralischen und ethischen Werte auszuhöhlen und die Gesellschaft zu entzweien, sie zu korrumpieren, ihr zu schaden oder ihren Glauben zu schwächen".

## Artikel 24
Er unterstellt alle Rechte und Freiheiten ausdrücklich der islamischen Scharia: „Alle in dieser Erklärung festgelegten Rechte und Freiheiten sind der islamischen Scharia nachgeordnet".

## Artikel 25
„Die Scharia ist die einzig zuständige Quelle für die Auslegung jedes einzelnen Artikels dieser Erklärung".

## Artikel 7
Abschnitt b): „Eltern und jene, die diese Funktion ausüben, haben das Recht, die Art und Erziehung zu wählen, die sie für ihre Kinder als die richtige erachten, vorausgesetzt, sie berücksichtigen dabei das Interesse und die Zukunft der Kinder im Einklang mit den ethischen Werten und Prinzipien der Scharia".

Die Kairoer Erklärung betont ihren Ursprung im Islam als der „wahren Religion" und der Lebensart der islamischen Gesellschaft, die als beste aller Gesellschaften definiert und der eine die Menschheit zivilisierende und historische Rolle zugeschrieben wird. Der Rat der „Liga der arabischen Staaten" hat im September 1994 die Kairoer Erklärung bestätigt.

## Gehört der Islam zu Deutschland?

Ist es nur Unsinn aus Unkenntnis? War es ein politischer Einfall? Eine unbegründete Behauptung? Eine „steile" These? Mutig aber ahnungslos?

So verhindert auch die sprachliche Verwirrung des ehemaligen deutschen Bundespräsidenten Christian Wulff und der Bundeskanzlerin Angela Merkel

„... der Islam gehört zu Deutschland..."

eine klärende Diskussion darüber, von welcher der vielen Islamrichtungen eigentlich geredet werden soll, der als von höchster Stelle verkündeter Anspruch angeblich zu Deutschland gehöre. Diese religionspolitische Aussage „der Islam" wird von der Sprachlogik „welcher Islam?" nicht gedeckt. Hinzu kommt, dass es sich nicht nur um die semantischen, also inhaltlichen Differenzen der verschiedenen Konfessionen im Islam handelt, die hier zu „dem Islam" aggregiert und versimpelt wurden. Auch wurde über die Behauptung „gehört zu" nicht weiter nachgedacht. Denn wenn der Islam zu Deutschland gehört, dann gehört auch die Scharia zu Deutschland, denn Scharia und Islam gehören zusammen: Scharia ist Koran und Koran ist Islam: Ohne Scharia gibt es keinen Islam.

Selbst geographisch muss differenziert werden. Denn in jedem der 57 offiziellen islamischen Staaten, der islamischen Umma, wird ein eigener, landesspezifisch ausgeprägter Islam gelebt. Und in 22 arabischen Staaten ist die Scharia die alleinige Rechtsordnung.

Dann gibt es noch die Polarisierung in den verschiedenen Strömungen des Islam: friedlich oder radikal, modern oder fundamentalistisch, liberal oder konservativ, politisch oder religiös. Alles im Namen des Islam?

So wird versucht, die auffällige Gewalt im Islam in den politischen Islam zu verschieben, und damit aus der Islamkritik zu verbannen. Die wahren Konflikte liegen aber gerade im religiös kulturellen Umfeld.

Und hat „der Islam" etwas mit „dem Islamismus" zu tun? Was natürlich von allen Islamvertretern sofort mit Abscheu und Empörung zurückgewiesen wird. Schon die Fragestellung ist für die Verbandsvertreter eine Provokation.

Natürlich hat der Islam etwas mit dem Islamismus zu tun! Liefert er doch auch die Rechtfertigung für Gewalt. Hören wir dazu noch unseren Goethe, der im „West östlichen Diwan" schreibt:

„Der Stil des Korans ist seinem Inhalt und Zweck gemäß streng, groß, furchtbar, stellenweise wahrhaft erhaben. So treibt ein Keil den anderen, und darf sich über die große Wirksamkeit des Buches niemand verwundern".

Auch unter diesem Urteil ist eine Pauschalaussage wie „Der Islam gehört zu Deutschland" nur eine Behauptung im Sinne der „Political Correctness", um Spannungen aber auch Auseinandersetzungen mit den verschiedenen sich gegenseitig bekämpfenden Richtungen des Islam zu vermeiden.

Politiker wollen nicht gerne zwischen den Stühlen sitzen. Und in diesem religiös weiten Feld zu differenzieren ist ein mühsames Geschäft. Goethe und die europäische Geschichte helfen da auch nicht weiter.

Jetzt sind die Muslime gefordert!

Nun kann man sicher trefflich darüber streiten, ob der Islam nicht vielleicht doch zu Deutschland gehört. Dass er sich aber stetig ausbreitet, geradezu importiert wird, darüber kann man nicht streiten, das ist offensichtlich. Und damit wird er mehr und mehr „zu Deutschland gehören". Mit welchem der vielen Gesichter auch immer!

## Die Konsequenz

Solange die rund fünf Millionen Muslime in Deutschland sich nicht einmal selbst einig werden, welchem der diversen „Islame" sie eigentlich folgen wollen, wer sie hier und überall sonst in der islamischen Welt vertreten soll, wer ihre verantwortlichen Ansprechpartner sind, und wie die vielschichtige Religion zu deuten ist, kann man nicht „den Islam" als zu Deutschland gehörend propagieren. Der islaminterne Konfessionsstreit ist nicht gelöst.

So wie Katholiken, Protestanten, Evangelikale, Juden, Bahai, Buddhisten, Hindus, Siks, Atheisten und Agnostiker zu Deutschland gehören, gehören auch die Muslime zu Deutschland, nicht aber „der Islam".

Nicht zu vergessen: Selbst die hohen Vertreter der verschiedenen Islam Richtungen in der Umma, wollen oder können nicht „den Islam" definieren.

Kairo, Teheran und Riad streiten sich bis heute, wer den rechtsgültigen, verbindlichen Islam vertritt oder ihn auslegen darf. Sie streiten nicht nur, sie sind sich spinnefeind, bis zur Gesprächsverweigerung.

Nur über den Koran, geschrieben in arabischer Schrift, ist man sich einig, denn der ist ja Gottes Wort. Und es gilt der Wortlaut. Aber nur, wenn alle auf Kairo und das Al-Azhar Institut hören. Wenn,... Aber auch in diesen drei führenden Staaten sehen wir die verschiedensten Formen islamischer Religions- und Machtdarstellung unter dem Dach des politischen Islam.

## Ägypten

Die Muslimbrüderschaft versuchte nach der Wahl des Sunniten Mohammed Mursi 2012 zum Staatspräsidenten einen Gottesstaat zu errichten. Im Juli 2013 wurde Mursi abgesetzt und das Militär übernahm nach einem Putsch die Regierung unter General Abd al-Fattah as-Sisi. Die Mehrheit der Bevölkerung will keinen Gottesstaat.

Der oberste sunnitische Religionsführer Scheich Mohammed Sayed Tantawi starb 81-jährig im März 2010. Als Großscheich des im 10. Jahrhundert gegründeten al-Azhar Instituts und Großimam der al-Azhar Moschee vertrat er einen gemäßigten sunnitischen Islam. Das al-Azhar Institut an der Universität Kairo gilt als höchste Instanz für religiöse und rechtliche Fragen des sunnitischen Islam. Die Vollverschleierung muslimischer Frauen bezeichnete er als „Tradition", die „in keiner Verbindung zur Religion" steht.

Nachfolger ist Großscheich Ahmad Mohammad al-Tayyeb.

## Iran

Der oberste schiitische Religionsführer Ayatollah Ali Chamenei besetzt laut Verfassung das höchste Staatsamt. Der Religionsführer ernennt den Obersten Richter und sechs geistliche Mitglieder des Wächterrats. Dazu gehören noch weltliche Islamjuristen. Nachgeordnet ist der Staatspräsident Rohani. Der Staatspräsident leitet die Regierung und wird alle vier Jahre über die vom Wächterrat bestimmten Kandidaten vom Volk gewählt. Nach der iranischen Verfassung ist die Islamische Republik Iran ein Gottesstaat, in dem Allah der Alleinherrscher ist.

## Saudi-Arabien

Der Staat ist eine absolute Monarchie. Der Islam in der Ausprägung des Wahhabismus[320] ist strenggläubig, islamisch konservativ und sieht sich als Wächter des reinen sunnitischen Islam. Die Scharia wird streng ausgelegt. Sunnitisch wahhabitische Theologen verurteilen schiitische Glaubensüberzeugungen, bezeichnen Schiiten als „Leugner" des Islam und sprechen ihnen sogar das Muslim Sein ab. Der gegenwärtige Mufti, Großscheich Abd al-Aziz bin Abdullah Al asch-Schaich, forderte 2012 die Einführung der Scharia in allen

---

[320] Hanbalitische Rechtsschule

islamischen Staaten. Die absolute Monarchie ist ein Gottesstaat unter der Scharia. Die Schulen kennen nur den salafistischen Religionsunterricht. Auf Apostasie steht die Todesstrafe und sie wird vollstreckt. Saudi-Arabien ist eine sunnitische Führungsmacht in der islamischen Welt.

## Gott glaubt an den Menschen

Unter diesem Titel plädiert der Soziologe und Islamwissenschaftler Mouhanad Khorchide, für eine radikale Öffnung des Islam, für einen Aufbruch, und begründet in sieben wichtigen Thesen unter anderem:

- Muslime müssen den Islam vor Radikalen schützen.
- Ein Mittel gegen Radikalisierung liegt in den Moscheen und in der Bildung ihrer Imame.
- Muslime müssen die Argumente der Salafisten in kritischer Auseinandersetzung widerlegen.
- Selbst mit Gewalttätern muss man sprechen.
- Westliche Gesellschaften müssen zu ihren Werten stehen und Muslimen vorleben, was wir mit Nächstenliebe und Menschenwürde wirklich meinen.

Im Kern seiner Aussagen steht die vom Islam verweigerte aber notwendige islamische Aufklärung.

# Die Aufklärung: Herkunft und Zukunft

## „Goldenes Zeitalter" arabischer Aufklärung

Ich habe mehrfach die Notwendigkeit der „Aufklärung" im Islam angesprochen. Diese gab es schon sehr früh. Auch hatte der Islam dazu seine eigenen Ansätze. Nur waren es leider folgenlose Versuche. Sie waren wirkmächtig in ihrer Zeit, scheiterten aber am Widerstand der wortgläubigen Traditionalisten.

So gab es in der frühen Zeit der Abbasiden die religiöse Strömung der Mutaziliten, der Freidenker des Islam, die versuchten, den Glauben mit Vernunft, Rationalität und der Erfahrung in Einklang zu bringen. Die Schule der Mutaziliten, der ersten arabischen Aufklärer, wurde im 8. Jahrhundert von Wasil ibn Ata ( † 748) begründet. Sie war durch griechisches und christliches Denken beeinflusst.

Die Mutaziliten hatten ihre Hochzeit zwischen dem 9. und 11. Jahrhundert, stützten sich auf die griechische Philosophie[321] und förderten den theologischen Disput, das argumentative Streitgespräch (mu'tazila, die sich Absetzenden, die Abtrünnigen).

Ihre Kernthese war: Gott handelt vernünftig und kann daher mit Vernunft erfasst werden. Gott handelt richtig und gerecht und gibt dem Menschen eine eigene Handlungsfreiheit und Verantwortung. Sie stießen aber auf völliges Unverständnis der korangläubigen Traditionalisten. Ihre „fünfte sunnitische Rechtsschule" wurde als Irrlehre bezeichnet und ging im 11. Jahrhundert unter. Mit der Auslöschung ihrer Rechtsschule durch die Seldschuken und den Mongolensturm nach 1220 wurde das weit offene Tor der Aufklärung für die nächsten Jahrhunderte geschlossen.

Die schiitischen Zaiditen, benannt nach ihrem fünften Imam, Zaid Ibn Ali, setzten die Tradition rational kritischen

---

[321] falsafa=islamische Philosophie

Denkens über das 11. Jahrhundert hinaus noch fort, konnten ihre religiöse und ethnische Identität aber nur noch im Jemen bewahren.

Die Zeitspanne von 800-1100 wird, wohl etwas übertrieben, auch als das „Goldene Zeitalter" der arabischen Wissenschaften bezeichnet, hatte man doch den Zugang zu den Schriften der Griechen, Juden, Christen, Lateiner und der Byzantiner. Die Natur- und Geisteswissenschaften blühten. Bagdad, die Hauptstadt des Reichs der Abbasiden, und die Umayyaden in Damaskus sahen sich als die Zentren der arabischen Forschung, Bildung und Wissenschaft. Etwas weitgreifend kann man diese Zeitspanne durchaus als die kreativste Phase der muslimisch arabischen Aufklärung bezeichnen.

Einer der frühen Wissenschaftler in einer langen Reihe arabischer Gelehrter war der Philosoph Abu Yaqub Ibn Ishaq al-Kindi ( † 873). Al-Kindi[322] war Mathematiker, Arzt, Musiker und Übersetzer griechischer Schriften.

Weitere Wegbereiter waren die islamisch arabischen Philosophen Abdullah Ibn Sina, und Muhammad al-Farabi. In Europa wurden die Namen latinisiert und sind als Avicenna und Alpharabius bekannt. Beide kannten in persischer oder arabischer Übersetzung die griechische Philosophie, Logik, Ethik, Musik, Politik und Mathematik, aber auch die Schriften von Aristoteles und Platon. Beide dachten, dass die kritisch fragende Philosophie ein neues Zentrum in der islamischen Welt finden könnte, und dass philosophische Wahrheiten universell gültig seien. Das „Große Buch der Musik" von al Farabi/Alpharabius ( † 950) ist die wohl umfassendste klassische Schrift zur arabischen Musiktheorie.

Ibn Sina/Avicenna ( † 1037) hat eine Vielzahl von Büchern über die damals bekannten Wissenschaften geschrieben. Vor allem gilt er als der „Medicus aus dem Morgenland". Er er-

---

[322] Abū Yaʿqūb ibn Ishāq al-Kindī, latinisiert: Alkindus

klärte auch die Bildersprache Mohammeds von Hölle, Paradies und jüngstem Gericht als Symbolik, denn nur in Bildern versteht das Volk die Botschaft der Wahrheit. Der Philosoph müsse sich dagegen in Begriffen äußern: Die Auferstehung bedeute die Unsterblichkeit des Geistes, die Hölle steht für die irdischen Ängste und das Paradies für Vollkommenheit und die menschlichen Sehnsüchte.

Omar Chayyam ( † 1123), persischer Mathematiker, Astronom, Dichter und Philosoph wird bis heute von Muslimen als einer der großen Wissenschaftler verehrt. Er ließ ein Observatorium bauen. Sein Sonnenkalender von 1073 war genauer als der fünfhundert Jahre spätere Gregorianische Kalender (1582). In seiner philosophischen Schrift „Sein und Verpflichtung" begründete er die Willensfreiheit. Aber seine fast schon modernen, sinnlich skeptischen Verse, Zeugnisse geistiger Freiheit, verschwanden nach seinem Tode aus der Erinnerung. In kongenialer englischer Übersetzung von Eward FitzGerald kehrten seine Rubaiyat (Vierzeiler) im 19. Jahrhundert in den Orient zurück, wurden darauf wieder im Original gelesen. Jedes Rubai ist ein eigenes Gedicht. In der angelsächsischen Literaturszene fand Chayyams mystische Lyrik besondere Anerkennung. Die strengen muslimischen Fundamentalisten sorgten dann für erneuten Verriss und Abwertung seiner persischen Dichtkunst.

Zum Kreis der frühen arabischen Aufklärer gehörten auch die Gelehrten aus Cordoba, Andalusien, die Heilkundigen, vor allem der Muslim Ibn Ruschd (latinisiert: Averroes) und der Jude Mosche ben Maimon (hebräisch), Musa ibn Maimun (arabisch), Maimonides (griechisch). Sie vertraten die muslimisch jüdische Hochkultur in Al-Andalus. Sie mussten dann vor den Almohaden, den Wüstennomaden, den Berbern, den „Bekennern der Einheit Gottes" fliehen.

Ibn Ruschd/Averroes, „der Kommentator" ( † 1198), schrieb eine medizinische Enzyklopädie und diverse Kommentare zum Werk des Aristoteles. Averroes, der den Islam mit den rationalen Wissenschaften verbinden wollte, ging nach Nordafrika.

Maimonides ( † 1204) kannte die arabischen Übersetzungen der griechischen Medizin und verfasste zehn medizinische Abhandlungen in arabischer Sprache. Ibn Maimun/Maimonides, Philosoph, Rechtsgelehrter und Arzt, floh vor der drohenden fundamentalistischen Zwangsbekehrung der Fanatiker nach Ägypten.

Muhammad Ibn al-Arabi, latinisiert Magister Magnus, ( † 1240), war einer der bekanntesten Sufis. Er kritisierte die islamischen Rechtsschulen der fiqh sowie die muslimische Theologie als nur vorübergehende Erscheinungen, die den Menschen hinderten, zu einem höheren Ziel seines Seins zu gelangen, zum Sufismus. Er hat eine Vielzahl bedeutender Schriften verfasst und gilt als einer der größten arabischen Mystiker und Lyriker.

Eine herausragende Position als Dichter und Mystiker hatte Muhammad Sams ad-Din, bekannt als Hafis ( † 1390 in Schiras, Persien). Schon früh erhielt er den Ehrennamen Hafis, jener, „der den Koran auswendig vortragen kann". Hafis' bekanntestes Werk, der „Diwan", enthält mehrere hundert Ghaselen, Gedichte, und wurde erst nach seinem Tode als Lyriksammlung „Diwan" zusammengestellt. Goethe sah in Hafis einen Geistesverwandten und widmete ihm seinen „West östlichen Divan".

Auch der viel gerühmte persische Theologe, der anerkannte Wissenschaftler Abu Hamid Muhammad al-Ghazali (1058-1111) musste erkennen, dass der orthodoxe Islam keine „Aufklärung" zuließ: Die von al-Ghazali geforderte Suche nach Naturgesetzen zur Erklärung der Weltordnung wurde von seinen theologischen Gegnern als abwegig verurteilt. Die kritische Prüfung des Glaubens durch die Vernunft sei Ablehnung der Schöpfung Gottes und seiner Allmacht. Damit wäre jede Kritik Blasphemie. Da al-Ghazali sowohl die Wissenschaften (falsafa) als auch die Theologie seiner Zeit beherrschte, galten seine Urteile als richtungweisend, setzten sich aber gegen die Orthodoxie nicht mehr durch. Ghazali, selbst ein „Aufklärer", verhielt sich sehr kritisch zu Ibn Sina und al-Farabi und warf ihnen vor, sie hätten mit ihrer Adaption der griechischen Philosophie den islamischen Glauben verraten. In seiner Schrift „Die Widerlegung der Philosophen" verurteilt er seine Vorgänger als Ungläubige.

Die aus Übersetzungen sehr gut bekannten griechischen Wissenschaften der Mathematik, Physik und Philosophie wurden mit dem Diktum al-Ghazalis aus dem historischen Gedächtnis der Muslime verbannt. Robert Reilly nannte das den „intellektuellen Selbstmord" im Islam, der bis heute nachwirkt.

Zu den schärfsten Kritikern al-Ghazalis zählte vor allem Ahmad Ibn Taymiyya, ( † 1328 in Damaskus), der die absolute Rückbesinnung auf Koran und Sunna forderte, der schon den Dichter und Sufilehrer Ibn al-Arabi verurteilte. Ahmad Ibn Taymiyya sah in al-Ghazali einen Ketzer und Apostaten, der sich vom wahren Islam abgekehrt hatte. Nun muss man hinzufügen, dass Ibn Taymiyya heute als Referenz des modernen Islamismus und als einer der größten Ideengeber des konservativen Salafismus bezeichnet wird. Ibn Taymiyya sah die Garantie des islamischen Rechts als die oberste Aufgabe des Staates an. Die Einhaltung des Rechts in Form der Scharia ist Voraussetzung des Muslimseins: Wer ein anderes Recht als die Scharia praktiziere, kann kein Muslim sein! In seiner „Einführung in die Grundlagen der Koranexegese" erkennt Taymiyya nur den Koran und die Sunna als verbindlich an.

Nimmt man die ablehnende und abwertende Auseinandersetzung Taymiyyas mit den damaligen Philosophen als Schlussstein der nachwirkenden arabischen Aufklärung, können wir festhalten: Im 14. Jahrhundert beendete Taymiyya endgültig die großartige und frühe Zeit der islamischen Aufklärung.

## Das Ende: Die Nizamiyah

In der Kritik und Ablehnung der Rationalität und der Philosophie hat sich auch der Großwesir der Seldschuken Dynastie, Nizam al-Mulk, hervorgetan, dessen Bildungssystem, die Nizamiyah, die religiösen Studien in Koran und Sunna wieder in den Mittelpunkt der Bildung in den Koranschulen rückte.

Die Nizamiyah nahm wieder die strenge sunnitische Rechtsschule in den Lehrplan auf, und sah die fundamentalistischen Gesetze der Scharia als alleinige Richtschnur der umfassenden islamischen Rechtsauslegung. Die „freie" Forschung und die „Naturphilosophie" verschwanden aus den Lehrplänen der Koranschulen und es galten weiterhin nur Koran, Sunna und Scharia als verbindlicher Lehrstoff.

Die Nizamiyah Schulen waren die Eliteschulen des 12. Jahrhunderts und führten, gestützt von der Seldschuken-Dynastie, vier Jahrhunderte lang die Muslime zurück auf den „Pfad der Religion".

## Die Erstarrung

Der Islam fand nach dem „Goldenen Zeitalter" nicht mehr den schon von den frühen Aufklärern vorgedachten Weg zur Trennung von Glaube und Vernunft, einer Trennung von Staat und Religion, im Gegenteil, die Religion wurde zum Staat in Gott, und zu Gott im Staat, zum Gottesstaat.

Gottes Gesetze sind zugleich weltliche Gesetze, sie sind damit auch die gültigen „Staatsgesetze". Als Weltordnung galt nur noch Gottes Wort, Mohammeds Tradition und die Scharia.

Die schöpferische Phase der islamischen „Aufklärung" reichte nur bis ins 12. Jahrhundert. Die Auseinandersetzung mit ihren damals so fortschrittlichen Ideen endete im 14. Jahrhundert. Das zukunftsoffene Narrativ des freien Denkens fand ein Ende. Danach sehen wir nur noch islamische Orthodoxie, strenge Rechtgläubigkeit, Erstarrung. Wir finden eine soziokulturelle Stagnation, eine lange Pause der

Entwicklung in islamischen Ländern von etwa 500 Jahren. Bis dann Mustafa Kemal Atatürk in der Türkei den modernen Laizismus durchsetzte. Das war 1923. Aber in dieser modernen Form gab es den Laizismus auch nur in der Türkei.

In der langen Phase dazwischen erstarrten Forschung, Philosophie und Naturwissenschaften unter der Herrschaft des traditionellen Islam. Es folgte eine intellektuelle Stille von einem halben Jahrtausend.

## Und in Europa?

Im 12. Jahrhundert begann in Europa ein Aufbruch in eine erste „Neuzeit". Das Individuum wurde „erfunden" und die Trennung von kaiserlicher und päpstlicher Macht bahnte sich an. Kaiser und Könige mussten ihre Ansprüche auf die Einheit von weltlicher und geistlicher Macht in einer Hand abgeben. Das neutestamentliche „Gebt dem Kaiser was des Kaisers ist und Gott was Gottes ist", hatte sich durchgesetzt.

Aber das nicht aufgeklärte Europa musste noch durch die dunkle Phase des Mittelalters stolpern, musste die Folgen der Reformation ertragen: Die Spaltung der christlichen Religion in Katholizismus und Protestantismus. Bis sich nach dem verheerenden Glaubenskrieg, dem Dreißigjährigen Krieg und dem Westfälischen Frieden 1648, das „cuius regio, eius religio" des Augsburger Religionsfrieden (1555) durchsetzte. Der Staat der Neuzeit war geboren, der Nationalstaat.

Die später vom Christentum geprägte europäische Zivilisation stammt aus dem römischen Recht, das den Weg über das mittelalterliche Kirchenrecht in das gesetzte europäische Recht und in die heutigen Menschenrechte fand. Frühe Naturphilosophie entwickelte sich weit über das kopernikanische Weltbild hinaus zur modernen Naturwissenschaft.

Es war die kantianische Forderung, den eigenen Verstand zu gebrauchen, selbst verantwortlich zu sein, die Autoritäten und Religionen zu hinterfragen und die Freiräume der Universitäten zur offenen, kritischen Diskussion zu nutzen. Vor allem aber die irdische Welt von der heilsverkündenden jenseitigen Welt zu trennen. Die rationale Analyse des Geglaubten wurde möglich, die Trennung von Politik und Religion war das Ergebnis.

Die besonderen Werte der europäischen Geistesgeschichte: Menschenrechte, der säkulare freiheitliche Rechtsstaat, Gewaltenteilung, Meinungsfreiheit, Glaubensfreiheit, Gleichheit vor dem Gesetz, Pressefreiheit etc. sind erst die Errungenschaften der Aufklärung des 17. und vor allem des 18. Jahrhunderts. Immanuel Kant, 1783:

„Aufklärung ist der Ausgang des Menschen aus seiner selbstverschuldeten Unmündigkeit. Sapere aude! Habe Mut, dich deines eigenen Verstandes zu bedienen! Ist also der Wahlspruch der Aufklärung".

## Kein Weg in die Moderne?

Religionen und Ideologien sind Irrationalismen, weil sie nicht über die Mittel eines naturwissenschaftlichen Beweises verfügen. Das schafft Raum für Gewalt in ihren verschiedenen Formen als ein notwendiges Mittel, sich Geltung bei den Untergebenen zu verschaffen. Gewalt muss nicht unbedingt physisch oder psychisch ausgeübt werden, sie kann auch Indoktrination sein.

In diese Kategorie gehört auch die „Heilige Christliche Inquisition", die sich seit 1231 dieser drei Methoden bediente und erst 1870 vom Vatikan abgeschafft wurde. Noch 1826 wurde der letzte „Ketzer" gegen den römisch katholischen Glauben nach 356 Jahren spanischer Inquisition in Valencia hingerichtet. Ketzer waren vor allem Andersgläubige und Glaubensabweichler[323]. Zu einer besonderen Form der Verfolgung Andersdenkender gehören Bücherverbrennungen und der Index verbotener Bücher, die geistige Unterdrückung.

Aber nicht alles, was heute im Islam als liberale, aufgeklärte Haltung existiert, ist modern im europäischen Verständnis.

---

[323] Häretiker

Die dem klassisch muslimischen Glauben immanente Vormodernität kommt im Narrativ der Moderne gar nicht vor. Sein zutiefst unmoderner Charakter wird daher auch nicht erkannt. Der Islam bleibt unseren westlichen Zeitgenossen unverständlich. Auch die Muslime verstehen ihre Religion nicht immer, gibt sie ihnen doch keine Erklärung, warum sie sich selbst so oft als „rückständig" empfinden. Sie warten auf eine moderne, der heutigen Zeit, ihren Fragen und ihren Anforderungen, und ihrem gemischt religiösen Zusammenleben angemessene Auslegung der heiligen Schriften. Noch warten sie vergeblich.

Allah hat die Wege der Menschen vorherbestimmt. Der Muslim muss darauf vertrauen, dass Allah es gut mit ihm meint. Dass Allah ihm den Weg in die moderne Zeit zeigt, nicht ins 7., sondern ins 21. Jahrhundert. Denn alles Tun und Lassen des Gläubigen steht unter dem Vorbehalt: So Gott will, insch'allah.

Die Strafen Allahs können grausam sein. Darum ist es besser, Allah nur im Gehorsam zu begegnen. Entwicklung, Aufklärung, Fortschritt, Aufbruch, fordern aber oft auch „Ungehorsam" gegenüber den ewig bestehenden Gesetzen. Die Möglichkeiten diesem eigenen vorbestimmten Schicksal zu entgehen, sind für den gläubigen Muslim begrenzt. Daher halten sich auch die Anstrengungen zur Überwindung der Vormodernität in Grenzen. Ein Grund für die dem Abendländer oft so unverständliche Passivität, auch Rückständigkeit, in islamischen Ländern: Sie haben die Erkenntnisse der frühen arabischen Aufklärer nicht wieder aufgenommen.

### Ansätze zur „Neuen Aufklärung"

Es gibt im deutschsprachigen Raum Versuche, den Islam in die moderne Welt zu führen, eine friedliche Art nachholender Aufklärung zu beginnen, und islamische Religionslehrer sowie Imame für ihre Arbeit in Europa auszubilden. Dieses Bemühen findet unter Muslimen in Deutschland nur eine sehr eingeschränkte Zustimmung. An vier Universitäten bestehen „Zentren für islamische Theologie": Münster Osnabrück, Frankfurt, Erlangen Nürnberg und Tübingen. Daneben gibt es Lehrstühle für Islamwissenschaften an verschiedenen deutschen Hochschulen.

In diese Reihe gehören auch zwei Schriftsteller, die für ihr Ringen um einen modernen Islam den Erich Maria Remarque[324] Friedenspreis erhalten haben: Der in Marokko geborene und in Paris lebende Tahar ben Jelloun schreibt:

„Alles, was mit dem Islam zu tun hat, ist zur Tragödie geworden. Es gibt den Islam, der uns Angst macht"

Und der syrisch libanesische, ebenfalls nach Paris emigrierte Lyriker Ali Ahmad Said Esber, genannt Adonis, stellt fest und fordert: „Wir Araber müssen endlich etwas Neues begründen"!

Es sind leidenschaftliche Aufrufe muslimischer Intellektueller, Mittler zwischen arabischer und westlicher Kultur. Einer der großen Theologen des Islam, Abu Hamid Muhammad al-Ghazali, schrieb: „Grundsätzlich ist jede Meinung diskutabel, und damit auch erlaubt, solange man nicht behauptet, der Prophet sage bewusst die Unwahrheit"

Doch auch hier gilt: Nur wer die Wahrheit kennt, kann über die Unwahrheit urteilen. Und so bleibt auch in der islamischen Theologie die Frage des Pilatus unbeantwortet: „Was ist Wahrheit"?[325] Der Wahrheitsanspruch des Islam allein reicht nicht aus.

Als letzte und daher jüngste Religion zu wissen, was Wahrheit ist, überfordert selbst ihren Propheten. Denn nur Gott kennt die Wahrheit. Da hilft dann nur noch die Rekursion auf Gottes Wort. Das tat auch Mohammed. Und damit steht er in

---

[324] Eigentlich Erich Paul Remark, * 22. Juni 1898 Osnabrück, † 25. September 1970 Locarno

[325] Johannes 18:38

der unendlich langen Ahnenreihe aller irdischen Wahrheits-verkünder. Aber als Prophet steht er außerhalb des Wahr-heitsbegriffs der Naturwissenschaftler. Er muss als Religi-onsstifter auch nicht die Evolutionstheorie anerkennen, son-dern kann die islamische Schöpfungsgeschichte zur Wahr-heit erklären.

Doch als Wahrheitswissender und Wahrheitsverkünder müsste er sich und seine Religion dem philosophischen Ge-bot der historisch kritischen Falsifizierung stellen können.

Das aber verhindern seine traditionsgebundenen Gläubigen. Damit verhindern sie, dass wir ein modernes Gesicht des Is-lam erkennen können: Das eine, offene Gesicht, in dem sich der Wahrheitsanspruch spiegeln ließe.

## Das Toleranzgebot

Helfen könnte den Vertretern aller Religionen auch die Rückbesinnung auf das Toleranzgebot der Aufklärung: Zu le-sen in G. E. Lessings Ringparabel. Das Ideendrama „Nathan der Weise" spielt in Jerusalem, der allen drei Weltreligionen heiligen Stadt, zur Zeit der Kreuzzüge unter der Regierung Sultan Saladins, des Gründers der Ayyubiden- Dynastie. Nach dem Sieg über die Kreuzfahrer beendete Saladin 1187 die christliche Herrschaft über Jerusalem.

Nathan erzählt Saladin auf dessen strenges Befragen nach dem Unterschied der drei Religionen eine sehr alte Ge-schichte: Vor langer Zeit lebte ein Mann im Osten, der einen Ring mit der geheimen Kraft besaß, den Träger „vor Gott und den Menschen angenehm zu machen". Über lange Erbwege kam der Ring zu einem Vater, dem seine drei Söhne gleich lieb waren. Er konnte sich nicht zur Weitergabe des Ringes an einen Sohn entscheiden. Daher ließ er vor seinem Tod von einem geschickten Goldschmied heimlich zwei weitere Ringe anfertigen, die dem echten Ring völlig gleich waren. Dann starb er und die drei Söhne begannen zu streiten, wer wohl den echten Ring besäße. Ein ratloser Richter sollte nun ent-scheiden und sagte: Jeder möge seinen Ring für den echten halten. Wenn die drei Ringe dann über tausend Jahre von Generation zu Generation gewandert seien, dann möge ein noch weiserer Richter entscheiden, welcher Ring der echte sei, nämlich jener, der am meisten Segen gestiftet habe. „Ein jeder strebe um die Wette, die Kraft des Steins in seinem Ring an den Tag zu bringen. Und komme dieser Kraft ein jeder mit Sanftmut, Verträglichkeit und Wohltun, mit innigster Ergebenheit an Gott zu Hilfe".

So klingt das Toleranzgebot für unverträgliche Ohren nicht gerade leicht, verlangt es doch Anstrengung. Lessing schreibt den drei Religionen die aktive Toleranz, nicht die Gleichgültigkeit, die passive Duldsamkeit, nicht die Trägheit der Herzen, und nicht den Missbrauch des Verstandes ins Stammbuch.

Und Nathan gibt Saladin noch eine Argumentationshilfe: „Gründen sich nicht alle Religionen auf Geschichte? Geschrieben oder überliefert, allein auf Treu und Glauben angenommen. Und wessen Treu und Glauben zieht man am wenigsten in Zweifel? Doch wohl den Seinen".

## All die vielen Gesichter

Wir sahen in diesem Text die vielen Gesichter des Islam, die großen muslimischen Konfessionen und die kleineren, vielfältigen Abspaltungen einer monotheistischen Weltreligion.

Wir sahen:

- die weltabgewandten, spirituell verklärten Gesichter der Sufis

- die strengen, sich ihrer großen Mehrheit gewissen Gesichter der Sunniten

- die von Niederlagen enttäuschten, in ihrer Minorität mißachtet, auf Erlösung durch den Mahdi hoffenden, Gesichter der Schiiten

- die von Sunniten verfolgten Siebener Schiiten, die Ismailiten

- die eigenwillige, schiitische Elite der brutal herrschenden Alawiten
- die drohenden Gesichter der Revolutionswächter im schiitischen Iran
- die nur den Gottesstaat lobenden Ayatollahs und Mullahs im Iran
- die liberalen, toleranten, freiheitlichen, weltoffenen, eigenständigen Aleviten
- die im Oman isolierten, abgewandten, friedlichen, Ibaditen
- die nur dem Text des Koran vertrauenden Fundamentalisten
- die den Koran zum Gottesstaat Modell erhebenden Wahhabiten
- die politisch aktiven, gewaltaffinen Islamisten
- die ultrakonservativen, auch zur Gewalt aufrufenden sunnitischen Salafisten
- die Gewalt verherrlichenden, sie auch ausübenden Dschihadisten
- die terroristischen, auch ihre Glaubensgenossen ermordenden Milizen des Islamischen Staates.

Jedes dieser Gesichter verzweigt sich in den Verästelungen der individuellen Glaubensauslegung. Da sind die Muslime, die der Tradition und ihrer Gemeinschaft verbunden bleiben. Wir fanden die fundamentalistischen Muslime, die sich nur gegenüber Allah und niemandem sonst verantwortlich fühlen. Wir sahen die liberalen, weltoffenen Gesichter, der Demokratie und der Freiheit zugewandt.

Und es gibt die Muslime im Aufbruch in die Moderne, in eine friedliche und tolerante Welt.

### Gelebte Vielfalt

Diese Gesichter zeigen einen Ausschnitt der gelebten Formen des Islam. Wir sahen ein ausuferndes Spektrum der

Konfessionen und Sekten. Darum ist es auch nicht möglich, von „dem Islam" zu sprechen. Man würde ihm damit auch seine Vielfalt absprechen, seinen Charakter verkennen, ihn wesentlich verkürzen, ihn nur vereinfachend auslegen. Geht man noch weiter in die Tiefe der individuellen Begegnung des Muslims mit seiner Religion und seinem Gott, so sehen wir eine unerschöpfliche Breite der Auslegungen. Wird doch im Islam eine direkte Beziehung zwischen Gott und dem gläubigen Menschen vermittelt, wenn auch über den nicht erreichbaren Boten, seinen Propheten Mohammed. Zwischen dem Gläubigen und Allah stehen keine Hierarchien, keine Instanzenzüge.

Rechtsgelehrte und Islamtheologen helfen dem gläubigen Muslim bei der Auslegung. Daher auch die vielen Rechtsschulen, die unverrückbare Erklärungen brachten. Auch sehen wir in Rechtsgutachten, den Fatwen, Auslegungen, die der Dimension der Sprache des Koran nicht gerecht werden. Selbst bei gutem Willen müssen sie dann scheitern und den Gläubigen in die Irre führen.

Sicher liegt in der Vielfalt auch eine besondere Faszination des Islam für Gläubige, die nach der Wahrheit suchen. Bis sie die Vergeblichkeit ihrer Suche erkennen. Auch der Koran kennt nicht die letzten Wahrheiten, denn er ist in seiner heutigen Erscheinung auch nur Menschenwerk. Und die Sunna mit ihren Hadithen sind auch nur Erinnerungen, Traditionen und Glaubenszeugnisse.

Aber der Islam gibt das große Versprechen, mit dem Siegel des letzten Propheten, das Ende der Welt und den Weg Allahs mit den Menschen zu kennen. Soll es doch nach Mohammed keine weiteren Propheten mehr geben. Der Islam steht am Ende aller göttlichen Offenbarungen. So heißt es. Gott offenbarte den Menschen noch einmal ewig Gültiges und Mohammed verkündete es. Als Letzter. Für die Ewigkeit! Aber hat Mohammed wirklich das vollständige und abschließende Buch Gottes gebracht? Die letzten Wahrheiten? Der gläubige Muslim ist überzeugt und glaubt. Andere zweifeln.

In den Evangelien wird Pontius Pilatus die Frage in den Mund gelegt: Was ist Wahrheit? Darauf kam keine Antwort. Aber nach Johannes 14,6 sagte Jesus schon 600 Jahre vor Mohammed: „Ich bin der Weg, die Wahrheit und das Leben". Die dem Menschen nicht zugängliche Wahrheit muss jeder schon selbst suchen. Und er wird allzu oft und immer wieder nur seine eigene subjektive Wahrheit finden. Nicht mehr.

### Eine Religion im Aufbruch?

Es gab nicht nur den kämpferischen Aufbruch einer neuen Religion zu Mohammeds Zeiten und in den folgenden Jahrhunderten. Zum Erschrecken der damaligen Welt.

Das Wort „Aufbruch" sollte die gegenwärtige Spannung zwischen Muslimen und Nichtmuslimen noch einmal unterstreichen:

Es bricht etwas auf: Der dem Nichtmuslim bisher weitgehend verschlossene, unbekannte, unerkannte und nicht verstandene Islam zeigt erst bei näherer Betrachtung seine vielen und viele Menschen überraschenden Gesichter; auch sein in den modernen Ausprägungen Islamismus und Dschihadismus erkennbares gewaltbereites Gesicht. Dieser unerwartete „Aufbruch" innerhalb des Islam beschäftigt heute Politik, Medien und die interessierte oder durch Terrorakte irritierte Bevölkerung. Er verursacht Ablehnung. Es ist auch ein „Ausbruch"!

„Aufbruch" deutet aber auch eine Dynamik, eine Richtung an: Aufbruch wohin?" Die nichtmuslimische Welt erwartet eine Antwort auf die Frage, wie und durch wen schafft es „der Islam", als eine friedliebende, weltoffene Religion angesehen, verstanden und akzeptiert zu werden. Nicht nur als gewaltaffin! Diese Antwort darf sie verlangen! Wie und wann werden die Vertreter der verschiedenen islamischen Glaubensrichtungen das in ihren Schriften belegte gewaltbereite Potential daraus entfernen. Wer bringt die Aufklärung und trennt die irdische von der göttlichen Welt, schafft eine „Reformation". Alles noch unbeantwortete Fragen. „Der Vorhang zu und alle Fragen offen" ist keine Antwort in der heutigen Zeit.

## Wie geht es weiter?

Welches wäre denn nun das „wahre" Gesicht des Islam? Selbst wenn jedes Gesicht, jede Strömung, jede Konfession, den Anspruch auf die alleinige Wahrheit erhebt: Es gibt nicht das eine, das wahre Gesicht. Jede der zerstrittenen konfessionellen Richtungen des Islam erhebt den Anspruch auf den Besitz der alleinigen Wahrheit. Es gibt den stellvertretenden Bürgerkrieg zwischen den Sunniten und den Schiiten in Syrien und im Irak, jeweils gestützt und befeuert von Saudi-Arabien, der Schutzmacht der Sunniten, und vom Iran als Führungsmacht der Schiiten und Alawiten.

Es gibt den Krieg innerhalb des Sunnismus auf den Schlachtfeldern des vorderen Orients, und es gibt einen erbitterten panislamischen Kampf zwischen den säkularen und den orthodoxen Kräften in beiden Strömungen des Islam. Die Lösung dieser von Gewalt getragenen kriegerischen Konflikte zwischen den verfeindeten Richtungen kann nur innerhalb der islamischen Welt selbst geschehen.

Die aber zur Konfliktlösung weder die Autoritäten hat, noch lösungsbereite Kräfte als Autoritäten anerkennen würde. Die aber auch nicht zugeben wollen, dass sie vor einem unlösbaren Problem stehen.

Wir sahen auch, dass sich die Religion des Islam mit anderen Religionen schwertut, ja in weiten Teilen unvereinbar ist, hat sie doch den absoluten und unverzichtbaren Wahrheitsanspruch der letzten, jüngsten und damit der „vollendeten" Religion.

Damit bliebe sie in ihrem Kern intolerant und freiheitsfeindlich. Es sei denn, sie geht den Weg einer „Reformation", den mühevollen Weg der Aufklärung.

Dass der politische Islam zum Träger totalitärer Organisationen und damit demokratiefeindlich werden kann, haben wir bereits begründet. Wir sehen auch, dass Vertreter des Islam die Worte Integration und Assimilation nicht gerne hören. Ist eine Integration in die Mehrheitsgesellschaft aus ihrer Sicht schon abscheulich, so ist die Assimilation, also das Aufgehen in einer anderen Gesellschaft, der Vorhof zur Hölle. Mit der Assimilation nimmt der Muslim eine neue soziale Identität an. Er verliert sein islamisches Gesicht. Das wird dann eingebunden in die verharmlosende Formel: „Umgang mit Ungläubigen ist nicht islamisch, also unerwünscht".

Dann zitieren konservative Imame auch gerne die Suren 3, 5 und 58:

> „Die Gläubigen sollen sich nicht die Ungläubigen anstatt der Gläubigen zu Freunden nehmen. Wer solches tut, findet von Allah in nichts Hilfe.[326]

> „O ihr, die ihr glaubt, nehmt euch nicht die Juden und Christen zu Freunden. Sie sind untereinander Freunde, und wer von euch sie zu Freunden nimmt, siehe, der ist von ihnen. Und siehe, Allah leitet nicht ungerechte Leute".[327]

Nach Rudolf Paret:

> „Gläubige halten sich von Ungläubigen fern, die Gott und seinem Gesandten zuwiderhandeln, sogar dann, wenn es ihre Väter oder Söhne, ihre Brüder oder ihre Sippenangehörigen wären".[328]

Diese Verse helfen einer Annäherung der Religionen sicher nicht, auch nicht der Integration der Muslime in die jüdisch, christlich, liberale Kultur und Tradition Europas. Auch fördern sie keinen Euro Islam und keine Islamreform. Sie verbieten implizit sogar die Integration in einen säkularen Staat,

---

[326] Sure 3:28

[327] Sure 5:51

[328] Sure 58:22

zählt er doch zum Inbegriff des Reichs der Ungläubigen. All das erschwert den Muslimen das „Ankommen in" und das „Akzeptieren von" Regeln eines westlich laizistischen oder säkularen Staates, wird doch Säkularität oft und verfälschend mit Atheismus gleichgesetzt.

Wer hätte den Mut, gegen die Gottesworte zu streiten, in Stein gemeißelt, im Koran offenbart. Hilfe kann nur von den Muslimen selbst und von ihren religiösen Autoritäten kommen. Nur die Muslime können ihr Haus in Ordnung bringen, die Türen für die „Moderne", für die freie Gesellschaft, öffnen.

Neben den Rechtsgelehrten und weltoffenen Islamwissenschaftlern sind es vor allem moderne muslimische Frauen, auf die es ankommt. Und es sind die für ihre berufliche Zukunft engagierten jungen Männer. Das sind die Hoffnungsträger.

Wichtig wäre daher eine überzeugende Reformbewegung der islamischen Fachwelt, ihrer Theologen in Europa, die zunächst und vor allem die Fundamentalisten in Kairo, Riad und Teheran zur kritischen Reformarbeit am Koran und seinen Traditionen herausfordern müssen.

Die jungen, weltoffenen Muslime müssen wohl den mühsamen „Weg durch die Institutionen" gehen, wollen sie etwas zum Guten verändern. Anfangs im Stillen, dann aber besser unter den Augen der Öffentlichkeit, damit auch den Islamkritikern eine neue Offenheit, eine Veränderungsbereitschaft, eine mögliche „Modernisierung" deutlich wird.

In Europa wissenschaftlich ausgebildete Imame müssen die Arbeit in den Moscheen übernehmen. Denn gerade die wörtliche Auslegung des Koran, gebunden an ihren historischen Kontext des 7. Jahrhunderts, verursacht die Konflikte und begründet den politischen Islam, den Salafismus und den Dschihadismus.

Vorhandene Bereitschaft und guter Wille wird auch künftig behindert werden, denn aus Gottes Wort kann man sich unter den herrschenden Bedingungen nicht einfach davonstehlen. Das werden die Traditionalisten immer wieder ins Feld führen. Aber die kommenden Reformer müssen auch wissen: Alles was im Namen des Islam geschieht, „hat auch mit dem Islam zu tun"! Die islamische Welt hat noch einen langen Weg vor sich, bis sie in der Moderne ankommt.

Zwar haben wir an deutschen Universitäten die Zentren für islamische Theologie und Islamwissenschaft, die kritisch arbeiten. Aber die dortigen Professoren stehen unter enormem Druck ihrer uneinigen, aggressiven, fundamentalistischen Glaubensbrüder, die eine Modernisierung und damit eine „Aufklärung" im Islam mit allen Mitteln -auch mit physischer Bedrohung- unterdrücken wollen. Eine textkritische Auseinandersetzung mit „dem Islam" und seinen Strömungen, sowie seine Übertragung in die Moderne soll aus der Sicht der Reformgegner unbedingt verhindert werden.

Aus religionswissenschaftlicher Sicht ist es sicher fragwürdig, „den Islam" im grammatikalischen Sinne als ein Subjekt zu sehen. Nicht die Religion ist das handelnde Subjekt, sondern die Vertreter der Religion, die Akteure, die Prediger, die Vorbeter, die Textgelehrten, die Imame, die Mullahs, die Muftis, die Gläubigen, die Muslime selbst.

Religionen werden immer in Bekenntnissen, in Konfessionen, gelebt und ausgelegt. Daher auch die erkennbare Vielzahl islamischer Glaubensrichtungen.

„Den Islam" gibt es nicht! Es gibt nur die verschiedenen Konfessionen im Islam. Es gibt seine vielen Gesichter, die hässlichen und die strahlenden, die widersprüchlichen und eindeutigen, die hellen und die dunklen. Es gibt die harte und die blumige, die gewaltbereite und die friedliche Sprache. Die poetische, spirituelle Sprache der mekkanischen Suren wird durch die befehlende, fordernde Sprache der medinischen Suren abgelöst, ja fast aufgehoben.

Selbst wenn man auf die wissenschaftlichen und kulturellen Leistungen des Islam im frühen Mittelalter zurückgreift, wenn man sich das großartige, steingewordene Erbe des Islam in Andalusien anschaut, die Architektur der großen Moscheen im Orient bewundert, die klassische arabische Literatur studiert: Freuen wir uns über die kulturelle Vielfalt. Ja, die Muslime gehören zu Deutschland, wie die Vielzahl der Gläubigen anderer Religionen, wenn sie in Deutschland leben, wohnen und arbeiten, auch zu Deutschland gehören.

Es fehlt im Islam eine oberste Autorität, die den Koran und die Sunna mit ihren unzähligen Hadithen verbindlich auslegt, seine Erkenntnisse belegt und sie gegenüber der Gemeinschaft der Gläubigen auch vertritt, im Licht der Moderne neu formuliert. Diese Autorität gibt es nicht. Und die Zentren des Islam in Kairo, Teheran, Ghom und Mekka schweigen, sie blicken eher rückwärts zu den Quellen ihrer Religion, zum Anfang.

Die mutigen Vertreter eines „Reformislam", Muslime oder Nichtmuslime, nicht nur an den Universitäten, sie haben kaum eine Chance. Im Koran ist der Islam in alter Tradition als „Gottes Wort" festgeschrieben. Dort steht er wie im „Bleisatz". Gesetzt vor 1.400 Jahren, aufgeschrieben von Menschen, nach dem Tode Mohammeds. Von Muslimen, die Mohammed nicht kannten. Gedacht für alle Ewigkeit.

Die Muslime sind es, die den Islam auslegen, anwenden, glauben, weitergeben, vererben oder zu politischen Zwecken benutzen, auch missbrauchen. So ist der Islam weder „der Gewalttäter" noch der „Friedensbewegte". Er ist eine Religion, eine „Rückbindung" an eine höhere Macht, an Gott und seinen Propheten, nicht mehr und nicht weniger. Er ist eine der drei großen monotheistischen, abrahamitischen Religionen, wenn auch die jüngste. Darum ist auch sein verkündeter, die beiden älteren Religionen als „Vorläufer" des Islam vereinnahmender Absolutheitsanspruch, seine behauptete Dominanz, ist seine „Ewige Wahrheit" umstritten, und für die Gläubigen anderer Religionen bedrohlich, nicht annehmbar.

Mohammed hat den herrschenden Polytheismus beseitigt, hat die Araber geeint. Er hat ihnen eine Identität, eine Sprache und einen Glauben gegeben. Er hat ihnen einen Gott und eine Religion ins Stammbuch geschrieben. Was die Muslime heute daraus machen, ist nicht mehr Mohammeds Problem! Wir kennen den Mohammed des 7. Jahrhunderts. Der Mohammed des 21. Jahrhunderts wird noch gesucht.

Das Christentum hat sein Fundament im Judentum. Beide Religionen sind durch das Feuer der Aufklärung gegangen. Beide haben ihre weltliche Macht weitgehend verloren. Wenn auch unter zähem Widerstand.

Dieser mühevolle und nicht ungefährliche Weg bleibt auch dem Islam nicht erspart, will er in der Moderne ankommen, angenommen werden, und mit den anderen Religionen im kritisch rationalen 21. Jahrhundert leben und bestehen können.

Das Jesus Wort aus Johannes 18:36: „Mein Reich ist nicht von dieser Welt..." könnte das religiöse Leitmotiv der Moderne werden. Könnte die Trennung von Staat und Religion fördern. Könnte die Auseinandersetzung wieder auf eine spirituelle, philosophische Ebene, auch auf eine neue Glaubensebene, heben. Könnte, wenn die Gläubigen und die Verantwortlichen denn wollen.

„Wäre mein Reich von dieser Welt, meine Diener würden kämpfen..." sagt Jesus dem Vertreter Roms. Auch hier, im Prozess vor Pilatus, unterscheidet sich Jesus von Mohammed.

Nur, Mohammeds verwirrte Diener kämpfen noch heute, sie kämpfen ihren Dschihad, den unerklärten Krieg gegen die Zivilisation und gegen ihre eigene Religion. Diesen Kampf gegen Freiheit und Menschenrechte werden sie verlieren, verlieren müssen. Das ist der historische Unterschied!

# Es hört nicht auf...

Neue Terrorakte erschüttern Großbritannien:

### 22. März 2017: London

Der Muslim Khalid Masood fuhr mit einem gemieteten Auto auf der Westminster Bridge in die Menschenmenge vor dem Parlament, tötete drei Passanten und erstach einen unbewaffneten Polizisten. Er verletzte 40 Menschen aus 14 Nationen und wurde von der Polizei erschossen.

Die Terrororganisation IS reklamierte den Anschlag für ihre Zwecke.

### 22. Mai 2017: Manchester

Der Selbstmordanschlag des Muslim Salman Abedi nach dem Konzert der Popsängerin Ariana Grande tötete 22 jugendliche Konzertbesucher.

Mehr als 100 Menschen wurden verletzt

Ein „Soldat des IS" habe die Bombe platziert, behauptete der IS in seinem Propagandablatt Amaq.

### 3. Juni 2017: London

Drei islamistische Terroristen fuhren mit einem gemieteten Lieferwagen auf der London Bridge in die Menge und töteten drei Fußgänger. Anschließend erstachen sie auf dem Borough Market unter den Rufen „Dies ist für Allah" weitere fünf Passanten und verletzten 48 Marktbesucher.

Die Attentäter wurden erschossen. Zwei Täter stammten aus Marokko.

Der dritte Täter, Khuram Shazad Butt, wurde in Großbritannien geboren.

Auch zu diesen Morden bekannte sich der IS.

Am 5.Juni 2017 erklärte die Londoner Polizeichefin, daß die Behörden seit 2013 achtzehn geplante Terroranschläge verhindert haben.

Das Morden hört nicht auf...

Ein Terrorist braucht nur Sprengstoff, Messer, ein Fahrzeug und eine vermeintlich religiöse Rechtfertigung: Die Ideologie des Politischen Islam...

Die friedliebende muslimische Welt ist durch Gewalt, Terror und eine Ideologie herausgefordert. Sie steht bleibend in der Verantwortung....

In Deutschland hatten die Islamverbände im Juni 2017 die Chance, Gesicht zu zeigen. Für einen liberalen Islam: Bei der Gründung der „Ibn Rushd-Goethe-Moschee" in Berlin und beim muslimischen Friedensmarsch „Nicht mit uns" in Köln. Aber Moscheevereine und Verbandsvertreter verweigerten ihren Glaubensbrüdern und -schwestern die Unterstützung. Sie versteckten ihr Gesicht hinter ablehnenden Erklärungen.

# Traut euch, redet!

„Die Vernunft ist ein Gebot des Glaubens"[329].

Die Autoritäten des Islam müssen eine neue, eine friedliche Sprache finden, die auch außerhalb der Moscheen gehört und von allen verstanden werden kann. Eine Botschaft ohne Drohung, ohne Hass, ohne Gewalt und Abgrenzung, in einer Sprache, die sich auch an die nichtmuslimische Welt wendet, die Vertrauen schafft...

Muslime, versteckt euch nicht in den Moscheen! Muslime, lasst euch nichts einreden von Hasspredigern, die eure Religion nicht oder nur falsch verstanden haben!

Muslime:
Traut euch, redet!
Geht hinaus und überzeugt!
Ihr lebt in einer freien Gesellschaft!
Nehmt sie an, und achtet sie!
Verlasst die Insel der Sprachlosigkeit!
Bringt eine Botschaft des Friedens in die Welt!
Trennt euch von den Gewaltbereiten!
Wagt den Aufbruch in die Moderne!
Lebt im 21. Jahrhundert!

Das Schlusswort gehört dem in Paris lebenden syrisch libanesischen Lyriker Ali Ahmad Said Esber:[330]

„Ich komme aus einer arabisch islamischen Welt, deren Tiefenstruktur immer noch von Religion und Stammesdenken geprägt ist. Der Islam dominiert als Kultur, Vision, Identität, Gedächtnis, Geschichte und Gesetz:

## Wir Araber müssen endlich etwas Neues begründen".

---

[329] Ibn Rushd / Averroes

[330] *1.1.1930 in Qassabin bei Latakia in Nordsyrien. Sein Künstlername ist Adonis. Syrisch libanesischer Lyriker

## Dr. Johann Friederichs

Dr. Johann Friederichs arbeitete zwei Jahrzehnte in Auslandsunternehmen.

Ein Schwerpunkt in seiner langjährigen Tätigkeit als Hochschullehrer war die Abhängigkeit internationalen Managements vom Umfeld gegensätzlicher Kulturen. Als Sachbuchautor schrieb er über den Aufstieg Chinas zur Weltmacht sowie über die europäische Währungspolitik und die Zukunft der Europäischen Union.